Good Classroom
寻找中国好课堂

中国教育报刊社人民教育家研究院
明远未来教育研究院　组编

快乐的意义

虞大明快乐教育经典语文课堂18例

虞大明——著

开明出版社

图书在版编目（CIP）数据

快乐的意义：虞大明快乐教育经典语文课堂 18 例 / 虞大明著 .—北京：开明出版社，2022.10

ISBN 978-7-5131-7725-2

Ⅰ. ①快… Ⅱ. ①虞… Ⅲ. ①语文教学 - 教学研究 Ⅳ. ①H19

中国版本图书馆 CIP 数据核字（2022）第 182456 号

责任编辑：卓　玥

KUAILE DE YIYI YU DAMING KUAILE JIAOYU JINGDIAN YUWEN KETANG 18LI

快乐的意义：虞大明快乐教育经典语文课堂 18 例

作　者：虞大明

出　版：开明出版社

（北京市海淀区西三环北路 25 号　邮编 100089）

印　刷：北京飞达印刷有限责任公司

开　本：787mm×1092mm　1/16

印　张：21.5

字　数：280 千字

版　次：2022 年 10 月第 1 版

印　次：2022 年 10 月第 1 次印刷

定　价：65.00 元

印刷、装订质量问题，出版社负责调换。联系电话：（010）88817647

寻找中国好课堂

顾明远题

丛书编委会

中国教育报刊社人民教育家研究院
明远未来教育研究院　组编

总序

寻找中国好课堂

《中共中央 国务院关于深化教育教学改革全面提高义务教育质量的意见》(以下简称《意见》)指出:“强化课堂主阵地作用,切实提高课堂教学质量。”那么,为什么要强化课堂主阵地作用呢?

第一,课堂是实施教育教学的主要场所,课堂教学是完成国家课程标准的主要形式,而国家课程标准规定的内容是落实国家教育方针,为培养德、智、体、美、劳全面发展的社会主义建设者和接班人而制定的具体的教育内容,体现了国家意志。只有达到了课程标准的要求,才能完成育人的任务。课程标准的实施,关键在教师的课堂教学。教师必须认真学习研究国家课程标准和各学科的标准要求,认真上好每一节课,教好每一个学生。课堂教学做不好,国家课程标准就会落空。

第二,课堂教学是培养发展学生思维的主渠道。《意见》要求:“教师课前要指导学生做好预习,课上要讲清重点难点、知识体系,引导学生主动思考、积极提问、自主探究。”就是说，课堂教学不只是简单地传授现有的知识，还要在教学过程中发挥学生学习的主体性，引导学生探索和思考，通过对课文的辨析，培养学生的思维能力。传统的课堂教学，往往只是教师提问，学生回答，很少让学生自己提出问题，自己探索寻求答案。有的教师把课文分析得很透彻，但学生接受多少却是一个未知数。只有会思考并能提出问题，才能培养学生的批判性思维、创新性思维。面对当前社会和经济的变革，科技的日新月异，许多研究表明，当今社会展开竞争的并不单纯是机器人，而是人类的头脑。只有不断突破思维定式，才能适应时代的变化。因此，课堂是帮助学生发展思维的主要场所。

第三，学习需要在集体中进行。当前有一种误解，认为个性化学习就是个别学习、孤立的自我学习。其实，学习需要在集体环境中进行。课堂是集体学习最好的场所，学生在课堂上与教师、同伴互相讨论、互相启发，甚至互相争论，能够促进思维的发展，以及对知识的深刻理解。同时，在与同伴共同学习中能培养学生的交流能力与合作精神。这是当今社会最重要的能力和品质。

第四，学习要靠教师引领和熏陶。教师不仅仅是知识的传授者、学习的组织者，教师的一言一行都在影响着学生。教师自身的知识魅力和人格魅力都会在课堂教学过程中展现出来，影响着学生。所以，立德树人的任务也主要通过课堂教学来实现。

课堂教学需要改革。《意见》指出：“融合运用传统与现代技术手段，重视情境教学；探索基于学科的课程综合化教学；开展研究性、项目化、合作式学习。精准分析学情，重视差异化教学和个别化指导。”在当今信息化、数字化、人工智能时代，传统的课堂教学已经不能适应形势的要求。课堂教学改革的核心是把教师的教转变为学生的学。要充分估计学生的潜力，发挥他们的潜能。教师要充分认识信息技术的差异性、开放性、互动性等特点，融合运用传统与现代技术手段，改变课堂教学的模式和方法。

因此，寻找中国好课堂，是新时代教育发展的需要，是全面提高教育质量的需要，是服务于“立德树人”目标的需要，是深化教育教学改革的需要。

中国基础教育从来就有许多好教师，从来就有许多好课堂。我们有一千四百多万名中小学教师，他们大多数人有教育情怀，深爱教育事业，真诚为学生成长着想，探索创造了许多有效的教学方式和策略，有的甚至形成了自己的课堂风格，并提炼出自己的教学思想，影响、引领了众多教师超越自我，走向卓越。

好课堂扎根中华优秀传统文化土壤、遍布中国大地，需要我们用心去挖掘、去提炼。但是多年来，能够充分体现教师综合素质的精彩课堂常常被忽略。有的人习惯从国外引进一些时髦的教育理念，而忽略了总结我们本土一线的教书育人的成功经验。然而，有效的教育教学思想和方法往往是从本民族的传统文化中生长出来的，生搬硬套别国的做法是不可取的，结果都不理想。只有祛除“文化自卑”心态，我们才会真正地发现李吉林、王崧舟、窦桂梅、唐江澎等教师精彩的语文教学课堂，吴正宪、华应龙、唐彩斌等教师生动的数学教学课堂……这样的课堂我们还可以举出一大串，就如“寻找中国好课堂”丛书收入的课例，每一个都闪耀着教育教学智慧。我们应该认真总结中国课堂的经验，讲好中国教育故事。

中国教育报刊社人民教育家研究院组织编写“寻找中国好课堂”丛书，正是基于新时代、新课标、新课程改革，积极探寻符合学生成长需求和时代要求的教育教学规律，服务于全国的课堂教学改革。

“寻找中国好课堂”丛书，从“教学设计”“课堂实录”“课后反思”等方面（具体设计栏目每本有所差异），全景展示出优秀教师上好每一堂课的风采和他们的“工匠精神”。“寻找中国好课堂”丛书的一个可贵之处，就在于其呈现的课例都是经受深化教育教学改革的风雨，在我们中国这块广袤的土地上吸吮中华优秀传统文化的养料并与广大同行互动交流结出的硕果，因此它们不仅属于中国，也属于世界。

让我们走进课堂，走进教育的深处，走向中华民族伟大复兴的美好未来！

中国教育学会名誉会长

顾明远

2020年元月

序言

快乐教育，享受成就彼此的快乐

张化万

从20世纪90年代初至今，我有幸见证大明一路走来的成长。如今的他，已是全国小学语文界的领军人物之一。大明作为全国“万人计划”教学名师、全国优秀教师、浙江省特级教师的翘楚，在语文教学中，始终坚持“快乐教育”，怀着对学生的热爱，奉献自己全部的热忱，勤奋实践着对语文教学最务实的创新；作为杭州知名学校校长，大明还将这份快乐带进学校的办学全程，引领学校“思辩课堂”研究（辩，指表达），让学校获得长足的发展，以不懈的实践为“快乐教育”踏出一条充满生机的新路。大明新书即将出版。谢谢大明能够想到我，让我能够又一次参与并见证这份宝贵智慧结晶的诞生。

三十多年来，大明始终全情投入，矢志坚持着他的教育理想——快乐教育。他曾在《虞大明与快乐教育》一书中，详尽诠释了他对快乐教育的理想描绘、理性分析与阐释。大明说得真好——“真正有成效的‘快乐教育’不是一个简单的概念，而是一系列完整的教育观念和方法策略。以‘快乐’为目的的教育，其最主要的作为和价值就是最大限度地调动起孩子的求知欲、探索欲、创造欲、自信心以及帮助孩子构建快乐成长的美好愿景。快乐，应当是学习的真谛，人生的真谛。”

大明是这样说的，也是这样做的。课改二十多年，大明始终步履不停，走在语文教学改革的潮流前列，他始终是倡导快乐、践行快乐、享受快乐的先行者。在2022年新课标颁布的当下，如何立足学生核心素养发展，充分发挥语文课程的育人功能已经受到空前重视。语文课堂中，孩子最需要的是什么？如何切实发展孩子的语文核心素养？我想，他们最需要的正是那属于他们金色童年内心的学习快乐。如同大明所说，把快乐还给孩子们，让孩子们快乐地成长，就是教育的真谛。

大明是值得敬佩的。一路走来，他得到了无数的赞誉，收获了无数的粉丝与追随者，我也始终是他的粉丝。几十年来，大明老师从未因自己过往的成绩而沾沾自喜，止步不前。他始终用自己的亲身实践，为语文教学提供最本真的诠释。大明勇于创新的课堂教学和智慧精美的教育艺术背后是他对事业、对孩子最真诚的爱。虞大明的“快乐教育”追求的不是回应人们的一时之言，也不是为了师生心灵层面的短暂满足，更不是以往成功课例不变的再现。因为大明老师明白，“快乐教育”所追求的是精神层面的赏心悦目和心花怒放；“快乐教育”欣赏儿童并因材施教，“快乐教育”强调教师的修炼与表达，“快乐教育”促成师生的快乐成长。

大明是真正懂孩子的。三十多年语文教学的不懈探索，他始终坚持自己的教育主张——快乐教育。他始终坚信：“教育的目的是让孩子成为快乐的人，教育的手段和方法也应该是快乐的。”大明老师知道，快乐教育指向的是孩子成长中的安全感、获得感和幸福感，在于与孩子彼此成就，这正是作为教师职业幸福最本真的体现。

大明深知快乐的重要性，他就是一个快乐的人。三十而立，四十不惑，到如今的五十知天命，大明心无旁骛地为了钟爱的中国小学语文教育事业探索，用汗水和心血、天分和智慧，快乐地和孩子们一路行走。他将课堂视作和孩子共同成长的宝贵空间，他始终追求的是和孩子一起长大的快乐。

大明是有大智慧的。在当前“双减”背景下，大明始终坚持对“快乐教育”的深刻认知，他深知语文是人的语文，与人的生活、心灵密不可分，课堂中减去机械训练、单纯应试，留下的是儿童本应拥有的快乐。

书中精心呈现的每个课例均是大明对快乐教育最本真的诠释，书中《景阳冈》《牛郎织女》《在柏林》等经典案例即是明证，这些课我都认真学习、欣赏过，有的还反复聊过、磨砺过。

大明对教材钻研很深，悟透了教材背后的内涵，总能在课文的语言文字之中找到快乐的因子，让孩子在快乐中学习语文。如英国罗素所言，“参差多态乃是幸福的本源”。快乐有很多种，“快乐教育”背后深刻而多元的内涵值得我们细细品味。我很喜欢书中“快乐密码”这一部分，大明用精准扼要的语言，对每个经典课例背后的“快乐教育”理念进行品悟。《麦哨》《桂花雨》中的快乐自不用说，大明不单是发现了，与学生尽情享受着语言和精神成长的快乐，这些课更是在全国范围内有着深远的影响，带动了一大批人。教学《董存瑞舍身炸暗堡》《黄继光》等课文时，大明说得很好，“读此类具有悲情色彩的震撼灵魂的文章，引导学生与文本对话，与角色对话，与心灵对话，从而经历一场灵魂的洗礼，何尝不是一种‘快乐’？悲情色彩的文章，不必用眼泪去读，但须打开心门用心灵去读。打开心门，灵魂就进来了，心就‘皱’了，这就够了”。这种苦思冥想后的顿悟，必然也会作为一种快乐长存于学生心中。我想，这种快乐是更有价值、更为深刻的。

当我们了解了大明一路成长的历程，感受他“快乐教育”的出发点与归宿之后，再去读这本书，就会多一份温暖与感动。相信不少朋友都知道，大明本身就是一个快乐的人。他热爱生活，很有生活情趣，有很多兴趣爱好和特长。他很会唱歌，做得一手好菜；他是个性情中人，重感情、讲情义，有不少志同道合的好友；他热爱运动，至今跑完了八届马拉松，在学校成立了新世纪跑团，让身边的人都爱上了运动。在学校里，大明校长是孩子们的偶像，他是一个充满“笑料”和“故事”的人，他在哪里，哪里就有孩子们的欢笑声。试问这样一个热爱生活、积极快乐的人，有谁会不由衷喜爱呢？

大明对于“快乐教育”的主张和成就，与他对生活、对儿童的爱和坚持追求健康生活的毅力是分不开的。大明说得好，“教育的本质和内涵便是教师和学生都获得成长”。阅读此书，相信你也定会从中收获成长的快乐，并将这份快乐传递给孩子。让我们和大明一起，携起孩子的手，或让孩子携起我们的手，快乐成长，与孩子彼此成就，共享美好幸福的人生！

（张化万，全国著名小学语文特级教师，浙江省特级教师协会副会长，全国小学作文教学研究会副会长，《现代小学语文》主编，浙江省教育厅中小学教师继续教育专家委员会委员，浙江省小学语文名师工作室首席导师）

自序

快乐的定义

很高兴，那天能遇见张新洲社长。

新洲社长说起他最近在主持编写“寻找中国好课堂”丛书，希望我也能出一本。原因是2014年的时候，我出版过《虞大明与快乐教育》，他希望通过此次“快乐教育经典课例”的整理、出版，让快乐教育更加成为我的特色和符号。至今还记得新洲社长那天勉励我的话：持之以恒地进行快乐教育、快乐课堂的实践研究，让全国的小学语文教师，只要一说起快乐教育，就想到虞大明；一提起虞大明，便想到快乐教育。

说真的，新洲社长的那番话，着实激励了我，让我热血沸腾了好一阵子。

不久，新洲社长发来了丛书编写的思路、体例及相关要求。特别是编写思路，让我明确了“寻找中国好课堂”丛书的三个基点：一是基于2018年1月20日，在中共中央国务院颁布的《关于全面深化新时代教师队伍建设改革的意见》中“把全面加强教师队伍建设作为一项重大政治任务和根本性民生工程切实抓紧抓好”的时代高度；二是基于新课标的深度；三是基于《意见》中明确提出“培养造就数以百万计的骨干教师，数以十万计的卓越教师，数以万计的教育家型教师”的广度。

新洲社长还特别强调，三个基点的维度都指向“课堂教学”。因为，源于本土教育实践的经验告诉我们：好的教师，源于好的课堂；好的教师，无不是在终生学习的道路上，不断超越自我，不断超越课堂教学的求索中，走上成功之路的。因此，“寻找中国好课堂”丛书应当是解决课堂教学实际问题的教学指导与典型案例大全；“寻找中国好课堂”丛书应当成为教师专业成长与教师培训的良师益友。

于是，我开始焦虑——我能不辜负新洲社长的期望吗？我的课例能对得起“中国好课堂”的美誉吗？

因为焦虑，所以迟迟未能动笔。还是那句老话——时光会消磨一切。不久，新洲社长又发来短信：你的这本书，在编写体例上，可以有所调整，希望能写出自己的特色。

又一次，热血沸腾。

书名，就定为“虞大明快乐教育经典课堂××例”吧，然后怀着快乐的心情，对曾经执教过的课例进行筛选。

有的课，真的快乐。

比如《麦哨》，借助文中描写麦哨声音的拟声词，添加上破折号，让学生“吹”出各种腔调的麦哨声，享受“吹麦哨”的快乐；借助所谓的“茅茅针棒棒糖”，让学生舔一舔、吮一吮，享受茅茅针清凉甘甜的滋味；甚至，课近尾声的时候，唱一唱按照儿歌《拔萝卜》改编的《拔野鸭》，都是“玩”。课堂上，积极创设机会让学生边玩边学，或者玩学相融，学生的心一定会快乐地飞扬起来。

又如《刷子李》，为了学生能学得快乐，我是愿意做任何事情的，甚至不惜“糟践”自己——当我把自己扮演的蹩脚的粉刷匠的“丑陋”照片呈现在大屏幕上时，当学生“肆无忌惮”地把照片上的我比作“斑点狗”时，我感觉到了学生的快乐……这是我所期待的。

再如《景阳冈》，历史上有很多打虎英雄：汉代的李广、晋代的周处、唐代的裴旻……但学生心中印象最深的莫过于《水浒传》中的武松。这就是名著带给学生根深蒂固的印象。再次走进《景阳冈》，聚焦“打虎”，感受武松的智勇双全，凭借阅读链接，在学生心中重塑人物形象；凭借“大明打纸老虎”的图片，点燃探究名著写法上的高明之处……

名著的魅力又一次深入呈现。当研读成为一种习惯，相信每一个学生都能在书香中收获成长和快乐。

但是，有的课，快乐吗？比如《狼牙山五壮士》，比如《董存瑞舍身炸暗堡》，比如《黄继光》。要不要收录呢？可以收录吗？

于是，开始思考快乐的定义。

有的快乐，是显而易见的。课堂上，学生笑容满面、笑声朗朗。教师真正把儿童当儿童，把孩子当孩子，充分关注童心、童趣、童味，千方百计、多管齐下，让学习真实而有情趣地发生。这样的课堂，肯定是快乐，也是有价值的。在这样的课堂上，学生们的生命如绚烂的烟花，自由绽放。这样的课堂生活，一定会让学生的童年生活更加快乐、更加缤纷、更加多彩。

而有的快乐，则是隐形的。甚至，从表面看，是愤怒的、伤感的、悲痛的。那么，快乐隐在哪里？某次，跟浙江省教育厅原副厅长、国家督学张绪培先生聊天，张先生说："孩子们在课堂上最大的快乐一定是源于恍然大悟。"还真是，听张先生这番教诲的时候，我分明感受到了快乐——恍然大悟、醍醐灌顶、茅塞顿开的快乐。从这个维度上定义，快乐就更本质、更具内涵了。精研文本、目标适切、内容丰盈、程序优化、方式创新、评价多元等，都是快乐课堂的根本保障。

比如《狼牙山五壮士》。有理想、有信念、有目标，不仅是革命取得成功的关键，也是每个人实现人生价值的重要条件。革命文化中所蕴含的崇高精神和对人性真、善、美的不懈追求，是一种巨大的能量源，能够起到培根铸魂、启智润心的积极作用。课堂上，创设课堂教学的"情感场"，让学生充分入情入境，沉浸其中，甚至不能自拔，受到全方位的熏陶、感染，从而震撼心灵，激发起爱党爱国的无限热情，无疑是十分重要且必要的，也是快乐的。

又如《"诺曼底号"遇难记》。读此类具有悲情色彩的震撼灵魂的文章，引导学生与文本对话，与角色对话，与心灵对话，从而经历一场灵魂的洗礼，何尝不是一种快乐？悲情色彩的文章，不必用眼泪去读，但须打开心门用心灵去读。打开心门，灵魂就进来了，心就“皱”了，这就够了。

再如《黄继光》。先将学生拉回到七十多年前的大背景中，再让学生置身于战场之上与黄继光甚至国家同呼吸共命运，而后让学生看黄继光战友的哭诉与回忆，从而引起学生强烈的情感共鸣。课堂上学生的泪水就是他顿悟到祖国如此伟大的原因所在。

说白了，真正意义上的快乐，与安全感、获得感、幸福感息息相关。生活如此，课堂亦如此。

虞大明

2022年7月

目录

课例 1

尽情领略想象的巧妙

——《女娲补天》(统编版语文四年级上册第 15 课)

快乐密码

神话是属于儿童的，儿童是无拘无束、异想天开、想象无极限的，神话对儿童有一种天然的吸引力，可以激起学生无限的想象。课堂上借聊故事，感受神话想象的绝妙；通过启发学生质疑发问，以问题链为线索，梳理圈画出关键词，明晰女娲补天的全过程；对比神话故事的不同版本，释放学生的想象力；搭建支架，进行拓展阅读、鼓励创编神话，让想象之花得以绽放。

文本简析

神话故事源远流长，被誉为人类童年时期的产物，文学的先河。四年级上册第15课的《女娲补天》是一个流传千年的神话故事，讲的是女娲为了拯救处于水深火热中的人们，冒着生命危险补天的故事，赞扬了女娲勇敢、善良、不怕危险、甘于奉献的精神。综观以往的教学，师生往往对“想象的神奇”关注颇多、津津乐道，至于“想象的绝妙”却鲜有人问津。我感觉有点可惜——毕竟，想得妙，更见智慧。于是，便有了《女娲补天》的再读。再读读什么？当然应当摒弃那些先前已经读懂的故事大意、神奇想象和人文精神等，直指“想象之绝妙”。先在教师的引导下发现，再让学生自己发现，最后给学生言语实践和创造的机会，可谓循序渐进、循循善诱；先聚焦一个文本的重点语段，再迁移到其他故事文本，可谓举一反三，加深印象，学以致用。这样的课堂，这样的教学，彰显的大概就是“围绕专一的目标，立体构筑教学内容，引领学生逐步踏上发现之旅，从而享受阅读收获的乐趣”，为的就是有效实现“一课一得”。若能保证“一课”有真正的“一得”，那我们的学生，一定不得了。

目标预设

1. 聚焦《女娲补天》的重点语段，通过文本对比探究五彩石名字的由来、发现地点的神奇，了解神话故事“想象巧妙”的特点。

2. 以链接性拓展阅读为手段，以“画找神话故事的巧妙之处”为凭借，品味神话故事想象之巧妙，发现与现实生活相关联的特点。

3. 通过创设情境让学生尝试创编神话故事，进一步感受神话故事想象之巧妙，增进对神话故事的认识，激发学生阅读神话故事的兴趣。

教学实录

一、猜聊神话故事，明确学习任务

师：同学们一定看过许多神话故事，我们来做个小游戏，看图猜故事名字，好吗？如果你知道名字，马上喊出来。

（师播放《嫦娥奔月》《后羿射日》《精卫填海》《盘古开天地》《夸父追日》《女娲补天》的插图）

师：刚才我们猜了六个神话故事，分别是——

（生齐读神话故事名称）

师：观察一下，神话故事的名字有什么特点？

生：好像都是四个字。

师：《盘古开天地》不是。

生：我有不同的意见，我觉得每个故事的名字都说出了故事的主要内容。

师：你们看这些故事的名字都是以怎样的格式出现的？

生：先说出是谁，再说在干什么。

师：一般来说这个名字高度概括了故事的大致内容，所以我们可以通过神话故事的名字初步了解这个故事的内容。

师：爱读这些故事吗？

生（齐）：爱！

师：为什么爱读？

生：这些故事都很好看！

生：这些故事的想象都很神奇！

师：能从你们读过的故事中举举例子吗？

生：《后羿射日》中，后羿的箭能把太阳射下来，太神奇了！

生：在《夸父追日》中，夸父这个巨人一眨眼就能跑一千多里，比风还快！

师：的确，神话故事的想象很神奇！有人说，没有神奇的想象，就没有神话故事。其实，神话故事中的想象不仅神奇，而且还很绝妙。相信通过今天的学习，你们会有新的发现，新的收获。

二、初读《女娲补天》，梳理补天情节

师：今天我们学习的神话故事叫《女娲补天》。

（生齐读课题）

师：神话故事是我们非常宝贵的财富，所以想要学好这个故事，首先要读好这个故事，然后讲好这个故事。

师：虽然我们已经通过这个故事的名字初步了解了本篇课文讲的就是女娲补天的事情，但是光了解这些还不够。还需要了解什么？

生：女娲为什么补天？

生：女娲怎么补天？

生：女娲补天到底有没有成功？

师：也就是说还要了解故事的起因、经过和结果。请同学们默读这个故事，试着解决这三个问题。

（课件呈现三个问题）

（生默读课文）

师：同学们可以自由选择其中的一个问题来回答。

师：第三个根本不算问题，补天成功了从题目中就能知晓，还剩下两个问题。

生：我选择第一个问题“女娲为什么补天”。因为人们生活在水深火热之中。

师：人们为什么生活在水深火热之中呢？

生：因为天空漏了一个大窟窿，地上也裂开了深沟。

师：那用一个词语概括就是天崩地裂，人们处于水深火热之中。这就是女娲补天的原因。

师：第一个问题解决了，谁来解决第二个问题？

生：女娲先找到了五种不同颜色的石头，再把石头炼成石浆，最后用石浆补好了天。

师：你说得很对。我们怎么才能把它说得更简洁一些，怎么去梳理女娲补天的经过？大明老师想告诉你们一个好方法。

生：找关键字词。

师：对！这个方法就叫作——圈关键词。找到了吗？

生：拣石、炼浆、补天。

（课件呈现）

女娲先从各地拣来赤、青、黄、白、黑五种颜色的石头，燃起神火熔炼。随着神火渐渐熄灭，五种颜色的石头被炼成了黏稠的石浆。女娲用这些石浆把天上的大窟窿修补好。

师：天补好就行了吗？女娲还做了哪些事？请同学们默读第4自然段，用这种方法，填写女娲补天的全过程。

（课件呈现）

拣石炼浆补天 → 斩龟腿撑天 → 杀恶龙吓兽 → 烧芦灰堵缝

三、再读《女娲补天》，初知想象巧妙

师：刚才有同学说喜欢神话故事的理由是想象很神奇。我们先来看看这个大家熟知的《女娲补天》，其中想象最妙的当属“女娲寻石”了。这个故事还有一个版本。

（课件呈现，原人教版《女娲补天》）

她跑到山上，去寻找补天用的五彩石。她原以为这种石头很多，用不着费多大力气。到山上一看，全是一些零零星星的碎块。她忙了几天几夜，找到了红、黄、蓝、白四种颜色的石头，还缺少一种纯青石。于是，她又找啊找啊，终于在一眼清清的泉水中找到了。

师：你觉得什么地方想得很巧妙？

生：石头有五种颜色。

师：确实应当关注“五彩石”，什么是五彩石？

生：红、黄、蓝、白、青五种颜色的石头叫五彩石。

师：没错。为什么把女娲补天的石头想象成五彩石？能不能结合故事中的描写找原因？

（课件呈现）

女娲先从各地拣来赤、青、黄、白、黑五种颜色的石头，燃起神火熔炼。女娲用这些石浆把天上的大窟窿修补好。从此天上便有了五色的云霞。

生：哦，我明白了。因为天上的云霞是五彩的，所以把女娲补天用的石头想象成五彩石。很巧妙！

师：你真会发现！可见，虽然神话故事是幻想出来的，但是跟我们的现实生活有一定关联，妙不妙？

师：我把“纯青石”换成别的石头行不行？

生：不行！

师：关于《女娲补天》不止一个版本，我们再来读读语文书中的版本：你有什么发现？

（课件呈现）

女娲先从各地拣来赤、青、黄、白、黑五种颜色的石头，燃起神火

熔炼。

师：可以换吗？

生：可以的。

师：为什么可以？

生：因为天边的云霞色彩是很丰富的。

师：那么，能否改成“七彩石”？

生：可以。因为云霞就有赤、橙、黄、绿、青、蓝、紫七种颜色。

师：真好！也就是说，天边的云霞有多少种颜色，就可以让石头有多少种颜色。这就是想象的巧妙。

四、顺势拓展阅读，再感想象巧妙

师：这种巧妙的想象在很多神话故事里都有，我们再来看另外一个神话故事《嫦娥奔月》，后羿的妻子嫦娥为了不让阴险狡诈的逄蒙得到仙丹，祸害百姓，于是抢食了仙丹，飞到了月宫。后羿和乡亲们都很想念嫦娥。请看故事的结尾，能发现想象妙在哪里吗？

（课件呈现）

乡亲们很想念好心的嫦娥，这一天是八月十五，他们在院子里摆上嫦娥平日爱吃的食品，遥遥地为她祝福。从此以后，每年的八月十五，就成了人们企盼团圆的中秋佳节。

生：把嫦娥离别的日子想象在八月十五，正好跟我们现在的中秋节吻合。

生：乡亲们在院子里摆的食品，就是我们现在的月饼。

生：而且，现在我们过中秋节还有一个习俗，那就是赏月。

师：对，这就是神话故事想象的巧妙。我们再来看《后羿射日》，想象巧妙在哪里？

（课件呈现）

十个太阳在天空中走来走去，地上的森林、房屋烤得快要着了火。后羿看了，立刻搭上了一支箭，拉满了弓，嗖的一声向一个太阳射去，一个火球应声落了下来。其余九个见势不妙，急忙逃走。可是后羿的箭射得又快又准，在“嗖——嗖——”的箭声里，太阳一个个落下来。当后羿从箭筒中抽出最后一支箭时，尧连忙按住他的手说：“太阳对人间是很有用的，太多了才会带来害处。留下这最后一个，让它给人们带来光明和温暖吧。”后羿听了点点头，把弓箭收了起来。

生：我们的现实生活中，只有一个太阳，所以在这个故事中，尧让后羿别把最后一个太阳射掉。很巧妙！

师：要是我们的现实生活中有两个太阳，尧又会怎么说？

生：尧一定会说“太阳对人间是很有用的，太多了才会带来害处。留下这最后两个，让它给人们带来光明和温暖吧”。

师：巧妙！要是现实生活中有三个太阳呢？

生：尧会说“太阳对人间是很有用的，太多了才会带来害处。留下这最后三个，让它给人们带来光明和温暖吧”。

师：哈哈！妙！要是现实生活中一个太阳也没有呢？

生：尧会说“太阳对人间是没有用的，赶快把它们全射下来吧”！

师：要是我们的生活中没有太阳，就不会有《后羿射日》这个故事了。

五、创编神话故事，践行想象之妙

师：学到这儿，相信同学们都有了新的收获，谁能说说？

生：神话故事的想象很巧妙。

生：这种巧妙表现在，神奇的想象跟我们的现实生活有一定的关联。

师：你们总结得很好！明白了这一点，其实我们自己也能创编故事，想不想试一试？

生（齐）：想！

师：有一个故事叫《风魔和沙怪》，说的是风魔和沙怪是无恶不作的大坏蛋，所到之处，飞沙走石，农田被埋，房屋被毁。后来老百姓用植树的方法制服了风魔和沙怪。请看故事的结尾——

（课件呈现）

风魔和沙怪被制服了，老百姓载歌载舞，欢庆胜利。为了纪念胜利，以后每到这一天，老百姓都会三五成群地去植树。这一天正好是（　　）月

(　　)日，据说(　　)就是这么来。

师：这个故事是大明老师写的，但是，结尾留空了，你们能补充完整吗？

生：把这一天想象成三月十二日比较好。

师：为什么？

生：这样，正好跟我们的植树节吻合。

师：真厉害！学到这里我们发现虽然想象很神奇，但是跟我们的现实生活有一定的关系，这就是想象的巧妙。

师：刚才我们读好这个故事了，接下来要讲故事了。讲故事和读课文一样吗？

生：不一样。

师：为什么不一样？

生：读课文是一字不差，讲故事讲得差不多就行了。

师：讲故事只要讲出大概意思就可以了，咱们来试一试。这个故事当中比较难讲的是这部分内容，这一部分应该讲出什么感觉？

生：很危险。

师：你来讲一讲。

(生讲)

师：老师觉得他把黑黝黝、喷涌而出讲得很好，大家一起学着他的样子来讲一讲。

(生齐讲)

师：第2自然段也很难讲，要体现女娲找石头找得特别辛苦。我们再一起试一试。

(课件呈现)

1.不料有一年，天地忽然发生了一场大变动。天上露出一个大窟窿，地上也裂开了一道道黑黝黝的深沟，洪水从地下喷涌而出，各种野兽也从山林里跑出来残害人类。人们惊慌失措，四处奔逃，整个世界陷入了一片混乱和恐怖之中。(场面危急)

2. 女娲先从各地拣来赤、青、黄、白、黑五种颜色的石头，燃起神火熔炼。(很辛苦)

师：如果有一块最难找的赤色石头呢？你会怎么创编？

(课件呈现)

她忙了几天几夜，找到了（　　）、（　　）、（　　）、（　　）四种颜色的石头，还缺少一种（　　）石。于是，她又找啊找啊，终于在（　　）找到了。

生：她忙了几天几夜，找到了青、黄、白、黑四种颜色的石头，还缺少一种赤色石头。于是，她又找啊找啊，终于在一堆熊熊燃烧的火焰中找到了。

师：红红的火焰堆里找到赤色石，妙！

生：她忙了几天几夜，找到了赤、黄、青、黑四种颜色的石头，还缺少一种纯白石。于是，她又找啊找啊，终于在白雪皑皑的雪山顶峰找到了。

师：洁白的雪山上找到纯白石，也很精彩！你们已经很能创编故事了。还想继续挑战吗？

生：想！

师：请打开练习纸，有“三星级”和“五星级”的挑战，自由选择一题，展开巧妙的想象，补写故事。

练习设计：

【★★★】　　女娲寻石

她跑到山上，去寻找补天用的（七）彩石。她＿＿＿＿＿＿＿＿＿＿

＿＿＿＿＿＿＿＿＿＿＿＿＿＿＿＿＿＿＿＿＿＿＿＿＿＿＿＿＿＿

＿＿＿＿＿＿＿＿＿＿＿＿＿＿＿＿＿＿＿＿＿＿＿＿＿＿＿＿＿＿

【★★★★★】　　钱江潮的故事

很久很久以前，钱塘江的潮来时，是没有声音的。

有一天，巨人钱大王挑着一担（　　），在江边歇息，没想到竟睡着了。正巧，东海龙王这时出来巡江，潮水涨起来了。涨呀涨的，把钱大王挑的（　　）慢慢溶化了。东海龙王闻闻，水里哪来这股（　　）味呀，而且越来越（　　）。他受不了，转身就逃，逃到海洋里，结果把海洋里的水都弄（　　）了。钱大王一觉醒来，找不着（　　），一低头，闻到江里有（　　）味，他想：哦，怪不得，原来被东海龙王偷去了。于是他举起扁担就打海水。一扁担打得大小鱼儿都震死；两扁担打得江底翻了身；三扁担打得东海龙王冒出水面求饶命。

东海龙王问钱大王，究竟为什么发这样大的脾气。钱大王说："你把我的（　　）偷到什么地方去了？"东海龙王这才明白海水变（　　）的原因。连忙赔了罪，就把事情经过一一说了。东海龙王连连叩头求饶，并答应用海水晒出（　　）来赔偿钱大王；并且以后涨潮的时候就（　　），免得钱大王睡着了听不见。钱大王听听这两个条件还不错，便饶了东海龙王。

从那个时候起，潮水一进杭州湾，就（　　）。举世闻名的（　　）就是这样来的。

（生创编故事，师巡视，并指名交流、分享）

六、总结提升全课，激活后续动力

师：这堂课，我们从非常熟悉的《女娲补天》入手，发现了神话故事的又一个秘密。请大家记住一句话——神话故事，想象奇妙，魅力无穷！经典故事，常读常新，其乐无穷！祝愿大家都能成为爱读神话故事、会读神话故事的快乐之人！

（实录整理：李雨珈）

专家点评

想象话妙　创新读写

——虞大明老师《女娲补天》评析

大明老师的课总带给人一种"山重水复疑无路，柳暗花明又一村"的旷达与欣喜。既不拘泥于"循规蹈矩"亦不执迷于"逐新趋异"，他以理性的自知坚守教学常识，努力探寻文本解读的常式与变式，试图在转换间寻觅语文教学的另一种可能，建构起大气、开放、简约、思性的语文课堂。

《女娲补天》最早出现在《山海经》，是个流传千年的上古神话，耳熟能详、经久不衰，原人教版与现统编版教材分别选用了这个故事，足见神话永恒的魅力，深受儿童喜欢。我曾在2006年全国新课程设计大讲堂上执教过该课，当时研发重点仍围绕着“神奇”聚焦故事内容与人物形象，借助关键词句与创生的教学资源，助推学生想象思维与语言表达的双向着陆。今天再看大明的设计，于略读教学“开而弗达、引而不发”的理念驱使下重构此课新设想，一个“巧”字呼之欲出。

第一，解读灵巧：从想象之“奇”走向想象之“妙”。

正如师者所言，“综观以往的教学，师生往往对‘想象的神奇’关注颇多、津津乐道，至于‘想象的绝妙’却鲜有人问津”。的确如此，课堂语境下观照神话类文本教学解读，我们容易被故事的新异、有趣，充满幻想的色彩所吸引，游走在内容与情节中扩张“神奇”，突显“神性”，恰恰忽略了神话起源于人们解释自然并征服自然的愿望，它以生活为范本创造想象，表达了人们对美好生活的向往。本课设计，大明老师拨云见日，直抵神话类文本“联结生活的想象特质”，以探究五彩石名字的由来为重点引导学生发现“想象的绝妙”，并链接多个文本、引发多种猜想再次循证生活确认神奇的想象必须依托现实，依据情理，预见结果，绝妙而非荒唐。这样的解读从普遍认知走向匠心所见，很灵很巧，折射的是教师雄浑扎实的语文素养与革故鼎新的探索精神。

第二，设计精巧：从三个问题走向三个层次。

好的设计如作诗习文，起承转合，缜密绵婉，一条清晰的主线贯通全文，板块与板块间的转换“一步一态，一态一变”。再看本课例，聚焦“感知想象奇妙，运用奇妙想象”这一核心教学目标，教师搭建了四大板块学习活动：“板块一：猜聊故事，明确学习任务；板块二：初读课文，梳理补天情节；板块三：再读课文，初知想象巧妙；板块四：拓展阅读，再感想象巧妙。”四大板块撑立起梳理与探究、阅读与鉴赏、表达与交流等语文实践活动，从梳理文本情节到鉴赏想象之妙再到创作运用想象之妙，可见思维与能力的深层进阶。更巧的是，梳理补天情节时，将学生“还想知道什么”的学习需求顺势转化为组织文本结构的三个关键问题，由问题导向神话内容、意义与形式的感知、理解与运用，遵循儿童学习逻辑，由形象思维逐步过渡到抽象思维，使教路、学路耦合学情，引发主动、完整且有意义的学习发生。

第三，实施轻巧：从精雕细琢走向整体把握。

2022版课标强调语文教育的育人理念指向文化浸润的整体育人；育人内容走向高度整合；育人过程走向综合实践化。语文教学不再是单项目标、单个知识点的叠加，而是围绕阅读与写作的事实与概念，以促进语用为目的资源统筹配备。大明老师紧跟课改步伐优化设计理念，立足神话文本探究想象之妙，引入神话资源建构想象之妙，创生神话素材践行想象之妙，读思议结合，说写评一体，学生学习体验充分，过程增量显著。尤其是想象创编故事时，依据五彩石的颜色想象与之匹配的地点，想得有理，说得有据，唯有自主开放的课堂才能涌动这股创新求异的思潮。

课随人生。人如此，课如此。

（特级教师　周璐）

同行品悟

让想象在神话长河中驰骋

——虞大明老师《女娲补天》赏析

浙江小语界有个务实、创新、大气、灵动的特级教师——虞大明老师，我们亲切地叫他“大明老师”。

创新是大明老师对语文教学的一贯追求。“春风得意马蹄疾，不需扬鞭自奋蹄。”大明老师一直致力于语文教学的创新之路，常教常新。《再读〈女娲补天〉》一课的教学生动地诠释了大明老师的教学追求。因为，大明老师的课，处处关注学生主体，落实语言文字的感悟和训练；大明老师的课时时彰显本色语文“真实、扎实、落实”的三重境界；大明老师的课，告诉我们

“如何读懂学生，并基于学生而教，促使学生课有所得，课有所获”。概而言之，大明老师的课，是真的读懂了学生的。现不妨略举一二。

一、巧置问题，激发探究想象之动力

《义务教育语文课程标准（2022年版）》的核心素养要求培养学生的思维能力，总目标中也提出积极观察、感知生活，发展联想和想象，激发创造潜能，丰富学生的语言经验，培养语言直觉，提高语言表现力和创造力，提高形象思维能力。在教学中要激发学生的想象创造能力。《女娲补天》是人教版四年级上册第四单元的一篇略读课文。这是一个流传千古的神话故事，讲的是古时候女娲为了拯救处于水深火热中的人们，冒着生命危险补天的故事。赞扬了女娲的勇敢、善良的品质，不怕危险、甘于奉献的精神。课文的学习重点是了解女娲为拯救人类，怎样冒着生命危险、克服重重困难把天补好的过程；难点是在阅读中感受神话故事的神奇。四年级的学生品味这样一篇熟悉的课文，肯定不需要再像精读课文那样精雕细琢。大明老师让学生再读《女娲补天》的目的也不是为了让学生重温整篇课文，重新把握课文的字词和篇章结构，而是以这篇课文为引子，引出学生探究神话故事“想象奇妙”的特点的兴趣。因此，对于这篇课文内容的再次取舍，大明老师完全可以像对待略读课文一样，根据教学要求撷取重点片段进行课堂教学。

略读课文教学，更强调和关注学生的自主阅读探究，让学生自主获得丰厚的阅读成果。问题是驱动探究的根本。试想，如果教师提出的问题都是零散琐碎的“复现型”的小问题，都是学生不假思索就能对答如流的“假问题”，那么，怎能激活探究的动力？怎能提升探究的能力？因此，教师可以在“贴近学生最近发展区，遵循语文学习规律和儿童心理特征，设计出大问题、好问题”上有所作为。所谓大问题、好问题，一般具有以下三个特征：其一，领导力——它是贯穿课堂学习始终的主线，能统领整堂课或者某个重要板块的学习、探究活动；其二，探究性——它应当具有极大的探究空间，学生们需要凭借对文本内容进行全面、深入地研究，需要对文本重要信息进行筛选、提炼、梳理和概括，需要凭借“自主探究、合作交流”等才能圆满达成问题的解决；其三，激励性——它应当符合儿童的年龄及心理特征，应当能激活学生探究的欲望、动力和期待。

在《女娲补天》一课教学中，大明老师对于学生的引导，是看似不经意而实则独具匠心的精心设计，处处显示了大明老师的教育智慧。课堂上，大明老师在学生兴致勃勃地根据图片猜测神话故事题目的时候，向学生提了两个简单的问题——“爱读神话故事吗”“为什么爱读神话故事”。当学生回答因为神话故事很神奇时，大明老师就让学生举例子说说神话故事的神奇之处，引出本堂课的探究任务——探究神话故事想象之巧妙。再对巧妙这一特点进行重点突破：首先找出《女娲补天》中想象巧妙之处，明确神话故事的想象虽然很神奇，但是与现实生活有一定的关系，这就是想象的巧妙；继而通过《后羿射日》《嫦娥奔月》片段中的想象巧妙之处，拓展强化了神话故事中的巧妙想象；最后则引导补充完整《风魔和沙怪》的故事，使学生创作想象巧妙的神话故事结尾，达到积累语用的目的。

二、精准聚焦，关注神话想象之秘妙

略读课文教学，要在有限的时间内顾及一篇文章的方方面面，没这个可能，更没这个必要。究竟该聚焦什么？综观以往的语文课堂，内容层面、人文层面的信息，学生大都能自己读懂，而“语言形式、表达方法”层面的，学生往往比较容易视而不见。《义务教育语文课程标准（2022年版）》针对3～4年级的阅读与鉴赏教学指出应理解词句意思，体会课文中关键词句表达情意的作用。因此，教师应积极聚焦那些意言并举、文质兼美、写法鲜明的语段，进行细细品读、感悟，以凸显语文的工具性。

大明老师在《女娲补天》中坚决摒弃了学生在以往学习中已经掌握的基础知识内容，选择了感受神话故事的“想象巧妙”作为课堂学习的聚焦点。从《女娲补天》中女娲寻找的石头颜色与天边云霞颜色的“心有灵犀”，到探究拓展阅读文本《嫦娥奔月》中嫦娥升天的日子与我们中秋节的日子、《后羿射日》十个太阳留下一个与现实只有一个太阳的种种呼应之妙，都是围绕着“感受神话故事想象之巧妙”而进行的阅读实践。这样的链接阅读，这样的聚焦教学，既拓宽了学生的阅读面，又让学生感受到神话故事想象上的“异曲同工”之妙，从而得出“神话故事的想象既巧妙，又与现实生活相关联”的阅读感想。课堂呈现的所有文本指向的都是言语表达形式和方法的秘妙，对于学生今后的言语实践大有益处。

三、巧设情景，习得创编神话之方法

略读课文教学的核心理念可以概括为“自主探究，自读自悟”，需要教师适度“隐退”。这适度的“隐退”恰恰能为学生的“自读自悟，自主探究”创造机会和条件。但是，“要把课堂上更多的时间还给学生”“教师少教一点，学生多学一点”“要把学生引上‘自主探究’的阅读之旅”……如何把这些落到实处是令许多教师困惑和迷茫的问题。

因此，教给学生“自主探究之法”，让学生在课堂上有更多的运用该方法的机会，是略读课文教学达成目标的关键所在。正所谓“不动笔墨不读书”，此言指向的正是一种良好的阅读实践的方法和习惯。引导学生动起笔来，就是引导学生走向探究之路的方法。

大明老师在《女娲补天》一课的教学中，在践行“了解神话故事‘想象巧妙’的特点”时，没有止步于从教材文本《女娲补天》对神话故事想象巧妙之处的感悟到拓展阅读文本《嫦娥奔月》《后羿射日》的阅读感悟。而是在引导学生发现、感受神话故事想象巧妙之处的基础上，积极创设情境——续写《风魔和沙怪》的结尾、女娲寻找补天石的创编、《钱江潮的故事》的情节补充等，让学生根据文本内容和生活实际进行文本填充、补白，进行语言实践，并进行交流、汇报、品评，促进学生对神话故事想象巧妙之处的理解与外化，激发学生的想象能力、学习兴趣，提高学生的言语表达能力、思维能力，从而促进了学生语文素养的形成与发展。

在交流、评价、反馈时，大明老师特别关注学生创编中的亮点，及时加以肯定和放大，力求触类旁通、举一反三。例如，当学生说“她忙了几天几夜，找到了黄、白、蓝、青四种颜色的石头，还缺少一种赤色石。于是，她又找啊找啊，终于在一堆熊熊燃烧的火焰中找到了”时，大明老师马上给予了简短而又明确的评价“红红的火焰堆里找到赤色石，妙”，其他学生马上意会到可以根据石头的颜色来想象女娲找到石头的地点。于是马上就有学生接着说“她忙了几天几夜，找到了赤、黄、蓝、青四种颜色的石头，还缺少一种纯白石。于是，她又找啊找啊，终于在白雪皑皑的雪山顶峰找到了”……

就这样，在大明老师的启发下，课堂上绽放着一朵朵智慧之花，灵动之花。我们也领悟了神话故事想象的巧妙，是与现实生活有一定关联的。大明老师大气灵动的课堂，如行云流水一般畅澈，又将教育真正做到了润物细无声；如此精彩的课堂，让人神往。

（浙江　胡益君）

课例 2

母鸡的“英雄主义”

——《母鸡》（统编版语文四年级下册第 14 课）

快乐密码

“咯咯哒，咯咯哒……”驻足，凝望，如闻其声，如见其形。瞧，一只有趣无比、耐人寻味，踏着“变化多端”的脚步，嘴里还哼着小曲的母鸡正朝你走来。通过“圈圈画画找细节”“轮流分享谈感悟”“起身示范护‘宝宝’”“温暖母爱记心间”的教学环节，深入感知作者对母鸡情感态度的大转变，更深入地品味语言大师老舍笔下母鸡的光辉形象，她看似高傲、讨厌，却是一位负责、慈爱、勇敢、辛苦的英雄。借母鸡言母爱，让我们共同感悟英雄母亲的别样风情吧！

文本简析

《母鸡》是老舍先生另一篇脍炙人口的佳作，作者抓住了对母鸡看法的变化，表达了对母爱的赞颂之情。课文以作者的情感变化为线索，先写了母鸡的无病呻吟、欺软怕硬和拼命炫耀，呈现了一只浅薄、媚俗的母鸡；接着笔锋一转，描写了母鸡的负责、慈爱、勇敢和辛苦，塑造了一位“伟大的鸡母亲”的形象。前后形成鲜明的对比，作者对母鸡的情感也由“讨厌”转变为尊敬。本文的语言风格直白自然，散发着浓郁的生活气息，读之令人亲切舒服。教学此文，要通过引导学生自读自悟体会作者对母亲的崇敬以及对母爱的赞颂；同时，通过对重点词句的理解，感悟作者的语言风格，加强语言实践。

目标预设

1.借助圈画批注，在自主探究性阅读中了解母鸡“负责、慈爱、勇敢、辛苦”的特点，逐步解决问题。

2.借助言语比较，感受作者语言表达的精妙以及对母鸡、母亲的敬畏之情。

3.延展阅读，深入理解“一个母亲必定就是一位英雄”。

第一课时流程预设

1.揭题引入，预习检测。梳理字词，通读全文。

2.整体感知，了解概要。

3.完成第一部分教学：作者为什么向来讨厌母鸡。

第二课时教学实录

一、承前启后，提出问题

师： 考考你们。第一节课你们解决了一个非常重要的问题，老舍先生为什么向来讨厌母鸡，这是老舍先生讨厌母鸡的原因之一吗？

（课件呈现）

它永远不反抗公鸭。有时候却欺侮那最忠厚的鸭子。

生： 是。

师： 能用一个词语来概括吗？

生（齐）：欺软怕硬。

师： 很好！概括非常贴切。欺软怕硬的母鸡，老舍先生讨厌，我也讨厌，相信你们——

生（齐）：也讨厌。

师：好，再看。这是老舍先生讨厌母鸡的原因之二吗？

（课件呈现）

更可恶的是遇到另一只母鸡的时候，它会下毒手，趁其不备，狠狠地咬一口，咬下一撮儿毛来。

生：是。

师：想到哪个词了？想到了尽管说就行——

生：暗箭伤人。

师：暗箭伤人，不错。但是，母鸡不是人啊！

生：暗箭伤“鸡”。

师：暗箭伤“鸡”，太有创意了！同学们，请注意，成语它是有典故的，是有出处的，一般不能轻易改动。如果要改变其中的一个字，你必须得向我学。用什么方法？

师：改动的这个字要加上——

生（齐）：引号。

师：再来看，这两段话是不是老舍先生讨厌母鸡的原因？

（课件呈现）

听吧，它由前院嘎嘎到后院，由后院再嘎嘎到前院，没完没了，并且没有什么理由，讨厌！有的时候，它不这样乱叫，而是细声细气的，有什么心事似的，颤颤巍巍的，顺着墙根，或沿着田坝，那么扯长了声如怨如诉，使人心中立刻结起个小疙瘩来。

到下蛋的时候，它差不多是发了狂，恨不能让全世界都知道它这点儿成绩；就是聋子也会被吵得受不了。

生：是。

师：这两段话有什么共同点，你能发现吗？

生：都是写母鸡的叫声的。

师：真厉害，火眼金睛啊！这两段话写的都是母鸡的叫声，你想到了哪个词儿？

生（举手）：无病呻吟。

师：太好了！这只母鸡没有生病，但是它的叫声让我们感觉它好像——

生：生病了。

师：讨不讨厌？

生：讨厌。

师：还想到了哪个词？

生：居功炫耀。

师：居功炫耀，或者说爱炫耀。看来第一课时你们学得确实不错，学得那么好，总得奖励你们一下吧！要不要？

生（异口同声）：要！

师：你们看大屏幕上这里有两个小喇叭，猜猜看是什么？

生：母鸡的叫声。

师：没错，母鸡的叫声，一种是无病呻吟的，一种是爱炫耀的。来，闭上眼睛好好享受啊。

（师播放母鸡叫声的音频）

师：听完以后什么感觉？

生：我感觉很难听。

生：我感觉非常吵。

生：我感觉很心烦。

师：闭上眼睛，听到这样的声音，你会觉得仿佛置身于养鸡场（师笑），置身于鸡舍，听多了确实让人心烦。母鸡是如此欺软怕硬，暗箭伤“鸡”，无病呻吟，爱炫耀，所以，老舍先生向来讨厌。但老舍先生在文章的最后却说“我不敢再讨厌母鸡”，这个变化大不大？

生：大。

师：哪个自然段直接写出了老舍先生不敢再讨厌母鸡的原因？

生：第9自然段。

（课件呈现）

它负责、慈爱、勇敢、辛苦，因为它有了一群鸡雏。它伟大，因为它是鸡母亲。一个母亲必定就是一位英雄。

师：没错，我们先来研究一下第9自然段。这样的段落在文章当中叫作什么段？

生：过渡段。

师：不是过渡段，过渡段是承上启下的，这样的段落我们称它为中心段。中心段是挺重要的。一般来说，在中心段里边有特别重要的词语，叫作中心词。读好中心段能够帮助我们更好地读好整篇文章。我们在阅读的时候，如果能够带着问题边读边思考，那就太好了，这样的阅读才有价值。而针对中心段往往可以提出很有价值的，很值得我们去研究的问题。你看，针对这一段我们至少可以提出两个问题。谁能提出问题？

生：从哪儿可以看出母鸡的负责、慈爱、勇敢、辛苦？

生：老舍先生是怎么样写出母鸡的负责、慈爱、勇敢、辛苦的？

师：真好，这两个同学提出的其实是同一个问题。谁能提出第二个问题？

生：为什么说一个母亲必定就是一位英雄？

师：很好，这就是今天这堂课我们要解决的两个重要问题。

二、圈画批注，明晰特点

（课件呈现）

探究问题一：母鸡的负责、慈爱、勇敢、辛苦，体现在哪里？

师：要解决好这个问题。我们要读好哪几个自然段？

生：第5～8自然段。

师：都说老舍先生是杰出的语言大师。你们看，这四个自然段当中，我们找不到“负责、慈爱、勇敢、辛苦”这样的字眼，但是，字里行间，让我们感觉到的全是负责、慈爱、勇敢、辛苦。有没有这样的感觉？

生：有。

师：好，那就赶快读一读这四个自然段。哪里读出了负责，哪里读出了慈爱，哪里读出了勇敢，哪里读出了辛苦。画一画圈一圈，然后把这些词语写在旁边。

（师巡查）

师：动作很快，批注得差不多了，但是大明老师发现，大多数同学画下了一个句子，旁边只批注了一个词语。想一想，有的句子旁边只能批注一个词吗？我们要想得全一点，深一点。这样的阅读就更有价值。

（师继续巡视指导）

师：好，请停笔。接下来我们进入第二个学习环节，叫什么？

生：小组交流。

师：为了待会儿全班的分享更精彩，我先剧透一下分享的时候采用什么形式，好不好？

（课件呈现）

母鸡很负责。它（　　　　）

母鸡很慈爱。它（　　　　）

母鸡很勇敢。它（　　　　）

母鸡很辛苦。它（　　　　）

师：全班分享的时候，我们采用这样的方式。正好有四句话，待会儿小组内采用轮流说的方式，每人一句说下来。明白吗？

生：明白。

师：好，开始小组交流。轮流说，每人一句把话说好。

（生小组交流）

（师巡视指导）

师：接下来我们进入全班交流的环节。我们要学会倾听，不重复，不当鹦鹉，不学舌，明白吗？

生：明白。

师：虽说万事开头难，但是这件事情我觉得开头并不难，越到后面越难，因为一不小心就会重复。哪个组先来？

生：母鸡很负责，它教鸡雏们啄食，掘地，用土洗澡，一天不知教多少次。

师：负不负责？如果他说得有道理，我们就鼓一下掌，肯定一下，好不好？鼓一下就够。第二位，有请——

生：母鸡很慈爱，它还半蹲着让鸡雏们在它的翅下、胸下，得一点儿温暖。

师：没反应？注意力要集中。如果他说得有道理就鼓一下掌。（生鼓掌）有请第三位——

生：母鸡很勇敢，有别的大鸡来抢食，它一定出击，把它们赶出老远，连大公鸡也怕它三分。（生鼓掌）

师：有请第四位——

生：母鸡很辛苦，每一只鸡雏的肚子都圆圆地下垂，像刚装了一两个汤圆儿似的，它自己却消瘦了许多。（生鼓掌）

师：非常好，第一个小组汇报完了。我们要掌声鼓励一下。（生鼓掌）接下来难度就增大了，因为不能重复。哪个组接着分享？

生：母鸡很负责。一只鸟儿飞过或是什么东西响了一声，它立刻警戒起来：歪着头听；挺着身儿预备作战；看看前，看看后，咕咕地警告鸡雏要马上集合到它身边来。（生鼓掌）

师：有请第二位。

生：母鸡很慈爱，它发现了一点可吃的东西，它咕咕地紧叫，啄一啄那个东西，马上便放下，让它的儿女吃。

师：慈不慈爱？

生：慈爱。（生鼓掌）

生：母鸡很勇敢，在夜间若有什么动静，它便放声啼叫，顶尖锐，顶凄惨，无论多么贪睡的人都得起来看看，是不是有了黄鼠狼。（生鼓掌）

师：确实勇敢，有请第四位。

生：母鸡很辛苦，在夜间若有什么动静，它便放声啼叫，顶尖锐，顶凄惨，无论多么贪睡的人都得起来看看，是不是有了黄鼠狼。

师：有没有什么想说的？

生：他和刚才那位同学重复了。

师：你们认为重复了吗？（生点头）我觉得是你们冤枉他了。知道为什么吗？

生：哦，明白了。他们不重复，因为开头的那句话不一样。

师：说明白点，怎么不一样？

生：一个说的是“母鸡很勇敢”，一个说的是“母鸡很辛苦”，所以不一样。

师：掌声送给他。他听得很清楚，说得更清楚。说到这里，你们明白了什么？

生：同一个句子，可以体现母鸡不同的特点。

师：说得好。继续交流。

生：母鸡很负责。在夜间若有什么动静，母鸡便放声啼叫。

师：你们看，这句话，既体现了母鸡的勇敢、辛苦，还体现了母鸡的负责。所以这个句子旁边至少应该批注几个词？

生：三个。

师：没错，学得越来越深入了。继续交流。

生：母鸡很辛苦。因为它教鸡雏们啄食，掘地，用土洗澡，一天不知教多少次。

师：同学们，如果把你们刚才所有人说的话，都填到每句话后边的括号里，是不是组成了四段文字？

生：是。

师：这四段话有什么共同点？

生：这四句话都是写母鸡的。

师：当然都是写母鸡的，有没有其他共同点？

生：这四段话都有总起句。

生：这四段话都是总分结构的。

师：对啊。在写文章的时候，先写好一句总起句，然后围绕总起句举一些事例，把总起句的意思表达得更具体更清楚，这种写法很好。但是，老舍先生为什么不这样写？

生：这样写太死板了。

师：是吗？我觉得一点儿也不死板，而且很清楚。老舍先生为什么不这样写？我提示一下，如果采用这种写法，一定会犯一个毛病，明白了吗？

生：哦，明白了。一定会重复。

师：为什么会重复？

生：因为，有的句子能体现母鸡的好几个特点。

师：你真厉害，掌声送给他。写文章的时候，反复是一种修辞，重复肯定是一种毛病。第5～8自然段，老舍先生就是抓住母鸡的一举一动，进行了细致的刻画，很好地体现了母鸡的特点，也很好地表达了对母鸡的情感。在老舍先生所刻画的母鸡的举动中，最让我感动的是这一处。

（课件呈现）

它还半蹲着，让它们挤在它的翅下、胸下，得一点儿温暖。

师：同学们，你们见过这样的画面吗？

（生有的说见过，有的说没见过）

师：我见过。那是一个阴冷的午后，没有阳光，有的只是冷风冷雨，我见到了这样的一只母鸡，我被震撼了。

（课件出示音乐和母鸡护小鸡的画面）

师：相信你们也一定被震撼了，是吗？愿意成为这样的母鸡吗？

生（齐）：愿意。

师：全体起立（生全体起立）。张开你们的翅膀（生张开双臂），半蹲（生半蹲），想象你们的翅下、身下是你可爱的宝宝。（三十秒后，采访）你这样长时间伸展着翅膀，一定很酸，为什么不把翅膀放下？

生：为了防止鸡宝宝着凉。

师（继续采访）：你为什么不把翅膀放下？

生：如果放下翅膀的话，鸡宝宝就会被雨淋到，会感冒的。

师（继续采访）：你这样长时间地半蹲着腿一定很酸，你为什么不坐下？

生：因为一坐下就会把鸡宝宝压疼的。

师（继续采访）：那你为什么不站起来呢？（指名答）

生：站起来的话，鸡宝宝就会被风吹到，就会受凉的。

师：真是慈爱、辛苦、负责的母鸡。母鸡们，我知道，虽然你们长时间做这个动作很辛苦，但是你们一定会坚持的，对不对？

生（齐）：对。

师：因为你们心里想的就是那群可爱的鸡宝宝，为了鸡宝宝，就算再辛苦再累，你们都愿意，是吗？

生（齐）：是。

师：好的，那就再坚持半小时。（师笑）

生（笑）：不好不好，累死了。

师：开个玩笑，请坐吧！通过刚才的模拟体验，相信母鸡的那种负责、慈爱、辛苦，一定深深地烙印在你们的心里了。老舍先生就是通过对母鸡一举一动的细致刻画，来体现了母鸡的特点。

三、关注语言，体会精妙

师：老舍先生是杰出的语言大师，在整篇文章当中，某些句子，某些描写特别有意思。有没有发现？

生：我觉得“就是聋人也会被它吵得受不了”这句话很有意思，因为聋人是听不到声音的。

师：对啊，那老舍为什么还这样写呢？

生：老舍先生采用的是夸张手法，更好地体现出母鸡叫声很响。

师：真好！用上夸张的手法往往会使描写很有意思。请把“夸张”二字写在这句话旁边。还有哪儿特别有意思？

生：我觉得“像刚装了一两个汤圆儿”很有意思。这句话体现了每一只鸡雏吃得都很多，母鸡却消瘦了许多，说明母鸡一点儿都没吃，全都让给鸡雏吃了。

师：这个描写有意思在什么地方？

生：运用了比喻。

师：运用比喻也会使描写很有意思。继续分享。

生：“无论多么贪睡的人，都得起来看看是不是有了黄鼠狼”这句话也有夸张的意味，很有意思。

师：嗯，也有点夸张的意味在里边。所以这句话给你留下了深刻的印象。有一处句子大家必须得关注，请看。

（课件呈现）

不论是在院里，还是院外，它总是挺着脖儿，表示出世界上并没有可怕的东西。

师：这个句子，有什么特点？（指名答）

生：这个句子有一组关联词语。

师：用上了“不论……还是……总是……”这样的关联词，你读起来有什么感觉？

生：说明在任何情况下都是如此。

师：好像任何情况都包括进去了，没有例外。是不是？

生：是。

师：这就是这样的关联词的妙用。想不想学？

生（齐）：想。

师：我们得感谢老舍先生，他为我们预留了机会。这有三个句子，都写出了母鸡的特点。但是没有用到这样的关联词，你能加入这样的关联词吗？自由选择一句。试试看，你先开始。（指名答）

（课件呈现）

一个鸟儿飞过，或是什么东西响了一声，它立刻警戒起来：歪着头听，挺着身预备作战。

它教鸡雏们啄食，掘地，用土洗澡，一天不知教多少次。

它若伏在地上，鸡雏们有的便爬到它的背上，啄它的头或别的地方，它一声也不哼。

生：我选择第一组句子。“不论是一个鸟儿飞过，还是什么东西响了一声，它总是立刻警戒起来：歪着头听，挺着身预备作战。”

师：说得非常溜，掌声送给他。你看用上了这样的关联词，是不是让我们感觉到这只母鸡更——

生：负责了。

师：更——

生：勇敢了。

师：来，继续。（指名答）

生：我选择第二组句子。“不论是它教鸡雏们啄食掘地，还是用土洗澡，它总是一天不知道教多少次。”

师：可以吗？

生：可以。

师：用上了这样的关联词，是不是让我们感觉到这只母鸡更——

生：辛苦了。

师：还剩一句，谁来？（指名答）

生：它若伏在地上，鸡雏们有的便爬到它的背上，不论是啄它的头还是别的地方，它总是一声也不哼。

师：加上了这样的关联词，是不是让我们感觉到这只母鸡更加——

生：慈爱了。

师：这就是关联词的妙用。老舍先生是语言大师。他的描写有很多时候我们琢磨不透，比如这个句子。我不明白为什么老舍先生为什么要这样写，他想告诉读者什么？

（课件呈现）

我不敢再讨厌母鸡了。

生：喜欢母鸡。

师：肯定喜欢，但总感觉还缺点什么。

生：敬佩母鸡。

师：肯定敬佩，但总觉得还缺点什么。我们一起大声地读读这个句子，强调“不敢”这个词，你读出了什么？（生齐声朗读）

师：“不敢”这样的词，往往能表达什么情感？

生：害怕。

师：敬佩当中带着一点儿害怕和畏惧，这就是——

生：敬畏。

师：哇！你很厉害，“敬”的意思是——

生：敬佩。

师：“畏”的意思是——

生：畏惧。

师：我们把“敬畏”认认真真地批注在这句话的旁边。（生做批注）语言大师，任何字任何词都是深思熟虑的，这就叫字斟句酌。（生做完批注坐好）老舍先生为什么敬畏母鸡？原因很简单，那是因为——

生：一个母亲必定就是一位英雄。

四、适度拓展，直面英雄

（课件呈现）

探究问题二：为什么说“一个母亲必定是一位英雄”？

师：学到这儿，你能不能自由地发表你的看法，为什么说一个母亲必定就是一位英雄？

生：比如说，我的妈妈，每天都要洗衣服，还得照顾我妹妹，每天都特别辛苦，但是她毫无怨言。我妈妈就是英雄。

师：在你心目当中，你妈妈就是英雄。（生点头）说得好，继续分享。

生：我妈妈每天早出晚归，辛苦工作，为家做贡献的母亲就是英雄。

师：母亲很辛苦，为了你们，为了这个家在默默付出，英雄也是这样默默付出的。继续。

生：母亲和英雄一样，都是为别人想得多，为自己想得少。

生：母亲和英雄都是全心全意为别人服务的。

师：是啊，心中只有他人，默默付出，默默奉献，这就是母亲，这就是英雄。鸡妈妈是这样的，其实很多的动物母亲也都是这样的。接下来大明老师请大家欣赏一组文字和图片，相信你们对“一个母亲就是一位英雄”会有更加深入的理解。请看大屏幕。

（课件呈现，背景音乐响起）

一只小麻雀从巢里掉落到地上。猎狗慢慢地走近小麻雀，嗅了嗅，张开大嘴……突然，一只老麻雀从一棵树上飞下来，像一块石头似的落在猎狗面前。它扎煞起全身的羽毛，绝望地尖叫着。老麻雀用自己的身躯掩护着小麻雀，想拯救自己的幼儿。可是因为紧张，它浑身发抖，发出嘶哑的声音。它呆立着不动，准备着一场搏斗。在它看来，猎狗是个多么庞大的怪物啊！可是它不能安然地站在高高的没有危险的树枝上，一种强大的力量使它飞了下来……

——摘自《麻雀》

师：学过吗？

生：学过。

师：麻雀母亲是不是英雄？为什么？

生：是英雄。它为了保护自己的幼儿，不惜牺牲自己。

师：它为了保护自己的幼儿，敢于跟庞大的猎狗做斗争，这就是英雄。下面的野鸭母亲是英雄吗？

（课件呈现）

雪停了，我到小山上散步，忽然看见在一束枯草旁边躺着一只野鸭。……她已经死了。在她身子底下有十三只蛋。我仔细地端详野鸭，发现在她身上没有一处伤痕。很显然，她是被冻死的。我毫不迟疑地做出这样的结论：她是为了保护自己的孩子，同那场暴风雪进行了一番殊死的搏斗以后死去的……

——摘自《风雪中的野鸭》

生：是。用自己的生命保住了十三个孩子。

师：它用自己的体温和生命保护了它的十三个孩子，是不是英雄？

生：是。

师：如果你读过这些文章（课件出示多篇动物小说的题目），你一定会找到许许多多动物英雄母亲的形象。有读过的吗？（生举手）再请看这些图片。

（课件呈现）

（孩子，妈妈不辞辛劳地飞行，为的是能让你吃饱！）

图1

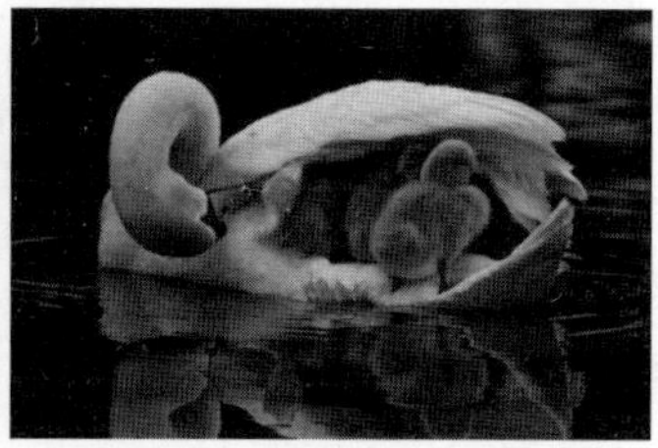

（孩子，用妈妈的羽翼，为你遮挡一片温暖的天空！）

图2

（孩子，妈妈的嘴，是你最温暖的港湾！）

图3

（孩子，来我背上，带你遨游远方！）

图4

（孩子，用我的躯体撑起你瞬间的坠落！）

图5

师：这是英雄吗？（指图1）

生：是。

师：这是英雄吗？（指图2）

生：是。

师：见到妈妈嘴里的鱼宝宝了吗？（指图3）

生：见到了。

师：这是英雄吗？（指图4）

生：是。

师：最令我震撼的是这一张照片。（指图5）这些动物母亲都是英雄。相信读了这些文字，看了这些图片，我们会更加肯定地认为，一起读——

（课件呈现）

它们负责、慈爱、勇敢、辛苦，因为它们有了一群孩子。它们伟大，因为它们是母亲。一个母亲必定就是一位英雄。

（生齐读）

五、总结全课，激励写作

师：一个母亲必定就是一位英雄。让我们用实际行动致敬母亲，致敬英雄。同学们，这个单元的主题叫“可爱的动物，是我们的朋友”。有这种感觉吗？

生：有。

师：所以我们要向老舍先生学习，用勤奋的笔去描写它们，去刻画它们，去表达对它们的真情实感。

（实录整理：连袁芳）

专家点评

自主探究的生动展现 学本课堂的成功范例

——评虞大明执教的《母鸡》

虞大明老师执教的《母鸡》一课，目标设置准确，内容选择精当，过程简约有序，教学重点突出，教学效果扎实。全课自始至终充分体现了以学为本，以学生的自主阅读独立思考、自主探究发现为本的指导思想，生动活泼，丰富多彩，堪称是一次学生自主学习的探究之旅，一个学本课堂的成功范例。其带给我们的启迪，择要列叙如下。

一、巧妙引导学生质疑，促进自主探究深入发展

《义务教育语文课程标准（2022年版）》总目标中提出：要引导学生乐于思考，勤于思考，初步掌握比较、分析、概括、推理等思维方法，辩证地思考问题。学贵有疑，有疑才会有思考有求索有长进。在通常的教学中，教师来提出疑问是司空见惯的，从而有意无意地剥夺了学生质疑提问的权利。而虞老师则不同，他把思考发现的机会还给了学生，把提问的权利还给了学生，而且方法十分巧妙。他话锋一转，把“提问”化入了课堂的对话：“读老舍先生的文章，就如同在与智者对话。现在，如果我就是老舍先生，你们读了文章有什么问题想问我呢?”这样情趣生动的对话更激发了学生提出问题的兴趣，也锻炼了他们在对话情境中的语用能力，可谓一箭双雕。在课上，学生的提问很有质量，大都紧扣课文主旨，如：“我为什么一向讨厌母鸡?”“为什么说母鸡负责、慈爱、勇敢、辛苦?”“为什么最后我不敢再讨厌母鸡了?”“为什么说一个母亲必定是一位英雄?”而这些问题正是深入读懂课文必须解决的主要问题。难能可贵的是这些问题都是由学生发现并提出的，这对于他们的继续学习是迫切的期待，更是巨大的鼓舞。

二、及时抓住典型学习案例，归结提示学习方法，让学生在阅读实践中应用历练，提升学生自主学习的能力

在学生发现疑问并提出问题之后，教师并没有以简单传递或直接告诉的方式去提示学习方法，而是让学生自己去阅读文本解决问题。在学生的学习过程中，教师仔细巡视学情，及时发现了一个学生正在画出的句子上加批注的案例。于是立即顺学而导，向全班学生推荐了这个学生的学法——“画出关键语句，加上适当批注”，并让大家模仿练习。这样的做法比教师的直接告诉来得更高明，更能激起学生自主探究的兴趣和攻克疑难的自信心。

三、搭建互动交流的平台，彰显学的精彩，集思广益，让更多的学生充分体验自主探究的成功喜悦

学本课堂，理应是以学生为主，以学生的学习发展为本。因此，我们不仅要保证学生的学习有充裕的时间，广阔的空间，让他们在同文本的对话中思考探究发现，体验成功成长的愉悦，经历失败挫折的磨砺。同时，还应该像虞老师那样，给学生的学习成果展示交流搭建广阔的平台，让学生有更多的机会展示自我，畅所欲言，张扬个性，收获自信，还可以集思广益，分享切磋，使全体学生获得更丰实的收益。

大明老师的课优点还有很多，例如整个课堂结构既清新简约又大气灵动；通过生动的情境和多样化的方法引导学生感受体味老舍先生的语言特色；自然流畅生动风趣的教学语言运用等。限于篇幅不再赘述。

（江苏　王中敏）

同行品悟

“点亮式”思辩，增值课堂“优发展”

——听大明校长《母鸡》一课有感

《义务教育语文课程标准（2022年版）》关于思辨性阅读与表达中指出：3~4年级的学生在学习和日常生活中，主动记录、整理、交流自己发现的问题和思考，学习辨析、质疑、提问等方法。观摩了大明老师《母鸡》第二课时的教学后，我对思辩课堂“教什么”和“怎么教”有了进一步的认识。课堂中的学生自由灵动，感性的表达喷涌，理性的思维升华，所有一切水到渠成都让我感受到教师处处以生为本，展现多元开放的语文思辩教学。如此好课！入耳，入境，入心。

一、探思维路径，聚焦“思辩”之质

整堂课大明老师始终遵循着思辩课堂的三条路径，其中很重要的一条就是设置高质量的情境任务或问题来驱动思辩。上课伊始，大明老师以“老舍先生一向很讨厌母鸡，为什么后来转变了对母鸡的看法”这一情感变化为任务驱动，深入探究背后的原因。接着，大明校长又从文本结构、情感体验、育人价值等角度，问了一连串的“为什么”，一步步推进教学。课堂最令我感动的地方就是当大明校长出示“它还半蹲着，让它们挤在它的翅下、胸下，得一点儿温暖”这一句话后，让学生学当母鸡——张开“翅膀”，半蹲着。只见大明校长俯下身子，现场采访：“你为什么不把翅膀放下来？你这么长时间地蹲着，腿一定很酸，为什么不坐下呢？”此时此刻，学生们俨然成了母鸡，话语中流淌的是对鸡雏的爱。如此巧妙的设计，极大地拉近了学生与文本的距离，更好地实现了“母鸡”和“母亲”的勾连，产生了积极的情感体验。

二、设语言情境，引发情感共鸣

《母鸡》是老舍先生写的状物类散文，有着鲜明的语言风格。大明老师

通过抓住文本前后情感冲突，精准提问，搭建两课时之间的联系，引发学生思辩“为什么后来转变了对母鸡的看法?”；通过关注篇章结构，聚焦作者独特的语言表达，体会作者隐藏在字里行间的细腻情思；通过情境创设，想象体验，让学生建立与母鸡之间的联系，感同身受；通过文本突围，类文拓展，升华情感，唤醒感恩之心；通过自主探究、小组分享、全班交流、同伴评价等教学方式，活跃学生的思维，调动学生参与课堂的积极性；通过抓住学生课堂生成的亮点，进一步推进思辩，促高质量表达。

大明老师以自身非凡而深厚的教学艺术张力最大限度地让学习中的学生愉快而轻松地亲近文学巨匠老舍的《母鸡》一文，理解生情，促发文本感悟。推敲揣摩，涵泳品味，是语言学习的重要方法。本文课后习题第2题要求学生结合课文内容说一说母鸡的“负责、慈爱、勇敢、辛苦”，感受老舍先生的用词严谨。那我们应如何品味名家语言的严谨性，感受语言大师的艺术魅力？今天的课堂就是一次“因文得意、由文入情”的精彩示范。在大明老师的引领下，学生不断地与语言“过招”，透过语言表层，感受语言魅力，产生情感共鸣。

三、延课外拓展，激发创作热情

大明老师特别注重课内到课外的延伸。课堂教学的最后一个环节，大明老师安排学生欣赏《麻雀》《风雪中的野鸭》片段，深入感受“一个母亲就是一位英雄”。通过多篇动物小说的题目（图文），阅读图片《舍身救跌落的幼雏》等让学生感受许许多多动物英雄母亲的形象。此时，学生被文章中独树一帜的语言吸引着，被作者笔下那只母鸡无私广博的母爱感动着。通过同类文章的阅读，不断拓宽学生的阅读量，实现从课内到课外的延伸，一篇带多篇的阅读教学。

“可爱的动物是人类的好朋友。我们要向老舍先生学习，用勤奋的笔写出你所喜欢的动物的特点，表达你对它们的情感。”顺势关联本单元主题“可爱的动物，是我们的朋友”，激发学生的创作热情，表达对动物的真情实感。

大明老师总是用期待的眼神看着课堂中的每一个学生，关注他们的发言，关注他们的神情，关注他们的内心世界。学生说得很棒时，他会说“你真厉害，我向你学习”，这是一种真诚的赞美，会激励学生越来越爱思考；学生表达不清楚时，他会说“慢慢来，你再说一次，肯定会更好”，这是一种耐心的等待，会激励学生越来越有自信……

我时常在思考，教师在思辩课堂中，应该如何角色定位，今天大明老师就为我们做了最好的诠释——当学生在小组合作时，他是专注的倾听者；当学生在集体交流时，他是无痕的引领者；当学生遇到困难时，他是热情的帮扶者；当学生表现优秀时，他是真诚的赞美者……

幽默风趣的理答，恰到好处的追问，层层递进的思辩，入情入境的感悟……如此真实而又有情趣的课堂值得我们学习！

（杭州　连袁芳）

课例 3

一曲震撼心灵的交响乐

——《“诺曼底号”遇难记》（统编版语文四年级下册第 23 课）

快乐密码

“快乐”的定义有很多种。读此类具有悲情色彩的震撼灵魂的文章，引导学生与文本对话，与角色对话，与心灵对话，从而经历一场灵魂的洗礼，何尝不是一种“快乐”？悲情色彩的文章，不必用眼泪去读，但须打开心门用心灵去读。打开心门，灵魂就进来了，心就“皱”了，这就够了。

文本简析

《“诺曼底号”遇难记》是雨果创作的短篇小说，记叙了1870年3月17日夜晚，“诺曼底号”遭遇“玛丽号”的强烈撞击，船身被剖开一个大口子，海水汹涌而入，船体逐渐下沉。乘客和船员惊恐万状，你推我搡，局面乱得不可开交，紧急关头，船长哈尔威沉着指挥大家有序撤离。在船员和乘客顺利脱险后，哈尔威船长巍然屹立在船长岗位，如一尊黑色的雕像，与心爱的“诺曼底号”一起沉入深渊。

本单元的语文要素是“从人物的语言、动作等描写中感受人物的品质”。课文在写作上特色鲜明，运用言行描写、对比、环境烘托等方法，塑造了哈尔威船长的英雄形象。作者雨果更是给予他很高的评价——“在英伦海峡上，没有任何一个海员能与他相提并论”。

目标预设

1. 认识“弥”“脉”等13个生字，正确书写“窟窿、剖、遣、践”等字词，读准、读顺课文。

2. 概览故事大意；通过自读自悟—合作探究—朗读品悟，感受到“诺曼底号”遇难时的危急；抓住描写语言、动作的语句，品悟哈尔威船长忠于职守、临危不惧、绅士风度、舍己救人的崇高品质。

3. 凭借朗读、情境对话，表达内心感动以及对英雄船长的深深敬意。

第一课时流程预设

1. 读通、读熟全文，了解故事概览，学习字词。

2. 概览故事的起因、经过、结果，梳理主要内容。

3. 学习第1～11自然段，探究：哪些描写让你感受到“诺曼底号”遇到的灾难的可怕？品悟重点语句，特别是读好第11自然段。

第二课时教学实录

一、回顾朗读，突出可怕

师：上节课，我们读通了课文，学习了字词，了解了课文主要写了一件什么事情，还感受到了“诺曼底号”邮轮所遇到的灾难的可怕——让我们一起朗读第11自然段，读出灾难的可怕。

二、细读言行，把握形象

1. 立足文眼，引发质疑

师：如此可怕的灾难往往会导致什么后果？

生：船会沉没。

生：人也会被淹死。

生：用四个字概括就是船毁人亡。

师：结果真的是这样吗？

生：不是。

师：乱得不可开交的场面居然变得——

生：井然有序

师：究竟是谁改变了这一切？

生：哈尔威船长。

师：正因为哈尔威船长改变了这一切，所以课文的作者雨果给了哈尔威船长一个极高的评价，找到了吗？大声地读出来。

（课件呈现）

在英伦海峡上，没有任何一个海员能与他相提并论。

（生大声齐读）

师：读了这个句子，你有什么想问的吗？

生：为什么说在英伦海峡上，没有任何一个海员能与他相提并论？

生：是什么地方不能和他相提并论呢？

师：真会问问题。那就让我们带着这样两个问题，继续学习。

2.聚焦言行，体悟形象

（1）默读思考，概括画面小标题。

师：让我们再回到课文中，读读描写哈尔威船长的段落，想想：课文中关于哈尔威船长的哪几个画面给你留下了深刻的印象？

生：第12自然段描写了哈尔威船长大声指挥的画面，给我留下了深刻印象。

生：第15自然段描写了哈尔威船长在危急关头的一段威严的对话，给我留下了深刻的印象。

生：第27自然段描写了哈尔威船长随着轮船一起悲壮地沉没，给我留下了深刻的印象。

（2）圈画批注，交流感悟人物品质。

师：请锁定这三个画面，用心地默读，你能读出哈尔威船长的什么精神和品质？请作旁注。

（生默读片段，圈画批注）

【感悟第一个画面】

①交流感受。

（课件呈现）

哈尔威船长站在指挥台上，大声吼喝："全体安静，注意听命令！把救生艇放下去。妇女先走，其他乘客跟上，船员断后。必须把六十人救出去！"

师：自由读读，说说你感受到的是什么。

生：从"全体安静，注意听命令"中，我感受到了船长的临危不乱。在这样危急的时刻，几乎没有可以让他思考的时间，他能沉着冷静地发号施令，还能把先做什么再做什么布置清楚，实属不易。

师：有理有据，说得很好。还有吗？

生：从"妇女先走，其他乘客跟上，船员断后"中，我感受到了船长的绅士风度。在危急时刻他让妇女先走，把活下去的希望先让给了妇女。

②对比发现。

（课件呈现）

第10自然段："诺曼底号"上有二十八名船员和一名女服务员，还有三十一名乘客，其中十二名是妇女。

第13自然段：实际上一共有六十一人，但是他把自己给忘了。

师：请同学读读课文的第10自然段和第13自然段，和刚才的一段比较一下，你发现了什么？

生：第10自然段和第13自然段写了一串数字。

师：作者把这些数据详实地呈现给我们，想告诉我们什么？你能感受到船长的什么品质？

生：作者是想告诉我们船长的心里装着的是船员和乘客，唯独把自己给忘了。

生：我感受到船长具有舍己为人的品质。

③回敲文眼。

师：所以雨果说“在英伦海峡上，没有任何一个海员能与他相提并论”。

（生齐读）

师（指板书）：不能和他相提并论的是——

生：临危不乱、舍己为人、绅士风度。

【感悟第二个画面】

①交流写法。

（课件呈现）

“洛克机械师在哪儿？”

“船长叫我吗？”

“炉子怎么样了？”

“海水淹了。”

“火呢？”

“灭了。”

“机器怎样？”

“停了。”

船长喊了一声：“奥克勒福大副？”

大副回答：“到！”

船长问道：“还有多少分钟？”

“二十分钟。”

“够了，”船长说，“让每个人都下到小艇上去。奥克勒福大副，你的手枪在吗？”

“在，船长。”

“哪个男人胆敢抢在女人前面，你就开枪打死他。”

师：这段对话描写有什么特点？

生：对话很简短。

生：我觉得这段对话干脆利落，船长的态度很坚决。

生：当时情况十分紧急，所以对话描写十分简短，没有修饰词。

②角色扮演。

师：这是一段很重要的对话，这段对话里有三个角色，你们集体当船长，我来当机械师和大副，好吗？先自由练练，接下来，让我们一起合作，呈现这段铿锵有力的对话，重现当时的情景。

（生自由练习，然后师生合作读）

③情境对话。

师：船长，你问大副还有多少分钟，你是指什么还有多少分钟？

生：我指的是船离完全沉没还有多长时间。

师：当你知道还有二十分钟的时候，你说够了——船长，你是说什么够了？

生：我是说，二十分钟救出六十个人，够了。

师：但前提必须是——

生：不能争先恐后。

生：不能你推我搡。

生：必须做到井然有序。

师：因此，你下了一个死命令，你下了一个看似无情却有情的死命令，一起读——

生（齐）：哪个男人胆敢走在女人前面，你就开枪打死他。

④回敲文眼。

师：你感受到的是一位怎样的船长？

生：这是一位具有绅士风度的船长。

生：这是一位镇定自若的船长。

师：所以雨果说——

生（齐）：在英伦海峡上，没有任何一个海员能与他相提并论。

师：不能和他相提并论的是——

生：他的临危不惧。

生：他的舍己救人。

生：他的镇定自若。

生：他的绅士风度。

【感悟第三个画面】

①配乐朗读。

师：由于哈尔威船长的沉着冷静、临危不惧，由于哈尔威船长的舍己为人，乱得不可开交的场面变得井然有序，船员和乘客都顺利脱险。于是，这场灾难中最悲壮的一幕出现了——

（课件呈现，师配乐朗读）

哈尔威船长一个手势也没有做，一句话也没有说，犹如铁铸，纹丝不动，随着轮船一起沉入了深渊。人们透过阴惨惨的雾气，凝视着这尊黑色的雕像徐徐沉进大海。

②与船同沉。

师：这是悲壮的与船同沉，这是惊天地泣鬼神的与船同沉。让我们凝视每一个字，让我们将每一个字都深深地刻在心中。

（生全体默视一分钟）

③自主思辩。

师：同学们，此时此刻，你有什么话想问船长吗？

生：船长，你为什么不走啊？

生：船长，你为什么一个手势也不做，一句话也不说，你难道真的不留恋这个世界吗？

师：此时此刻，你有什么问题想问问作者雨果吗？

生：雨果，你为什么要把船长比作一尊雕像啊？

生：雨果，为什么此时此刻，连雾气都是阴惨惨的啊？

④交流体会。

师（指片段）：请同学们带着这些问题，静静地凝视，静静地体会。

生：我体会到了船长之所以与船同沉是因为他把船视为了自己的生命，他至死都不愿舍弃与他共同经历海上风雨的这艘船。

生：船长尽忠职守，在船员们心中，在我们读者心中，他就像一尊雕像。

生：连雾气都是阴惨惨的，这是环境描写，很好地衬托了场面的悲壮。

⑤回敲文眼

师：所以，本文的作者要如此评价船长，一起读——

生（齐）：在英伦海峡上，没有任何一个海员能与他相提并论。

三、研副标题，拓展理解

师：同学们，这篇文章，还有一个副标题。你理解什么是自制力吗？

（课件呈现）

真正的强者是那种具有自制力的人。

生：自制力就是能控制自己言行的人。

生：自制力就是做该做的事，不做不该做的事。

生：自制力就是在灾难面前，把生的希望让给别人，把死的危险留给自己。

师：根据你的理解，你能说说：真正的强者是怎样的人吗？

生：我觉得真正的强者是对自己有极高要求的人。

生：真正的强者是在一片混乱的情况下也能临危不乱的人。

生：真正的强者是舍己为人的人。

师：哈尔威船长无疑是这样的强者。相信通过这篇小说的阅读，同学们一定会记住这位英雄船长，这位把船视为自己生命的船长！这位长眠于大海怀抱之中的船长！这位在大海中得到永生的船长！这位在英伦海峡上没有任何一个海员能与之相提并论的船长！

教学反思

多管齐下，让学生动情

——《“诺曼底号”遇难记》的教学反思

第一次读《“诺曼底号”遇难记》，就被哈尔威船长“舍己为人、镇定自若、坚守岗位”的精神所感动，被哈尔威船长“与船同沉”的悲壮举动所震撼。于是，二读，三读，再读，反复读，眼泪在反复的诵读中尽情流淌，灵魂在反复的诵读中得到洗礼。本课中，以下几条教学策略收获了不错的效果：

其一，依据文眼，设置“支点”。

每篇文章，都有文眼。文眼，是文章的核心，是文章的灵魂。找准文眼，需要教师的慧眼。找准了文眼，也就寻到了教学设计的支点、立足点和突破口。找准了支点、立足点和突破口，教学设计才会重点突出，开合自如，浑然一体。在《“诺曼底号”遇难记》中，作者在结尾处对船长的评价，就是该文的文眼。引导学生关注文眼，自主质疑，辐射全文，尝试解决，是有效自主学习的充分体现。

其二，以读促悟，以悟激读。

朗读，是语文课堂不可或缺的主题。但透过课堂上的“琅琅书声”，我们还会发现两个方面的问题：一是教师过多地运用范读，致使学生一味地“鹦鹉学舌”而缺失了自主的感悟；二是教师过于强调学生的自主感悟朗读，而缺乏引领和指导，达不成增量。读，是内心世界的外显，将“读”与“悟”割裂：读，必定会因为莫名而苍白；悟，也会因为孤立而无味。追求理想的朗读教学效果，我们应走“以读促悟、以悟激读”“读悟结合”之路。在朗读过程中，融合关键字词的比照和辨析，营造朗读的情境，合理运用教师范读，从而达到朗读训练的增量。

其三，无声的默读，深情地凝望。

默读，是中高段学生必须掌握的一种阅读方法。默读能力的培养同样需要教师在课堂中为学生创设锤炼的机会。默读，是一种无声的阅读，正因为无声，会显得理性。为了延续肃穆悲壮的课堂氛围，将理性的默读演绎成了“深情地凝望”。此时，庄严凄婉的音乐在流淌，时空却仿佛凝固了。这样的“深情凝望”，学生一定会刻骨铭心。而后再让学生从船长和作者这两个角度去发问，学生才会问得真切，问得荡气回肠，感人肺腑。在这样的情境中的自主质疑和问题解决，才能真正实现语文学科工具性与人文性的完美融合。

其四，情境对话，叩问心灵。

从某种角度来说，课堂教学实际上是一个对话的过程，是一个“生与生”“师与生”“生与文本”之间对话的过程。课堂中的对话，贵在入情入境。很难想象，游离于情境之外的对话会直指人物的灵魂，会触动学生心灵深处最原始本真的情感。在教学这段简短有力的对话时，基于有效的情境创设和角色扮演，学生俨然将自己当作了那个英雄船长，仿佛置身于那艘缓缓下沉的“诺曼底号”，这是有效对话的基础。随着教师的引领，船长简短有力的话语背后蕴含的情感渐渐浮出水面，船长那种震撼人心的品格也很自然地得到开掘。这大概就是大雪无痕，水到渠成。

同行品悟

找准一个支点，反复回旋

梁　怡

他比贝多芬、巴赫，更懂音乐，他演奏的是一首悲壮感人的英雄交响曲……

他比王家卫、张艺谋更懂电影，他展现的是一幅惊心动魄的真实画面……

《“诺曼底”号遇难记》，让我真正感受到了虞大明老师的大师风采。

在深究课文的时候，大明老师紧紧抓住课文最后一句话“在英伦海峡上，没有任何一个海员能与他相提并论”作为支点，反复回旋。

在“船毁人亡”与“顺利撤离”这个认知冲突中，大明老师呈现了“在英伦海峡上，没有任何一个海员能与他相提并论”，并让学生针对此句大胆发问：“为什么雨果要这样评价？”“他有什么品质是其他船员所不能相提并论的？”如此，学生便有了进一步研读文本的欲望。

每当学生从语言描写、动作描写中体会到船长“镇定自若”“舍己为人”“绅士风度”和“坚守岗位”的人物品质时，老师都不失时机地呈现“在英伦海峡上，没有任何一个海员能与他相提并论”这一句话，使船长那高大的形象无比丰满地屹立在学生的眼前。围绕支点反复回旋，这何尝不是一种艺术！

听了大明老师的《"诺曼底号"遇难记》，犹如欣赏了一首悲壮的英雄交响曲，耳边不时回绕着那感人的主旋律——"在英伦海峡上，没有任何一个海员能与他相提并论"。借用雨果的话，我也想如此评价——在《"诺曼底号"遇难记》的执教上，还没有一位老师能与他相提并论。

用朗读演绎"诺曼底号"的悲壮

管　盈

"诺曼底号"邮轮遇难意味着悲壮，"诺曼底号"的哈尔威船长代表着坚毅与责任，大明老师的课堂则带人走进悲情，走进感动，走进震撼。

一、任务驱动，朗读充分

每一次朗读，大明老师都会给学生布置明确的任务，从一开始的"读正确流畅，反复读"到"让你感到可怕的地方反复读""对话要读出简短有力"等，在这节语文课中，每一次朗读都有明确的任务驱动，朗读的时间也特别充分。在简简单单中，学生熟悉了课文，走入了情境。更难得的是，大明老师在课堂中多次告诉学生"不着急，慢慢读，慢慢体会，再读一遍"。大明老师的这份淡定与稳重让学生紧张的情绪得到舒缓，让听课教师看到了过程的精彩。

二、巧妙指导，多样有效

1.鼓励赏识。上课伊始，大明老师让学生个别读表现灾难可怕的语句，连续几个学生站起来读得都有些拘谨，不敢表现。这时大明老师在一个学生读后这样说："这个学生读得很急促，让我们仿佛置身于可怕的灾难中。"由此一来，学生后面的表现有了明显变化，因为他们知道原来这样读也能得到大明老师的肯定啊！原来，只要将语速加快就可以了！

其实有时候，我们对于学生的要求真的不用那么苛刻，略微宽容一些，你就会发现学生的进步。有时候，我们的指导无须太过直白，只要轻轻一点，优秀就会轻易涌现。

2.教师范读。课堂中，大明老师反复范读，与学生一起合作朗读船长与机械师、大副的对话，配乐朗读描写哈尔威船长沉入大海的段落，都给学生与听课教师留下了深刻印象。大明老师自身的朗读水平直接影响学生朗读水平的提升。大明老师饱含深情的范读给学生的朗读起到了最好的示范作用。此时教师无须更多的言语指导，学生都明白了该如何用朗读表达情感了。当然在课堂中，大明老师也不忘抓住优生的资源，让一个读得特别好的学生范读，也起到了相同的作用。

3.技巧点拨。“最让你感到可怕的词语是哪些？请做上记号，读的时候特别强调一些”“将自己沉入故事中，一定能读好！”“语速略微加快一些！”“声音就该这样响亮，这样急促有力！”“表情就该这般庄严、肃穆”……朗读水平的提升离不开教师的具体技巧指导，小到一个表情，一个词语，大到情感的酝酿。

4.情感渲染。配上灾难中的嘈杂声，读船长与船员的对话，感受情况的危急与场面混乱，从而体会船长的镇定自若。配上深沉悲壮的音乐，反复诵读船长如黑色雕像般徐徐沉进大海的段落，感受船长“船在人在，船毁人亡”的坚毅与决心，体会船长对邮轮深厚的感情。

这本是一堂充满悲情色彩的课，只有带学生走进故事，走进灾难，走进船长的内心，才能让学生感动与震撼。大明老师用恰到好处的音乐创设情境，调动了学生各种感官，在音乐和文字之间架起了桥梁，实现共鸣。

给孩子自主发问的机会

章　晨

大明老师执教的《“诺曼底号”遇难记》，有着“随风潜入夜”的无声无息，更有“润物细无声”的清新饱满，特别是大明老师通过深情朗诵呈现第三幅画面的时候，引领学生向船长发问，向作者雨果发问，令我感触颇多。

当大明老师如泣如诉的诵读伴随着肃穆的音乐缓缓奏响时，学生被感染了，悲怆之情油然而生。此时，大明老师深情地说：“看着这幅画面，你有什么问题想问问船长吗？”学生沉思片刻，哽咽着发问：“船长，你为什么不走啊？你为什么要选择与船同沉啊？船长，你难道不留恋这个世界吗？”大明老师接着引领：“你们有什么问题想问问作者雨果吗？”在静默等待中，学生娓娓道来：“雨果，为什么此时，连雾气都是阴惨惨的？”“雨果，你为什么要将船长比喻成一尊黑色的雕像啊？”

我感叹，学生的问题是多么精彩！这是心灵的叩问！这是情感共鸣的叩问！这份精彩来自教师的等待，来自情感氛围的营造。于是，大明老师让学生再次凝望画面，凝视每一个字，思考问题的答案。

从大明老师的课后感言中，我明白了他如此设计的用意：向船长发问，旨在引领学生走进船长的内心世界，这是人文层面的引领；向作者发问，旨在引领学生了解遣词造句的奥妙所在，这是纯语文层面的引领。我叹服于大明老师的设计。都说，语文是人文性与工具性的和谐统一。我想，大明老师的这一设计，就是为了实践语文的这一本色吧！

适时营造冲突　激活阅读期待

孟　君

让每个学生读好、读懂文本，走入文本，与文本对话，与作者对话，必须要让学生有阅读的期待。而造就阅读期待的关键是教师在课堂中适时地激发学生的认知冲突。高明的教师，往往善于往学生平静的心海中，悄悄投入一些石子，激起涟漪，乃至波浪，使他们的学习变得主动。虞大明老师在《“诺曼底号”遇难记》的教学中，就设置了三个有效的认知冲突。

一、“安全”与“遇难”的冲突

以下是第一课时的教学片段：

师：这仅仅只有七岁的邮轮，十分年轻。而年轻，对邮轮来说，意味着什么？

生：意味着舒适、安全。

师：可是，正是这艘安全的邮轮，在1870年3月17日夜晚，遇到一场灾难（揭示课题），这是一场怎样的灾难？

学生立即从文本中找到了描述这场灾难的语句，通过圈找重点词，通过不断的朗读、体验，运用媒体的帮助，走进了那惊心动魄的夜晚……

二、“船毁人亡”与“顺利脱险”的冲突

师：如此可怕的灾难往往会导致什么后果？

生：船会沉没。

生：人也会被淹死。

生：用四个字概括就是船毁人亡。

师：结果真的是这样吗？

生：不是。

师：乱得不可开交的场面居然变得——

生：井然有序。

师：究竟是谁改变了这一切？

生：哈尔威船长。

所有的学生都迫切地想认识这神一般扭转乾坤的船长。怀着对船长的无比崇敬，走入了文本。有了这份迫切，也就不难读懂人物的品格，不难理解人物的内心独白。

三、“六十一”与“六十”的冲突

师：请同学读读课文的第10自然段和第13自然段，和刚才的一段比较一下，你发现了什么？

生：第10自然段和第13自然段写了一串数字。

师：作者把这些数据详实地呈现给我们，想告诉我们什么？你能感受到船长的什么品质？

生：作者是想告诉我们船长的心里装着的是船员和乘客，唯独把自己给忘了。

生：我感受到船长具有舍己为人的品质。

记住了船上的所有人，唯独把自己给忘了。"六十一"和"六十"，这小小的两个数字的冲突背后，是哈尔威船长那伟大的舍己为人的人格魅力。教师引领学生对比文本发现这样的冲突，让学生自己揣摩这冲突背后的答案，远比教师的直接阐述更有效、更受感动得多。

这几个冲突的设置，由面及点，由表及里，环环相套，步步递进，激起了学生浓厚的学习欲望。这些冲突的设置，似海浪般不断地推动着学生走近文本，走进文本……在这一系列冲突的推动下，每个学生都不由自主地与船上的每一个乘客一起，经历了海难的历练。他们的心灵，被伟大的哈尔威船长深深地震撼着。

课例 4

英雄壮举堵枪眼　革命精神薪火传

——《黄继光》(统编版语文四年级下册第 24 课)

快乐密码

课堂中的快乐有两种，一种是来自于学习内容的“好玩”，这是比较低层次的快乐；另一种快乐是来自于学习中的“顿悟”——即学生的情感或思维经历了高强度运转之后突然间得到的某种“收获”。这节课的设计先将学生拉回到七十多年前的大背景中，再让学生置身于战场之上与黄继光甚至这个国家同呼吸共命运，而后让学生看黄继光战友的哭诉与回忆，引起学生情感的强烈共鸣。课堂上学生的泪水就是他“顿悟”到这个国家如此伟大的原因所在。

文本简析

《黄继光》是统编版语文教材四年级下册第七单元的一篇略读课文。本单元的主题是“伟大的品格”，单元需要落实的语文要素是“从人物的语言、动作等描写中感受人物的品质”“学习从多个方面写出人物的特点”。本单元包括《古诗三首》《“诺曼底号”遇难记》《黄继光》和《挑山工》，本文讲述了抗美援朝特级英雄黄继光的英雄事迹，故事语言通俗易懂，虽然篇幅短小，但极具震撼力。其间描写黄继光语言、动作的句子充分展现了人物的精神品质，与当时的情境高度契合，充分体现了爱国英雄的非凡气概。

㊀㊁㊂㊃

目标预设

1.能够通过预习反馈准确认读“役、旅”等5个生字。

2.默读课文，概括课文主要内容。

3.梳理有关黄继光语言、动作的重点句段，通过创设情境想象画面等方式体会黄继光的英雄气概。

4.通过搜集资料、拓展学习等方式树立爱国情怀。

教学实录

一、背景初探，致敬英雄

师：同学们，看过电影《长津湖》吗？看过这样凝重的中华民族抗争史，看着我们的同胞为了今天的你我在战场上血肉横飞，你的心里有什么感受？

生：我的心情是沉重的。

生：我非常感动，并且很自豪我是中国人。

生：我明白今天的幸福来之不易，是先烈用鲜血换来的，我们不能辜负了先烈。

师：说得真好！同学们，让我们再来缅怀一下这段历史，向历史中的英雄致敬。

（课件呈现）

播放抗美援朝视频，带领学生一同感受当时的惨况。

师：看了故事发生的大背景，你了解到了哪些信息？

生：我了解到当时的炮火很密集，比二战的情况更为惨烈。

生：我知道了上甘岭战役是为了支撑志愿军的防御体系，如果上甘岭战役失败了，后果不堪设想。

师：这是一场极其重要的战役，这场战役的胜负不仅仅关乎着一个战场的得失，甚至可能影响整场抗美援朝战争的成败。这节课就让我们一起回到七十年前，重新踏上那块黄继光用鲜血染红了的大地。

二、画面重现，初识英雄

1.字词释惑，助力想象

（课件呈现）

战役　屡次　摧毁　匍匐　胸膛　597.9高地

师：同学们预习过课文，请一个同学带着大家读一读这些生字词。

（生带读，其他生跟读）

师：哪些词对我们来说比较陌生？（借助同伴帮助理解）

生：我不太理解“匍匐”。

师：谁来当当小老师？

生：“匍匐”就是趴在地上，用双脚蹬着地，用手撑着地往前爬，防止被敌人发现。

生：“屡次”这个词语我不是很理解。

师：谁能来帮帮他？

生：我认为“屡次”的意思就是多次。课文中是说我们的多次突击都没有成功。

师：我不太明白“战役”这个词。

生：“战役”应该和“战争”的意思差不多吧？

师：确实都是指交战，但是“战役”的规模要比“战争”小，是局部的交战。这些词语不太容易理解，但经过大家的分析后，我们已了然于心。

（课件呈现）

激烈的战役　屡次突击　摧毁火力点

烈火中匍匐　胸膛堵枪口　占领597.9高地

师：同学们，让我们把这些词语转化成一幅幅画面，或许更有利于我们的理解。请同学们想象着这些画面再来读一读。

（生齐读）

师：看过了这些画面，你有什么想说的吗？

生：我感觉这次战役一定很激烈。

生：我感受到这次战役后，人们更加觉得自己肩上的担子重，感觉到责任重大。

生：由此我们可以理解什么是“痛不欲生”，什么又是胜利的来之不易。

师：从这一幅幅的画面当中，我们可以感受到，这一定是一场非常惨烈的战役。

2.悟人之品，铮铮铁胆

（课件呈现）

默读课文，想一想课文讲述了关于黄继光的什么故事。

师：同学们，现在请大家默读课文，想一想课文讲述了关于黄继光的什么故事。

（生默读完成）

师：谁来和我们分享你的想法？

生：在上甘岭战役中，黄继光用自己的胸膛堵住了敌人的枪口，壮烈牺牲，最终取得了战斗的胜利。

师：了解了事件的主要内容，你觉得黄继光是一个怎样的人？

生：我觉得黄继光是一个勇敢、不怕牺牲的人。他用自己的胸膛去堵敌人的枪口，最终取得了胜利。

生：黄继光扑上去的时候，我觉得他是奋不顾身、视死如归的。

生：黄继光是一个舍己为人的人，因为有他，才有了我们现在美好的生活。

师：是啊！明知山有虎，偏向虎山行。他不仅仅是为了自己，更是为了国家，为了你我，我们可以称之为——舍己为国。（板书：舍己为国）

三、信仰坚定，走近英雄

1.观其语言，品其坚定

（课件呈现）

课文讲述了抗美援朝特级英雄黄继光的事迹。读一读，找出课文中描写语言、动作的语句，说说从中体会到了他怎样的英雄气概。再读读其他英雄人物故事，和同学交流。

师：要学好这篇课文，首先要读懂阅读提示。谁来为同学们读一读？

（指生朗读）

师：要体会黄继光的英雄气概，我们应该关注些什么？

生：要重点关注人物的语言和动作。

（课件呈现）

默读全文，用“_____”画出描写黄继光语言的句子，圈画出描写黄继光动作的词语，把感受写在旁边。

师：请大家带着崇敬的心情，用心地默读整篇文章，把最让你感动的、描写黄继光语言和动作的词句圈画下来，把感受写在旁边。

（生默读完成任务）

师：我们先来聚焦黄继光的语言。你从哪些地方能够感受到他的英雄气概？

（课件呈现）

黄继光愤怒地注视着敌人的火力点，他转过身来坚定地对营参谋长说：“参谋长，请把这个任务交给我吧！”

黄继光带上两个战士，拿了手雷，喊了一声：“让祖国人民听我们胜利的消息吧！”

生：“黄继光愤怒地注视着敌人的火力点，他转过身来坚定地对营参谋长说：‘参谋长，请把这个任务交给我吧！’”从这句话中的感叹号和黄继光所说的话，我可以感受到黄继光的坚定。

师：他都看了什么？

生：他看到了倒下的战友。

生：他看到了嚣张的敌人。

生：他看到了敌人的火力构成的死亡之网。

师：看着自己的同胞血染疆场、身死异国，黄继光有什么感受？

生：愤怒、坚定。

师：当一个人很愤怒的时候，他讲的话一定是脱口而出、坚决果断的。

让我们将黄继光满腔的怒火和必胜的信念通过朗读表达出来吧！

（师读旁白，生读黄继光的话）

2.聚其动作，悟其精神

师：英雄的怒吼还在耳畔回荡，在启明星的注视下，黄继光已经踏上了一条不归之路、光荣之路。他的哪些动作给你留下了难以磨灭的印象呢？

（课件呈现）

便向敌人的火力点爬去。

他们冒着浓烟，冒着烈火，匍匐前进。

他用尽全身的力气，更加顽强地向前爬，还有二十米，十米……近了，更近了。

师：你还能从哪里体会到黄继光的英雄气概？

生：“黄继光带上两个战士，拿了手雷，喊了一声：‘让祖国人民听我们胜利的消息吧！’”从他所说的“让祖国人民听我们胜利的消息吧”这句话里感受到黄继光的英雄气概，因为这句话体现了他非常想让祖国胜利，是一种爱国的表现。

师：是的，他的心中充满了对祖国无尽的热爱。相信你也能把这份热爱融入你的朗读中去呢！

生：黄继光带上两个战士，拿了手雷，喊了一声：“让祖国人民听我们胜利的消息吧！”

师：果然有这种英雄气概！

生：“黄继光愤怒地注视着敌人的火力点，他转过身来坚定地对营参谋长说：‘参谋长，请把这个任务交给我吧！’”特别是“交给我”这三个字，让我感受到了他的坚定信念。

师：是的，从他的身上我们能够体会到那种舍我其谁的感觉。同时，这句话中有一处地方能够体现黄继光的心情，是——

生：愤怒地注视。

师：同学们，“注视”是什么意思？

生：就是盯着看。

师：所以此时此刻在这样的环境下，讲话的语速会变得很快，语气一定非常坚定、果决。现在让我们合作朗读，把黄继光心里的那团怒火表现出来。（读）“黄继光愤怒地注视着敌人的火力点，他转过身来坚定地对营参谋长说——”

生（读）：“参谋长，请把这个任务交给我吧！”

师（读）：“黄继光带上两个战士，拿了手雷，喊了一声——”

生（读）：“让祖国人民听我们胜利的消息吧！”

师：你觉得他在向谁喊话？他要告诉祖国什么？

生：我有必胜的信念！

师：他要告诉敌人什么？

生：我无所畏惧，我来了！

师：他更告诉自己什么？

生：我可以做到，我一定要做到！

师：让我们将黄继光满腔的怒火和必胜的信念通过朗读喷薄而出吧！

（师生对读）

生：“营参谋长正在着急，只见黄继光又站起来了！他张开双臂，向喷射着火舌的火力点猛扑上去，用自己的胸膛堵住了敌人的枪口。”从“张开双臂”“猛扑”，可以看出黄继光已经做好了牺牲的准备。

师：你读懂了黄继光。

生：“黄继光肩上腿上都负了伤。他用尽全身的力气，更加顽强地向前爬，还有二十米，十米……近了，更近了。”他身上都负了伤，但他还是依然去炸毁敌人的火力点，可以看出他是一个不畏牺牲的人。

师：你关注到了黄继光“爬”这个动作，还有哪里也描写了黄继光的“爬”呢？（板书：爬）

生：“他们冒着浓烟，冒着烈火，匍匐前进。”从“匍匐前进”这里看出黄继光心里已经有了和敌人同归于尽的准备。

师：是的，此时启明星已经升起来了，时间已经所剩无几，在如此紧迫的情况下，黄继光为什么要用“爬”的方式呢？

生：敌人火力太猛，不爬根本无法接近。

生：我认为“爬”是一种隐藏自己的智慧方法。

师：同学们，“爬”是为了更好地保护自己，只有这样才能更好地消灭敌人。当黄继光冒着烈火艰难爬行，在滚滚黑烟中紧握手雷，在爆炸声中看着同胞牺牲的时候，他握着手雷，握着唯一胜利的希望。他的心里可能在想什么呢？

生：我要炸了这个火力点。

生：这个火力点害得很多战友牺牲了，我一定要摧毁它。

生：一定要炸了敌人的碉堡；烈火也阻止不了我前进的脚步；我要为战友报仇……

师：他身负重伤，用尽全身的力气向前爬，黄继光每向前爬一步，就离敌人的枪口更近了一步；他是在以鲜血和生命为代价来换取手雷的有效投射距离。同学们，伸出我们的手，握紧这唯一的一颗手雷，把当时命悬一线的紧迫感读出来吧。

生：他们冒着浓烟，冒着烈火，匍匐前进。

生：他用尽全身的力气，更加顽强地向前爬，还有二十米，十米……近了，更近了。

师：同学们有没有注意到黄继光还有一个动作也是反复出现的，是哪个动作？

生：站起来了。

（课件呈现）

啊！黄继光突然站起来了！在暴风雨一样的子弹中站起来了！

天快亮了，规定的时间马上到了。营参谋长正在着急，只见黄继光又站起来了！

师：此时的黄继光已经身负重伤，距离碉堡又近在咫尺，在敌人探照灯的照耀中，将自己完全暴露在敌人的枪口之下，会有什么结果？难道他不知道吗？那他为什么要站起来？

生：站起来可能可以投掷得更远，成功的可能性更大。

生：人固有一死，或重于泰山或轻于鸿毛，他做出了让自己生命更有价值的选择！

生：他要告诉敌人：我不怕死，中国人是不怕死的，我要让你们感到恐惧，我要和敌人同归于尽……

（课件呈现）

啊！黄继光突然站起来了！

站起来了——

在暴风雨一样的子弹中站起来了！

站起来了——

他举起右臂，手雷在探照灯的光亮中闪闪发光。

闪闪发光——

师：我们一起配合着来读一读。

生1：啊！黄继光突然站起来了！

生2：站起来了——

生1：在暴风雨一样的子弹中站起来了！

生2：站起来了——

生1：他举起右臂，手雷在探照灯的光亮中闪闪发光。

生2：闪闪发光——

师：捐躯赴国难，视死忽如归。战场上的黄继光站起来了，中国人就站起来了！让我们用朗读的方式来瞻仰这位屹立不倒的英雄。

（师生合作朗读）

师：黄继光不但站起来了，他竟然还做出了一个惊天之举。读一读这段话，想一想：他的哪个举动深深地震撼着、刺痛着你的内心？

（课件呈现）

他张开双臂，向喷射着火舌的火力点猛扑上去，用自己的胸膛堵住了敌人的枪口。

生：他张开双臂，向喷射着火舌的火力点猛扑上去，用自己的胸膛堵住了敌人的枪口。

师：让我们在黑板上留下这个字——“堵”。同学们，难道黄继光就不怕死吗？他也有自己的亲人，有年迈的母亲，他为何要选择壮烈赴死呢？

生：他是为了祖国，做出了这样的选择。

生：他是为了减少战友的牺牲，他的心中想的是胜利。

师：黄继光的战友是这样回忆当时的情境的——

（课件呈现）

播放黄继光战友回忆当时情境的视频。

师：这位同学，我看你眼含泪光，你有什么想说的吗？

生：黄继光太勇敢了，他为了祖国付出了生命的代价，我感觉好心痛。

师：只解沙场为国死，何须马革裹尸还。谁还有什么想说的吗？

生：敌人太可恨了，他们这么欺辱我们，我们的祖国一定要强大起来，不能让这样的悲剧重演！

师：英雄的回忆记录了英雄的历史，一段电影也可以记录一个伟大的时代。让我们一起为这段电影配音，用这样的方式缅怀英雄黄继光的壮举。

（生结合电影片段配音朗读）

四、中华儿女，英雄无尽

师：在抗美援朝保家卫国的战场上，涌现出了很多像黄继光一样的英雄人物。他们用自己的血肉之躯连成了保卫祖国的钢铁长城，让我们来读一读这些英雄事迹。

（课件呈现）

《董存瑞舍身炸暗堡》节选

东北人民解放军第11纵队发起冲锋时，突然遭到一座桥型碉堡的疯狂扫射。眼见战友们不断在枪声中倒下，十九岁的董存瑞挺身而出，扛着炸药，冲向碉堡底部。

来不及了！根本找不到放炸药的地方！千钧一发之时，董存瑞毅然用左手托起炸药包，右手拉燃导火索，以身体做支架，用生命为部队开辟了前进的道路。

师：英雄的壮举总是能够深深地震撼我们的心灵；英雄的气概总是能感

染一代又一代的人。读了这个片段，哪里最能让你感受到董存瑞的英雄气概？

生： 我从“董存瑞毅然用左手托起炸药包，右手拉燃导火索，以身体做支架”读出了他的舍生忘死。他的动作一气呵成，没有半点犹豫，他的动作体现了他的英雄气概。

师： 英雄人物的语言和动作总是能深深地打动我们，要塑造好英雄人物，语言动作的描写尤为重要。

（课件呈现）

哪有什么岁月静好，只不过是有人替我们负重前行！

师： 有人说朝鲜战争是中国人必须要打的一场战争，如果黄继光这一代人不打，就要把这场战争留给我们这一代来打！哪有什么岁月静好，只不过是有人替我们负重前行！这些人有一个共同的名字，就是——英雄。（板书：英雄）下课。

教学反思

厚实革命题材文本的育人价值

——黄继光的教学反思

《义务教育语文课程标准（2022年版）》首次提出核心素养应注重对文化自信的培养，增强学生认同中华文化，对中华文化的生命力有坚定信心，继承和弘扬中华优秀传统文化、革命文化等。《黄继光》是统编版语文教材四年级下册第七单元的一篇略读课文，属于革命文化类文本，描写的是抗美援朝时期的事，与学生的现实生活相去甚远，学生很难深入感知其中的人物和故事情节，但新时代“黄继光”式的英雄精神却一直延续至今。革命传统题材的文本值得研究，在教学中可从如下方面进行思考。

一、勾连想象，促感知

革命类题材的课文由于年代久远，学生很难想象当时形势的严峻和战争的残酷，所以难以理解革命先辈们不畏牺牲，英勇就义的革命精神。因此教学时可通过课前搜索背景资料和日常革命类题材影片的观看，增强对革命文化的认知，将生活与文本勾连，让距离也可以产生“美”，以视频、音频为媒介为深入体会文本中英雄人物的“真、善、美”之品质做渲染和铺垫。

二、文道统一，重育人

义务教育语文课程应围绕立德树人根本任务，充分发挥其独特的育人作用。教学中应立足学生的核心素养去发展，以语言运用为基础，建立文化自信，注重思维能力、审美创造的培养。教师在进行革命文化类文本的教学中，切不可盲目追求文本的育人目标，把语文课上成了说理课。学生品质的培养应建立在学生自读感悟、积累表达、迁移运用的过程中去体现，以此达到潜移默化、润物无声之功效。《黄继光》这样题材的文本是希望学生不要忘记革命先辈为新中国解放事业做出的贡献，并以此来唤醒学生的爱国情操，学习中不仅要对语言文字进行分析品读，更重要的是让学生在潜移默化中受到熏陶。

三、语言动作，形共鸣

本单元语文要素是“从人物的语言、动作等描写中感受人物的品质”“学习从多个方面写出人物的特点”。《黄继光》作为一篇略读课文，教学重点无疑要落实到对学生学法上的指导。让学生在抗美援朝这一大的历史背景下去感知人物的形象、感受故事情节的发展，借助课文的导读提示，通过聚焦描述人物语言、动作的句子（关键词）去触发学生的情感体验，品其坚定，悟其精神，促使学生走进人物内心，深入感知人物的形象。

四、文化传承，化内涵

历史与现实相统一，赓续革命精神在新时代愈发重要，如何让革命之光绽放光芒，对不同学段的学生提出了不同的要求。教师在教学革命传统教育类的课文时，要结合教学内容引导学生联系现实生活。当硝烟散去，立足和平年代，更需体会革命精神在不同时期的意义与内涵，落实语文要素，逐步培养学生的国家意识、爱国精神和公民基本道德品质等，让中华民族的优秀传统文化和革命品质内化于心，外化于行。

同行品悟

英雄壮举堵枪眼　革命精神薪火传

——听大明老师《黄继光》有感

《义务教育语文课程标准（2022年版）》明确指出要“准确理解和把握中共中央、国务院关于教育改革的各项要求，全面落实习近平新时代中国特色社会主义思想，将社会主义先进文化、革命文化、中华优秀传统文化、国家安全、生命安全与健康等重大主题教育有机融入课程，增强课程思想性”，将“革命文化”和“国家安全”作为语文课程标准的坚持目标与导向。

革命类的略读课文该怎么教？如何立足学生，解读文本，落实语文要素，寻语言文字之精妙，探人物品格之高尚？大明老师执教的《黄继光》是很好的范例，值得细细推敲，反复品析。

一、以兴趣激发为起点，驱动文本

革命类题材课文与现在的时空距离之感，使得学生对文本的认知与自我情感产生疏离。如何消解这种困惑，发挥革命题材课文独特的育人价值？教师要成为学生课堂的动情者和激趣者，就要让学生愿表达，能表达，以生活情境为突破口可激发学生的兴趣。

在导入环节，大明老师以近期热播的革命题材电影《长津湖》为兴趣激活点，请生“聊电影——谈感受”，跨时空将生活与革命年代相勾连，迅速抓住学生兴趣点，激发学生的课堂参与热情，借前期生活经验铺垫为后期感知黄继光的英雄形象、感悟黄继光的英勇品质奠定基础。

二、以资源引用为支点，挖掘文本

“知人论世”在教学中对于文本解读大有裨益，特别针对革命题材的文本，通过相关时代背景的介绍进行辅助教学，同时预留学生想象补白的空间，借时代背景还原文本所要传递的精神力量与文字张力，从细节之处体味，挖掘文本之妙。大明老师在执教时，善用资源介入，以资源作为课堂教学的补充，助力学生对文本的感知。《义务教育语文课程标准（2022年版）》指出在课程内容教学时要关注数字时代语言生活的新发展，体现学习资源的新变化。媒体信息技术作为新时代教学的一大抓手，多媒体技术能够在短时间内有效的创设情境，以资源为支点挖掘文本深层内涵，在实际教学中有助于学生对文本的感知和理解。

教学中大明老师通过播放抗美援朝视频，进行沉浸式教学，通过故事发生的时间、地点、背景、实况等进行情境建构，让学生入情入境地去感知战争的惨烈。通过“看了故事发生的大背景，你了解到了哪些信息？”进行梳理，明晰这场战争的重要性，为接下来文本的解读提供大背景的支点。在深入解析文本后，又通过播放黄继光战友回忆当时情境的视频，教师提问“这位同学，我看你眼含泪光，你有什么想说的吗？”让学生以第三方视角再次感知战事的惨烈和黄继光舍身赴死、英勇无畏的精神。一前一后，首尾呼应的环节设计，让学生在情感上、认知上有了更深层次的变化，那眼含的泪光是学生们对战事惨烈的悲悯，是学生对黄继光精神的震撼与崇敬，更是为祖国有黄继光式的中华民族英雄人物而自豪。英雄的回忆记录了英雄的历史，一段电影也可以记录一个伟大的时代。随后大家一起为这段电影配音，用这样的方式缅怀英雄黄继光的壮举，延续英雄人物精神，将学生的情感推向高潮：生于华夏，何其有幸！对“我是一个中国人”的自豪之感油然而生，抓住契机善引资源使得文本的内涵真正得以深化。

三、以词句品读为落点，深研文本

以任务驱动的主要教学活动是在授课过程中，教师运用任务支架，引导学生进行自主探究，指引学生朝着正确的学习方向推进。在本节课中，教师抓住“导读提示”侧重对黄继光人物语言、动作的阐述，在深入解读文本时，教师以“请学生找出课文中描写语言、动作的语句，说说从中体会到了他怎样的英雄气概”为关键点进行发问，此问题是本文解读的核心之问，也是梳理课文情节，感知人物形象的关键之笔。

在教学中，教师先重点剖析黄继光的语言特色，通过聚焦“参谋长，请把这个任务交给我吧”“让祖国和人民听我们胜利的消息吧”这两处语言的描写，解读、想象黄继光的内心独白，借多形式朗读，将黄继光满腔的怒火和必胜的信念表达出来，在情感层面去感知战时情境下黄继光语言的特点，凸显他坚定的品格；随后辅之以动作的解析，引导学生关注“爬”“匍匐前进”“站起来了”这几个行为动词，让学生感受黄继光面临敌人火力构成的死亡之网时，他的智慧、惊人之举令人折服，对黄继光行为动作的描述将其无所畏惧、视死如归的精神展现得淋漓尽致。这样以情入境，想象画面的环节设计，助于激活学生的深度学习思维和情境感知力。

四、以品格传承为增点，拓展文本

教师在进行教学时要注意课文编排的特点，以整体的眼光去思考，本单元的课文都是和革命题材相关，教学时应注意篇篇之间的对比阅读，利用课文链接或自选拓展文本进行对比迁移学习。

本课教学时，大明老师链接《董存瑞舍身炸暗堡》（节选），通过前后对比读英雄故事，抓住人物的语言、动作感受到董存瑞的英雄气概，达成“品人物之品格，扬事迹之精神”的目标，同时实现了对英雄人物写法的迁移与运用。在教学中真正做到了以生为本，精准把握教学的价值取向，落实了本课“再读读其他英雄人物故事，和同学交流”的目标。此外教学中融入大单元教学理念，进行整合教学，不仅要关照到篇篇之间的承接关联学习，也要思考篇与单元、与同类文本的关系，进行主动建构，为接下来学习同类文本做好铺垫，实现以项目为活动的单元整体教学，有效提升学生对中华文化内涵特有的感知力和传承力。

（杭州　谭超）

课例 5

尽享独有的快乐

——《麦哨》（人教版语文四年级下册第 24 课）

快乐密码

好玩，是孩子的天性。借助文中描写麦哨声音的拟声词，添加上破折号，让学生“吹”出各种腔调的麦哨声，享受“吹麦哨”的快乐；借助所谓的“茅茅针棒棒糖”，让学生舔一舔、吮一吮，享受茅茅针清凉甘甜的滋味；甚至，课近尾声的时候，唱一唱按照儿歌《拔萝卜》改编的《拔野鸭》，都是“玩”。课堂上，积极创设机会让学生边玩边学，或者玩学相融，学生的心一定会快乐地飞扬起来。

文本简析

《麦哨》一文，描写了盛夏时节乡间田野里即将丰收的景象和孩子们在其间玩耍嬉戏的快乐情形。这是一篇文质皆美的课文。一为意境之美：文章展现了儿童在田园无忧无虑玩耍嬉戏的欢快场面，让读者感受到田园风光的动人，田园生活的惬意。二为语言之美：文中用了排比、拟人、比喻等修辞，读来颇有韵味，许多语句都值得学生去品味积累；三为结构之美：文章首尾呼应，开头和结尾所表达的意思相近，但措辞有异。特别是结尾，意蕴深长，催人遐想。所以，本文是陶冶学生情操，丰富语言积累，进行阅读实践的好文章。

目标预设

1. 初步学会“凭借快速浏览，用‘圈关键字’”的方法梳理课文内容，了解课文概貌；初步树立学生的预习意识，提升预习能力。

2. 重点探究“吹麦哨”和“采集茅茅针”这两件事，感受乡村孩子快乐的童年生活；初步体会作者独特的选材角度。

3. 初步了解课文“首尾呼应”“选材独特”的写法特点。

教学实录

一、揭示课题，抛出话题

师：今天我们跟随作者陈益一起去乡村走一走。我们一起来学习第24课，读课题。

（生齐读课题）

师：这是一篇略读课文。学习略读课文需要我们自己去阅读，自己去发现。预习过课文的请举手。

（生举手）

师：真好！学习就是从预习开始的。认为自己是预习高手的请举手。我特别欣赏自信的学生。

（生举手）

师：那么今天这堂课我们就重点聊聊预习好不好？

（生点头）

师：话题一——预习的时候已经将课文标上自然段序号的请举手。

（生举手）

师：你看，小手如林。拿起笔来，在课题的上方给自己打上一个五角星。标上自然段的序号，会方便阅读。

（生标序号）

师：话题二——预习的时候已经把这篇课文读正确、读通顺的请举手。

（生举手）

师：再打上一个五角星。这是读好一篇文章的基础。

师：话题三——这篇课文的课题是麦哨，预习的时候你已经想办法了解麦哨是什么玩意儿的请举手。

（部分生举手）

师：拿起笔来，打上两颗五角星。虽然不知道麦哨是什么，但是已经把它变成问题，在课题上边打上问号的请举手。

（部分生举手）

师：也请打上一颗五角星。预习的时候，如果有不明白的地方就要学会打上问号，然后想方设法把这个问号变成句号和感叹号。这就是会预习，会学习。谁来说说看，什么叫麦哨？

生：麦哨就是一段麦穗儿。

生：麦哨是麦秆做的哨子。

师：到底哪种说法正确？

（生指第二位）

师：麦哨就是麦秆做的哨子。到底对不对呢？请看大屏幕。

（课件呈现）

麦哨，麦秆做的哨子，将麦秆儿截断，削孔，能吹出清脆、悠扬的声音。

师：想见一见麦哨的庐山真面目吗？请看大屏幕，（课件出示麦哨图片）这就是麦哨，有点儿像什么？

生：笛子。

师：只不过比笛子要细一点儿，要少很多孔。麦哨可是乡村孩子都会做、都爱吹的小玩意儿。你瞧，这个小男孩就在做麦哨。

（课件出示图片：小孩子在做麦哨）

二、概览文本，初知大意

师：你们不愧是预习高手。我们继续交流话题四——预习的时候已经初步了解了这篇文章是写什么的请举手。

（部分生举手）

师：请打上两颗五角星。谁能说说这篇文章是写什么的？你说——

生：这篇文章主要写了乡村孩子美好、快乐的生活。

师：跟他了解的是不是一样？

生：差不多。

师：每一篇略读课文之前都有一段这样的文字，这叫什么？

（课件出示“阅读提示”）

生：阅读提示。

师：对，这叫阅读提示。阅读提示里边，有一个短语其实就在提示我们这篇文章是写什么的。哪个短语？你说——

生：主人描写的乡村生活多么富有情趣。

师：这句话是对前面这篇文章的总结。继续看，哪一句话里面的哪一个短语提示了这篇文章是写什么的？

生：孩子的生活。

师：没错。（课件中红线画出“孩子的生活”）这个短语就在提示我们即将要学习的这篇文章是写什么的。同学们，我们在学习略读课文的时候要学会关注“阅读提示”，明白了吗？根据你们的预习，你们觉得用哪个词语来形容乡村孩子的生活，比较合适？

生：无拘无束。

生：无忧无虑。

生：自由自在。

生：丰富多彩。

生：快乐。

师：你们真会阅读。如果让你们选择一个词，你们会选哪个？

生：快乐。

（师板书：快乐）

师：《麦哨》这篇课文就是想告诉读者乡村孩子的生活是快乐的。你们对这样快乐的乡村生活向往吗？

生：向往。

师：一般的向往还是非常向往？

生：非常向往。

师：不要说你们小孩儿了，就连虞老师这样的大人对这样的生活也特别特别向往。想体验一下这样的生活吗？

生：想。

师：老师认为，想体验这样的快乐生活，咱们必须得弄明白这篇文章当中写到乡村孩子的哪些活动。有没有道理？

（生点头）

师：拿起笔来，请你用圈关键词的方法去梳理梳理课文写了乡村孩子的哪些活动。

（生读课文、圈画，师巡视、指导）

师：梳理得差不多了，我们交流一下，课文中写到孩子们的哪些活动？

生：吹麦哨。

师：同意吗？

生：同意。

师：（板书：吹麦哨）哪几个自然段写了吹麦哨？

生：第1、2自然段和第7、8自然段。（师板书：1、2、7、8）

师：开头两个自然段，结尾两个自然段都写了吹麦哨，这叫什么？

生：首尾呼应。

师：真厉害，这就叫首尾呼应！继续交流。

生：割草。（师板书：割草）

生：采集茅茅针。（师板书：采集茅茅针）

师：哪个自然段写到的？

生：第6自然段。（师板书：6）

师：继续交流。

生：第5自然段写到了翻跟头、竖蜻蜓、摔跤。（师板书）

师：你们真会读书。都圈下关键词了吧！（生点头）我相信你们圈出“割草、翻跟头、竖蜻蜓、摔跤、采集茅茅针”一点儿问题都没有。你们是怎么圈“吹麦哨”的？文中有这三个字吗？

生：第8自然段有“是谁又吹响了那欢快、柔美的麦哨？”

师：第8自然段的第一句话里边儿有“吹麦哨”这三个字，这三个字是挨在一起的吗？

生：不是。

师：那怎么圈啊？

生：我先圈“吹”，然后再圈“麦哨”，最后用一条线将两个圈连起来。

师：怎么连起来？

（生拿书给师看）

师：嗯，这个办法不错，值得推广。跟他一样圈的同学请举手？

（部分生举手）

三、聚焦重点，尽享快乐

师：我们继续聊预习，话题五——预习的时候已经在你比较喜欢的内容旁边做上记号的请举手。（举手者寥寥）不多，有点遗憾。我想要是谁能在比较喜欢的部分旁边做上记号的，我奖励他三颗五角星。谁知道虞老师为什么要提这个问题？

生：学习提示上有这个要求。

师：你眼睛真亮。请大家关注阅读提示：“找出自己最喜欢的部分，再对同学说说喜欢的理由。”阅读提示当中写得明明白白。同学们，今后咱们在预习略读课文的时候，如果阅读提示当中布置了非常清楚的任务和要求，我们也要试着先去思考思考，这就是会预习。刚才举手的同学打上三颗五角星。其他同学，请你快速默读课文，在喜欢的内容旁做上记号。

（生做记号）

师：都做出选择了，我们来统计一下。喜欢吹麦哨的请举手。（一生举手）

师：喜欢割草的请举手。（四生举手）

师：喜欢翻跟头的请举手。（没有生举手）

师：喜欢竖蜻蜓的请举手。（三生举手）

师：喜欢摔跤的请举手。（两生举手）

师：喜欢采集茅茅针的请举手。（许多生举手）

师：哇，最受大家喜爱的是“采集茅茅针”这部分内容。那接下来该干吗了？

生：对同学说说喜欢的理由。

师：没错，阅读提示中有这样的要求。不过，首先得把你喜欢的理由找出来。请把笔拿在手上，一边默读课文，一边寻找你喜欢的原因，找到以后跟你的同桌交流交流，开始。

（生自主阅读、圈画，并找同伴交流）

师：好，喜欢采集茅茅针的同学最多，我们就先来关注描写采集茅茅针的第6自然段。说来听听，为什么喜欢采集茅茅针。

（课件呈现第6自然段）

生：因为这段有非常多的细致的描写。

师：哪个地方描写得特别细致？

生：描写怎么吃茅茅针。

师：把怎么吃茅茅针写得特别清楚是不是？还写到了什么？你说。

生：写到了茅茅针的样子。

师：你们很会发现，这段话先写到了茅茅针的样子（出示图片），这就是茅茅针，这句话写的就是茅茅针的样子，我们一起读。

（课件呈现）

那是一种和茅草差不多的野草，顶部的毛穗儿还裹在绿色的叶片里，显得鼓鼓的。

师：这段话先写了茅茅针的样子，接着写到了茅茅针是怎么吃的。那茅茅针是怎么吃的？能不能把相关的动作圈下来。

（出示段落，生自己圈画）

师：有哪些动作，我们一起把这些动作说出来。第一个是——剥开，第二个是——抽出，第三个是——嚼嚼，还有一个是——吮吮。你看，作者在描写采集茅茅针这个内容的时候，先写了茅茅针的样子，再抓住动作把怎么吃茅茅针写得非常清楚。所以你们很喜欢是吧？（生点头）采集茅茅针快乐吗？我相信你们之所以喜欢采集茅茅针那是因为吃茅茅针很快乐对不对？快乐在哪里？

生：剥开，抽出，比较有成就感。味道也不错，有点馋了。

师：哈哈，你馋了啊。他说很好吃，哪个词语让你感觉到很好吃？

生：甘甜清凉。

师：所以咱们也得把这个词圈下来。茅茅针的味道是甘甜清凉、直沁肺腑，他馋了。跟他一样馋了的同学请举手。都馋了，那怎么办呢？现在是深秋，茅茅针一般在夏天有，怎么办？我还真找到了跟茅茅针差不多的东西，想不想吃？

生（兴奋）：想！

（师拿出棒棒糖）

生：啊？棒棒糖！

师：这可不是普通的棒棒糖，我费了九牛二虎之力才找到的，这棒棒糖就是用茅茅针做的，叫茅茅针棒棒糖。想吃的举手（小手如林）。没那么容易！这样，待会儿虞老师来读怎么尝茅茅针的句子，谁要是能把这些动作表演得惟妙惟肖，就可以得到一根棒棒糖。而且还能在课堂上把它剥开，然后吮吮，最好能把别人的口水都引诱出来。谁想来试试？

（生情绪激昂，纷纷举手）

师：刚才他先说馋的，请他先来。请你面对学习伙伴，准备开始。“剥开叶片，将毛穗儿连同茎轻轻抽出，把茎放进嘴里嚼嚼，吮吮，一股甘甜清凉的滋味儿很快从舌尖直沁肺腑。”（生做动作）其他动作模拟得不错，能把“直沁肺腑”再模拟一次吗？（生模拟“直沁肺腑”）你这是哪儿痒是吧？（众生笑）这回模拟得不错。来，这根棒棒糖是你的了，剥开它在座位上尽情地吮吧。（生大笑）谁还想来试试？

（生更加兴奋，纷纷举手）

师：就请你吧！你就站在这边。“剥开叶片，将毛穗儿连同茎轻轻抽出，把茎放进嘴里嚼嚼，吮吮，一股甘甜清凉的滋味儿很快从舌尖直沁肺腑。”（生动作模拟，很形象生动）这甘甜清凉的味道把他美得手舞足蹈。（给生棒棒糖）这件事情体现了乡村孩子生活的快乐，而且作者又写得非常清楚，所以你们非常喜欢，是不是？你们很有眼光。

（生兴奋）

师：我记得喜欢“吹麦哨”的只有一位同学，是哪位同学？请起立。我非常喜欢吹麦哨这个部分。（与该生握手）我跟你所见略同。你说说你为什么喜欢吹麦哨？

生：我是因为第8自然段说：“那欢快的哨声在撩起麦浪的东南风里传得很远很远。”它传得很远很远，说明它很好听，所以我很喜欢。

师：她读出了麦哨很好听。我也觉得麦哨很动听。你们若不相信，到文章里去圈一圈，有很多形容麦哨声音的词语，马上把它们全圈出来。（生圈画词语）交流一下，是怎么样的麦哨？

生：欢快柔美的麦哨。

生：忽高忽低的麦哨。

生：此起彼落的麦哨。

生：你呼我应的麦哨。

师：如此悦耳动听的麦哨，想不想亲自吹吹麦哨？

生：想。

师：会吹吗？其实，我们可以根据哪几个自然段来吹？

生：1和7。

师：那谁能吹一吹？

生：呜叶，呜叶，呜——

师：火车来喽，不是这样的。（师指名另一生吹）

生：呜叶，呜叶、呜——

师：火车又来喽！想想，这个省略号只省略了一个“呜”字吗？明白没有？谁会吹？

生：呜叶，呜叶、呜叶。

师：三声不够，继续。你只要气足够长，一直吹，会吗？来。

（生连吹）

师：你真会吹！谁知道他为什么要不停地吹？

生：因为后面还有个省略号，省略了相同的麦哨声。

师：没错！我小时候吹过麦哨，我所吹的麦哨声可不止这一种腔调，请看。

（课件呈现）

麦哨①："呜——叶，呜——叶，……"

麦哨②："呜叶——，呜叶——，……"

麦哨③："呜——叶——，呜——叶——，……"

师：接下来我将吹响其中的一支麦哨，你们待会儿用手指头告诉我，我吹的是哪一种，好不好？请注意，我开始吹了。

师：呜——叶，呜——叶，呜——叶，呜——叶，呜——叶……；来，一起用手指头表示一下虞老师刚才吹的是哪一支麦哨？（生举手势①）

师：为什么是第一支？

生：因为麦哨一中"呜"字后面有个破折号，表示声音要延长一点。

师：哇，连破折号都认识。太厉害了！那谁能吹其他两支麦哨。

（生吹麦哨）

师：吹麦哨快乐吗？

生：快乐。

师：通过刚才吹麦哨，我相信同学们一定学会了一个知识，咱们今后写作文，如果在描写声音的时候，能够准确地用好标点可以让我们把这个声音写得特别清楚，特别生动，记住的请举手。通过刚才的学习，也喜欢吹麦哨的请举手。（小手如林）我说嘛，吹麦哨挺有意思，挺好玩的。

四、拓展阅读，感受独特

师：学到现在，我们都明白了，"吹麦哨"和"采集茅茅针"能体现乡村孩子生活的快乐，所以作者写得很清楚，我们很喜欢。那我就纳闷了——割草难道不快乐吗？翻跟头难道不快乐吗？竖蜻蜓难道不快乐吗？摔跤难道不快乐吗？作者为什么只把吹麦哨和采集茅茅针写得特别清楚，而其他的活动写得很简单？

生：因为课文的题目是麦哨。吹麦哨当然要写清楚。

师：有道理，还有别的原因吗？

生：这两个活动有乡村特色，而其他活动是我们城里孩子也能做的。

师：你太厉害了！你们听明白没有？我们是城里孩子，你想翻跟头，你就能翻；你想摔跤就能摔；你想竖蜻蜓就能竖。但是，如果你们想吹麦哨和采集茅茅针，能实现吗？

生（异口同声）：不能。

师：虽然所有的事情都能体现快乐，但是吹麦哨和采集茅茅针，这是乡村孩子所特有的生活，能体现乡村孩子特有的快乐。这样独特的活动和事情，一定要写清楚。其实很多善写文章的人，都会把最独特的事情写得最清楚。在这册语文书的后面有一篇选学课文叫《可爱的草塘》，作者为了体现北大荒生活的无穷乐趣，两件事情写得特别清楚，想不想欣赏一下？

（课件呈现）

冬天更好玩啦！穿得像个棉花包似的，戴上皮帽子、皮手套，提着根棍子到草塘里去逮野鸡。天气越冷越好，冻得野鸡连眼睛也睁不开。它冷极了就把头往雪地里扎，你走到它跟前，像拔萝卜似的，一下子就把它拔出来了。

师：请快速浏览。如果你能圈准三个关键字来表示这件事情，那就说明你已经了解这件事情独特在哪儿了。

生：逮野鸡。

师：能圈出“逮野鸡”，已经很有水平了。如果把“逮”换一个字，会更有特色。

生（恍然大悟）：拔，拔，拔野鸡。

师：没错，有意思吗？见过拔萝卜吗？有一首叫《拔萝卜》的儿歌你会不会唱？那我教你们。

（师唱一句，生跟一句）

师：在北大荒，到了冬天，孩子们不唱《拔萝卜》，他们唱什么？

生：拔野鸡。

师：我们一起来哼哼《拔野鸡》。

（师生哼唱根据《拔萝卜》改编的《拔野鸡》儿歌）

师：还有一件事情，特别长。学会默读，快速读，找出两个关键字。

（课件呈现）

往前没走多远，就听到小丽喊："快来呀，姐夫。"我跑到跟前，扒开草丛一看，是个不大的水泡子，水面上波光粼粼，仔细一看，挤挤挨挨的都是鱼。我不禁惊叫起来："啊，这么多鱼！"连忙脱下鞋袜，跳进没膝盖深的水里，用水瓢舀起鱼来。筷子长的鲇鱼，手掌宽的鲫鱼，一舀便是一条。连同塘水一起往岸上抛。小丽不住地往篮子里拾。我舀着舀着，忽然哗啦啦一阵水点儿落在我的身上和脸上。下雨了吗？我抬头一看，是小丽捣的鬼！她淘气地笑着说："你真是贪心不足哇，篮子都满了，再往哪儿装啊！"

师：圈出来了没有？一起说。

生：舀鱼。

师：独不独特？太独特了！所以作者把这两件事情写得最清楚。把最独特的事情写得最清楚，这可是写好作文的金钥匙啊！

五、自主归纳，盘点收获

师：快下课了，同学们有收获吗？我们来盘点一下：你有什么收获？

生：在写文章的时候，在象声词里面加上适当的标点，可以更加生动形象。

师：总结得太好了。还有什么收获？

生：要把最独特的事情写得最清楚。

师：不错，这是写好作文的金钥匙。谁能说说在预习上有什么收获？

生：预习的时候要把自己最喜欢的部分标出来。

生：预习时，要在不明白的地方打问号。

生：我要给他补充，打了问号之后，要尽可能自己想办法解决。

师：太好了！看得出来，你非常爱学习，爱探究。继续交流。

生：在预习略读课文时，要关注导读提示。

师：这点太重要了。同学们总结得都不错，相信你们一定还收获了乡村孩子生活的——

生：快乐。

师：我相信你们的童年生活也是快乐的。那么，就让我们用勤奋的笔把快乐的生活记录下来，和别人分享。记住，快乐与人分享会更——

生：快乐。

专家点评

充盈着“快乐”的课堂

——虞大明老师《麦哨》教学赏析

虞大明老师执教《麦哨》让会场上笑声朗朗，这份快乐源于虞老师一颗不泯的童心，他的幽默和智慧为略读课文的教学“拨开”了一层云雾，学生们乐在其中，我们也悟在心中。

一、彰显“简”与“丰”

简洁，是教学的大气度、大智慧！在《麦哨》一课的教学中，虞老师充分利用课文前面的“阅读提示”，引导学生进行自主阅读，展开课堂的对话，这样既可以让学生明确阅读目标、阅读重难点，有的放矢地进行学习，提高学习实效；又可以使整个教学过程显得大气、简约，避免了教学内容的面面俱到，教学环节的烦琐复杂，使整个教学结构粗线条化。

纵观虞老师的《麦哨》一课，“揭示课题，交流预习”“整体感知，梳理内容”“聚焦重点，感受快乐”“成果梳理，总结全课”的四个教学环节，但这份“简”却为学生提供了“留下方法、留下语言、留下感悟、留下真情”的广阔空间，给予略读课文以“从容推进”的充裕时间，从而彰显了课堂的丰厚与精彩，切实而有效地达成了虞老师课前制定的教学目标。

二、凸现“学”与“导”

略读课文不是让我们教师忽略地教，而是隐去教师“明目张胆”地教，转而让学生“粉墨登场”地去学，因为学生是课堂学习的主人。

我们知道编者安排略读课文的教学，其最大的目的就是让我们培养学生

"独立阅读"的能力，让学生自己把课文读懂，在阅读实践中掌握读书方法。在《麦哨》一课的教学中，虞老师以交流预习成果开始，了解学生预习中读课文的情况，了解学生遇到的问题及解决问题的情况，了解学生对课文的整体感知，了解学生喜欢的活动，体会"采集茅茅针"的快乐，感受"吹麦哨"的快乐……让每一位学生亲历学习的过程，从而让学习真实地发生在学生的身上，课堂上充分展现了学生的学习过程。

这堂课上，虞老师在充分了解学生学的基础上顺学而导，他的"导"重在授之以法，一方面凸显了"学法"的引领：引导学生学习略读课文时要多关注文前的"导读提示"；凭借快速浏览，用"圈关键字"的方法梳理课文内容。另一方面凸显了"写法"的感悟：感受作者选材的独特性。这样，教师的引导就起到有的放矢，抛砖引玉的作用，从而激活学生的阅读思维，调动学生的方法储存，引领学生走向文本深处。

三、洋溢"趣"与"实"

虞老师的《麦哨》一课，课堂上充盈着阵阵的欢笑，学生学得开心，学得快乐！这份快乐，源于教师的幽默与智慧。

第斯多惠曾经说过："师者要做的仅仅是'激励、唤醒和鼓舞'。"在虞大明老师的"名师慧语"中，我读到这样的一段话："在教学过程中，充分观照学生的心理，多管齐下，有效激励，让学生充分体验阅读的滋味，享受阅读的快乐，从而'爱上阅读'并养成自主阅读的习惯。"他这样说，也是这样实践的。在虞老师的课堂上，我们看到他那充满童趣的鼓励：自己给自己打上"五角星"，奖励"茅茅针棒棒糖"。这样的激励既有精神的，更有物质的，于是，我们看到了学生一只只高高举起的小手，看到了学生一张张欢乐的笑脸，听到了学生一声声快乐的话语。每一位听课的教师仿佛也随着课堂上那欢快的麦哨声，走进了乡村，感受着乡村孩子的快乐。

在这节洋溢着欢声笑语的课堂上，学生又实实在在、真真切切地收获着。他们收获着语文学习与表达的方法，学会了标画、批注，学会了抓重点段品味，感受选材的独特。他们还能循法而学，在链接阅读《可爱的草塘》时，运用"圈画关键字"概括了事件，并再次感受着选材的独特。这样的教学，也体现了使略读课文的教学成为联系课内外阅读桥梁的作用。

品味着虞大明老师的《麦哨》，我深切地感受到略读课文的教学，为师者一定要摆正自己的位置，适时“隐退”，用更加开放的胸怀引领学生享受阅读的过程。

（特级教师 陈朝蔚）

一节洋溢着浓郁童趣的略读课

——虞大明执教的《麦哨》教学特色简析

听了虞大明老师上的《麦哨》一课，印象颇深。这是一节成功的略读教学课，教者紧扣导读提示，集中重力突破重点，教学形式活泼而有效，学生兴趣盎然，课堂上充满欢声笑语，而语言学习又十分扎实。概括地说，虞老师《麦哨》一课具有以下三大特色。

一、详略明显，体现“略读”

略读课文的教学有两点很重要，一是要紧扣训练重点，该详则详，该略则略；二是要放手让学生自学，立足于培养学生的自读能力。虞老师的《麦哨》很好地体现了这两点。整节课紧扣略读课文的导读提示展开教学，训练目标明确，重点突出，较好地解决了略读课文。

“详”与“略”的关系，充分体现了略读教学的教学特点。教学伊始，教者以聊天的形式引入新课，显得轻松、愉悦。接着抛出几个话题检查预习情况，着眼的是预习能力的形成，而让学生自画五角星，自我评价，更体现了自主学习。再接着紧扣导读提示，进行整体感知，让学生读课文、圈画，教师巡视、指导。整个环节花时不多，效果明显。

整节课的重心在于引导学生突破重点。在内容上，聚焦于“品茅茅针”与“吹麦哨”两个内容，不枝不蔓。在语言形式上，着重引导学生品味重点词语的意蕴，体会破折号在表达上的作用并进行朗读技巧的训练，目标直指“语言文字运用能力”的培养。在写作角度上，重在让学生细究文本内容详略的原因，懂得作者是把最独特的活动和事情写得最清楚，这样读中悟写，不断累积。为了突出这一训练重点，紧接着进行了合理拓展链接，穿插选学课文《可爱的草塘》中两个片段，让学生迁移读书方法，在实践中形成技能，从而发展阅读能力。

二、“乐”中悟乐，“乐”中品味

《麦哨》这节课最突出的特点是什么呢？我以为是“趣”字。《麦哨》描述的是北方乡村儿童生活的快乐。虞老师紧扣这个“乐”字，从儿童的视角出发，根据儿童的心理特点、课文的写作特点，着力创设快乐、愉悦的情境，让学生“乐”中悟乐，“乐”中品味。

虞老师把棒棒糖带进课堂，用它替代茅茅针，让学生吮吸；利用象声词“呜卟”让学生“吹麦哨”。细思之，这实是本课设计的妙笔所在。

其妙之一：用通俗形象的方式把潜藏在语言文字底下的乡村孩子的快乐展现出来，生动地还原了课文所反映的生活场景，让学生在快乐中体会乡村孩子的快乐。同时，也使得语文的学习变得不再枯燥、乏味。课堂上，学生是兴奋的，快乐的，整节课充满欢声笑语，洋溢着勃勃的生机。

其妙之二：教者运用课堂演示体验不是为热闹而热闹的，他的真正着眼点在于学习语言。比如，把棒棒糖带进课堂，用它替代茅茅针，让学生吮吸，目的是让学生沉浸在语言之中，品味咀嚼，进而形象地理解体会“剥开”“抽出”“嚼嚼”“吮吮”等词语。学生在分享乡村儿童的快乐之中尽情享受学习语言的快乐。这种欢乐，诚如教者所言“不是肤浅的、形式的‘嬉笑杂要’，而是发自内心的愉悦”。在十分愉悦的精神状态下，通过这种形象的演示、体验，学生们对这些词语的理解体会肯定是非常深刻的。而当口语交际或习作生活中需要用到这些词语的场景出现时，这些词语一定会迅速地展现在学生的脑海中。再如，抓住象声词“呜卟”让学生模仿麦哨的声音，训练阅读，也是很有情趣。象声词当然不是事物原声的真实再现，但教者“醉翁之意不在酒”，而是借它来引导学生体会标点在表达上的作用，训练破折号的朗读技巧。这样做，就将对语言的感知、理解、表达和运用无形地融入快乐的体验中。而这些不正是新课标所强调的“学习语言文字运用”所需要的吗？

三、“导”“学”得当，着眼能力

放手让学生自学，立足于培养学生的自读能力，是虞老师《麦哨》的又一特点。本节课从检查预习入手，以回顾收获结尾，贯之始终的是培养学生的自学能力这一红线。预习的检查细致到位，旨在让学生进一步明确预习的方法、步骤，强调的是自读自悟，学会质疑。捕捉课文的整体这一环节，教者突出导读提示的引领作用，着力指导学生圈画关键词，理清课文脉络，放手让学生畅谈初步的体会感受。在学习“品茅茅针”与“吹麦哨”中，教者也是立足于让学生圈画关键词语，读中品味，体验中感悟，教师仅是指引学习方向，在学生疑难处点拨指导。穿插选学课文《可爱的草塘》中两个片段，更是集中于让学生进行语言实践，以发展阅读能力。

这个环节也是《麦哨》这节课的亮点之一，体现了教学设计的精致。一是所插入两个片段的内容与《麦哨》相吻合，都是体现乡村生活的快乐，学生读起来就比较感兴趣。二是在写法上二者有相似点——都是把最独特的事情写得最清楚，这样就在重点训练的项目上，把略读课文与选学课文的学习有机地联系起来。三是教者让学生运用在学习《麦哨》中用过的圈关键字捕捉重点内容的方法，进行阅读实践，实现迁移，就把方法的学习与实践运用结合起来。这样，就在略读课教学内容架构上，做到“基于教材，适度高于教材、广于教材”。

（特级教师　陈宝铝）

课例 6

桂花香里饮乡愁

——《桂花雨》(统编版语文五年级上册第 3 课)

快乐密码

每个人的思乡都不一样，那么笔下呈现的“记事”也独有趣味。摇一摇，满身皆是桂花香；闻一闻，花香指数浸文字；品一品，故土亲情涌心头。课堂上，学生在桂花树中穿梭，在桂花香里驻足，在思乡情里留恋。桂花香里饮乡愁，台湾大陆虽有海峡阻隔，琦君心中有祖国的牵挂，是幸福的。童年往事绕心头，文本情感虽有历史背景，学生心中有桂花的寄托，是快乐的。

文本简析

《桂花雨》是一篇情感浓郁、意蕴丰厚的散文。课文的题目给人以美好的遐想，桂花雨是留在作者记忆中关于故乡最美好、最迷人的生活印象。作者先写了自己最喜欢桂花，喜欢它迷人浓郁的香气，接着写了摇桂花的快乐场景，最后写了离开家乡后赏桂花，给母亲带桂花，却时时忆起故乡童年时代的“摇花乐”和“桂花雨”。品读此文，能感觉到桂花的香气以及作者的思乡之情弥漫在字里行间。教学此文，在引领学生准确把握文本内容的同时，进一步体会作者的思想感情，领悟作者的表达方法。粗知大意，抓重点句体会作者的内心世界是教学本文的重点。

目标预设

1.通过重点句的品读，体会摇花乐和思乡情。

2.以“画找描写桂花香的句子并标注‘花香指数’”为凭借，品析“浸”字以及双重否定句的表现力。

3.以链接性拓展阅读为手段，读懂作者笔下浓浓的乡愁。

第一课时流程预设

1.揭题引入，初步感知文体。

2.以预习成果的交流和反馈为线索，学习生字新词，读通读顺课文。概览文本大意。

3.初读感知，在文章旁记录自己的学习疑问。

第二课时教学实录

一、导入新课，引导质疑

师：这节课，我们继续学习台湾女作家琦君的散文——

生（齐）：《桂花雨》。

师：上一节课的学习之后，很多同学在书本中记录了自己的疑问，老师做了整理，主要有以下几个问题。

（课件呈现）

香气迷人的桂花又让我想起了什么呢？

桂花给我带来了哪些快乐？

“这里的桂花再香，也比不上家乡院子里的桂花”这句话是什么意思？

师：“为学患无疑，疑则有进。”能提出问题是能力，能提出高质量的问题是水平。

二、合作探究，解决疑问

师：今天，我们将围绕着这些问题进行学习。请以小组为单位交流问题。请组长主持交流，小组记录员注意记录小组成员的观点，待会儿请小组的发言人进行汇报。

（八个小组展开学习交流活动；师巡视；约七分钟）

师：小组交流时间到。通过小组交流，相信每组都有了更多的成果，现在请每个组的发言人来汇报预习成果。

（八个发言人汇报本组的预习成果）

师：第一个问题，香气迷人的桂花让我想起了什么呢？

生：让我想起了故乡童年那些曾经被我摇落下来的桂花。

师：和他想法不一样的小组请补充。

生：让我想起了童年时代的“摇花乐”，阵阵迷人的桂花雨和香气。

生：作者想到了童年时代的“摇花乐”和阵阵桂花雨。

师：对于第一个问题，其实，作者在哪个自然段已经告诉我们了？

生（齐）：最后一个自然段。

师：第二个问题，桂花给我带来了哪些快乐？

生：带来了欣赏桂花、摇桂花和闻桂花的快乐。

师：他们组梳理出了几点？

生（齐）：三点。

生：我们组要补充的是，还有吃到桂花糕、喝到桂花茶的快乐。

师：没错，这也是一种快乐。

生：我们组的观点是我们可以摇桂花，桂花纷纷落在身上，这是一种快乐。吃桂花做的几种食品，也是一种快乐。

师：说得都不错！能不能概括一点，比如，“摇桂花带来的快乐”可以概括为哪四个字？

生：摇花之乐。

师：很好！那“浓郁的桂花香带来的快乐”呢，可以概括为——

生：闻花之乐。

生：花香之乐。

生：品桂之乐。

师：都可以。现在第二个问题也解决了。第三个问题，“这里的桂花再香，也比不上家乡院子里的桂花”，你们是怎么理解的？

生：因为家乡院子里的桂花带给我浓郁的思乡之情，就算杭州的桂花再香，也比不过家乡的桂花，它是不可替代的。包括家乡的一切，还有童年时代的回忆。

师：我听出来了，因为家乡的桂花包含着童年的回忆。

生：我们组想的是：桂花是一样的，但是家乡的桂花是唯一的。这表达了作者对家乡桂花树的思念之情。

师：仅仅是对桂花树的思念吗？有补充吗？

生：我们组认为：月是故乡明，人是故乡亲，桂花是故乡的香。还有一点，桂花已经成了作者他们生活的一部分。

师：理解得真好。

生：我们组补充的是：故乡的桂花还包含着作者对童年的回忆和家乡的思念。

生：我们组认为：因为家乡院子里的桂花有作者儿时的回忆，有童年的欢乐和伤心。那一棵棵桂花树代表的是儿时的生活，而不单单只是一棵桂花树。所以，无论其他的桂花有多香，也没有家乡院子里的桂花香。

三、找寻起点，适度引领

师：你们真会阅读！通过自主学习提问，合作探究解决了疑问。好，下课！

生（惊讶）：啊？那么快就下课了？

生：不会吧！我们还没准备好呢！

师：下课还需要准备吗？

生：我们还没真正学习过课文呢！刚才只是交流了自己的疑惑呢！

师：你们觉得还意犹未尽吧！开个玩笑。其实，三个问题中，我觉得解决得最好的是第一个问题，其他两个问题，好像解决得还不够到位。是不是？

生：是。

1.探究问题二——体验摇花之乐

师：那我们继续研究，先来解决第二个问题：桂花给“我”带来了哪些快乐？刚才八个发言人说到最多的是桂花给我们带来的什么快乐？

生（齐）：摇花之乐。（师板书）

师：摇花的快乐，你们体验到了吗？

生：没有。

师：要想体验摇花之乐，必须找到描写什么的句子？

生：描写作者他们摇花的句子。

师：请同学们快速浏览课文，找出直接描写“摇花”的句子。（生找句子）

师：谁来读一读？

生：这下，我可乐了，帮大人抱着桂花树，使劲地摇。摇呀摇，桂花纷纷落下来，我们满头满身都是桂花。我喊着：“啊！真像下雨，好香的雨啊！”

师：找得真准，都用括号标出。这段话都读懂了吧？像琦君这样摇花会不会？

生：会。

师：真会啊！想不想摇一摇桂花？

生：想。

师：如果你们都当琦君，那我来当——

生（笑）：桂——花——树。

师：呵呵，没问题。我除了当桂花树，还愿意当你们的母亲。因为是母亲喊你们去摇桂花的。谁愿意来摇桂花？（点三位同学）

师：春英——春英——（生没反应）

师：哦，忘了交代了，琦君的小名叫春英。

师：重来。春英，春英，快来台风了，该去摇桂花了。

（师展开双臂当桂花树；三生跑上台，抱着师摇“桂花树”）

师：还说会摇桂花！第一，不够使劲；琦君他们是“帮大人抱着桂花树，使劲地摇”，摇不下来，就没有桂花糕吃了。第二，你们三位光关注了动作，忽视了——

生：语言。

师：是啊！难道琦君是哑巴？现在你们会摇了吗？

生：（一边摇，一边开心地大喊）真像下雨，好香的雨啊！

师：有没有体验到这种快乐？

生（齐）：体验到了，很快乐。

师：请问乐在何处？

生：桂花落下来，会落到我的头上、肩上、脖子里。我整个人会很香。

师：没错，你一定会成为“香人”。

生：在摇桂花的时候，我们会被桂花雨包围，会被桂花香包围。太快乐了！

师：说得真好！还有摇下来的桂花用处可多了，所以摇落的也是——

生：丰收。

师：通过刚才的体验，你们是不是对“摇花乐”更有感觉了？那就用朗读来体现摇花的快乐吧。

（生齐读）

2.探究问题三——感受花香之乐

师：真快乐，这是摇桂花带给我的快乐。除了“摇花之乐”，还有什么？

生：花香之乐。

师：同样，要想感受花香之乐，要关注描写什么的句子？

生：描写桂花香的句子。

师：请快速浏览，画出描写故乡桂花香的句子。

（生圈画句子）

师：找到了吗？谁来读一读？

生：可是，故乡的桂花太迷人了。

生：桂花盛开的时候，不说香飘十里，至少前后十几家邻居，没有不浸在桂花香里的。

生：全年，整个村子都浸在桂花的香气里。

生：我喊着，啊！真像下雨，好香的雨啊！

（课件呈现四句话）

师：就是这四个句子，写出了故乡桂花的香。我们来做一件很有意思的事，比照一下，你觉得哪些句子最香，标上五星级的花香指数。

（生标花香指数）

师：标完了吗？最香的是哪几句？

生：第4句。

生：第2句。

师：赞同吗？

生（齐）：赞同。

（课件显红第2句和第4句）

师：为什么这两句话最香？谁来说说理由？

生：两个句子中都有“浸”这个字，感觉很香。

师：我专门查了字典，浸的意思是：泡，使渗透。“浸”这个字与什么有关？

生：液体，水。

师：能用“浸”造个句子吗？

生：洗澡时，我浸泡在水里。

生：妈妈要洗衣服，先把衣服浸在水里。

师：是啊，“浸”字跟水有关。桂花香是不是液体？

生：不是。

师：那为什么能用“浸”字呢？

生：因为桂花特别香，特别浓，浓得像水一样。

师：说得太好了！桂花香气特别浓，浓得像水一样。

师：记得三年级有篇课文《美丽的小兴安岭》，也用到了“浸”。

（课件呈现）

早晨，雾从山谷里升起来，整个森林浸在乳白色的浓雾里。

师：这里的“浸”字，体现了什么？

生：雾很浓，浓得像水一样。

师：所以，一个“浸”字，提升了花香指数。这两句话这么“香”还归功于什么？

生：归功于“全年”。

师：“全年”，说明它香的时间——

生：很长很长。

师：读到这里，难道你们没有疑问吗？

生：桂花不是只开一个季节吗？怎么会是全年呢？

师：谁来回答？

生：因为桂花做成了很多糕点，所以很香。

师：桂花做成的糕饼，叫——

生：桂花糕。

生：桂花还可以酿桂花酒。

生：桂花还可以泡桂花茶。

生：桂花还可以做成桂花糖。

生：虽然，桂花谢了，但是桂花做成的食品可以存放很长时间，可以香很长时间。

师：对啊，跟桂花有关的食品，全年都可以享用，所以用上“全年”，说明时间长，也提升了花香指数。“桂花香”还归功于什么？

生：“整个村子”，“整个村子”表示范围广，而桂花树能够让“整个村子”都浸在桂花香里，说明桂花很香。

师：有道理。我特别关注的是“没有不”这三个字。作者想表达什么意思？

生：全部都浸在桂花香里。

师：那为什么不写全部都浸在桂花香里？

生：这好像是双重否定。

师：这的确是“双重否定”，双重否定也提升了花香指数。

师：刚才，我们关注过的这些字词，都圈下来了吗？

生：圈下来了。

师：让我们读好这些字词，来表现桂花浓郁的香气。（生齐读）

3.简学——分享之乐

师：除了这两种快乐，还有吗？

生：可以送一箩给胡家老爷爷。

生：还可以送一箩给毛家老婆婆。

师：这是什么快乐？

生：分享之乐。（师板书）

师：这就是桂花带给我们的快乐。通过刚才的学习，我们对第二个问题有了更深的理解，桂花带给我们的快乐是——

生：摇花之乐，花香之乐，分享之乐。

4.探究问题三——体会含义深刻的句子

师：还剩最后一个问题。刚才大家都提到了，从这句话可以看出琦君对家乡怎样的情感？

生：思念的情感。

师：如果要理解得更到位，还需要好好来研究这个句子。

（课件呈现）

这里的桂花再香，也比不上家乡院子的桂花。

师：这句话里的“这里”指哪里？

生：杭州。

生：杭州的一处小山。

师：琦君说的小山就是杭州西湖边的满陇桂雨。满陇桂雨是远近闻名的赏桂胜地，去过那里的同学能否与我们分享一下你所见到的桂花，闻到的桂花香？

生：那里的桂花很香，山上整片整片都是桂花，有种沁人心脾的感觉。

师：“沁人心脾”这个词用得好。

生：你走过去，下山的时候你会感觉头发上衣服上全身都是桂花。

师：好像在桂花里——

生：浸泡过一样。

师：你也用到了“浸”这个词，非常好。

生：我在那里感觉到花香得要窒息了。

师：你用了夸张的手法，也不错！老师找了一些图片。（出示桂花图片）

师：满陇桂雨的桂花香不香？

生（齐）：香。

师：（课件出示）唐代诗人宋之问有诗言——

生（齐）：桂子月中落，天香云外飘。

师：香不香？

生（齐）：香。

师：都飘到天外去了，真的很香。可是琦君她们却说——

（课件呈现）

这里的桂花再香，也比不上家乡的桂花。

生（齐）：这里的桂花再香，也比不上家乡的桂花。

师：这究竟是为什么呢？这一定跟琦君她们远离故乡，四处漂泊的人生经历有关。

（音乐《思乡曲》响起，师深情朗读《琦君漂泊的一生》）

（课件呈现）

1916年，出生于温州永嘉；1928年，举家迁居杭州；1941年，上海汇中女中任教；1943年，返回永嘉中学任教；1945年，杭州之江大学任教；1949年，随国民党赴台湾；1977年，随夫留居美国；1980年，返回台湾；1983年，再留居美国；2004年，定居于台北；2006年，病逝于台北。

师：发现了什么？

生：她在去世之前都没有回到故乡永嘉。

师：还有吗？

生：她在外漂泊了很久。

师：是的，从1916年到2006年，琦君走完了她九十年的人生历程。请大家算一算，这九十年的人生历程，她和故乡在一起有几年？

生：十四年。

师：没错，其他的七十六年，琦君就像一叶孤舟，四处漂泊，客居他乡。她是多么想回到故乡去看看，所以，在“每逢佳节倍思亲”的中秋佳节，琦君想到故乡的桂花开了。故乡的美好，童年的快乐又浮现在她的心头。于是，“思念故乡却回不到故乡”的愁怨、愁绪便浓了。

师：这种思念故乡的愁绪，用两个字概括，就叫作——乡愁。（板书）

四、拓展阅读，品悟乡愁

师：对于乡愁，我们在这一单元的学习中有了许多的感受。乡愁是一种美好又复杂的情绪。这一单元的课文都和乡愁相关。

（课件呈现）

乡愁是“露从今夜白，月是故乡明”的（　　）；乡愁是“复恐匆匆说不尽，行人临发又开封”的（　　）；乡愁是“风一更，雪一更，聒碎乡心梦不成，故园无此声”的（　　）；乡愁是“春风又绿江南岸，明月何时照我还”的（　　）。

师：老师给大家四个词（缠绵纠结、美丽错觉、浓浓惆怅、淡淡酸楚），能填进去吗？

（生填空）

师：同学们，琦君为我们留下了很多作品。屏幕上呈现的是她的代表作。

（课件呈现）

琦君擅长散文和小说，代表作有：《烟愁》《三更有梦书当枕》《桂花雨》《细雨灯花落》《乡思》《水是故乡甜》等。

师：你又有什么发现？

生：代表作中有关桂花和故乡的作品很多。

生：都表达了思乡的主题。

师：老师为大家选取了部分代表作中的片段，让我们一起随着音乐和文字，来静静地浏览、品悟琦君的乡愁。

（课件呈现）

面对姹紫嫣红的春日，或月凉似水的秋夜，我想念的是故乡矮墙外碧绿的稻田，与庭院中淡雅的木樨（xī）花香。我相信，心灵如此敏感的，该不只我一个人吧！

——《烟愁》

每回我写到我的父母与师友，我都禁不住热泪盈眶。我忘不了他们对我的关爱，我也珍惜自己对他们的这一份情。像树木花草似的，谁能没有根呢？我常常想，我若能忘掉亲人师友，忘掉童年，忘掉故乡，我若能不再哭，我宁愿搁下笔，此生永不再写，然而，这怎么可能呢？

——《烟愁》后记

说实在的，即使是真正天然的矿泉水，饮啜（chuò）起来，在感觉上，在心灵上，比起大陆故乡的“山泉”来，能一样的清冽甘美吗？

——《水是故乡甜》

来到台湾，此心如无根的浮萍，没有了着落，对家乡的苦念，也就与日俱增了。昨夜梦魂又飞归故里，躺在双亲的墓园中，拥吻着绿茵覆盖的芬芳泥土，望着悠悠出岫（xiù）的白云，多年抑郁的情怀得以暂感舒松，可是短梦醒来，泪水又湿透枕边，美丽的家园啊！它依旧是海天一角，水阔山遥。

——《乡思》

我们从大陆移植来此，匆匆将三十年。生活上尽管早已能适应，而心灵上又何尝能一日忘怀于故土的一事一物。水果蔬菜是家乡的好，鸡鱼鸭肉是家乡的鲜。当然，风景是家乡的美，月是故乡明。莼（qián）茱（zhū）鲈鱼长入梦，他乡虽好总添愁。故乡，我们哪一天回去？家乡味，我们哪一天能再尝呢？

——《家乡味》

师：同学们，品读了这些文字，当我们再读到“桂花雨”这三个字时，相信大家看到的画面已经不一样了，此时，你看到的是什么画面？

生：我会看到琦君在写作时，眼角湿润了。

生：我看到的是琦君站在海边，向故乡的方向眺望。

生：我看到的是琦君在昏黄的灯下，用笔表达对故乡的思念。

师：是啊，这阵阵飘落的不仅仅是桂花，还是思乡之情。故乡水养育了故乡人，无论是谁，一旦离开了故乡，乡愁便浓了。同学们，你们现在还小，都不曾远离故乡和亲人。等你们长大了，一旦远离了，久离了故乡，乡愁便浓了。那时候，故乡的一山一水，一草一木，连同你们现在快乐生活的点点滴滴，会时时入你的梦中，入你的文中，化为——浓浓的乡愁。

教学反思

亲爱的孩子们啊，知否？

——《桂花雨》教学反思

以“桂花”为题材的文章，大多透着香气。台湾女作家琦君的《桂花雨》，亦是如此。这份香，传四方，飘十里，润心脾；这份香，尘封在记忆的岁月中。一旦被触及，一旦被唤醒，便会浓浓郁郁地弥散开来，连同故乡的亲人，故乡的花草，故乡的生活。丝丝缕缕，连绵不断，化为浓浓的乡愁，不可自拔，泪湿枕巾。

亲爱的孩子们啊，知否？

作者笔下的故乡，既是生于斯长于斯的故土，更是精神的家园，是灵魂安居的所在；作者笔下的童年，是美和真的世界，是自由心灵的栖息地，是她心性的萌发与归宿。最打动人的是那一份浓郁的乡情，而又以清淡舒缓的笔调娓娓道出，读者徜徉在她清丽的文字里，浸润在醇美的情境中，不经意间就被触动了心灵深处最柔弱的部分，然后便欲罢不能，挣脱不出，任由思绪缠绕在故园情思，放飞心情回到遥远的童年。这是作者一生未能解开的情结。

亲爱的孩子们啊，知否？

备课时，我将文章静心细读了数十遍，又上网查找了本文及作者的相关资料，就像课堂中列举的琦君作品如《烟愁》《桂花雨》《细雨灯花落》等，真是美文，而且这些作品中，有过半的篇目是关于故乡或童年的。这是一位1949年远赴台湾旅居的作家对故土的思念，这是一位同胞的心声。

亲爱的孩子们啊，知否?

几经思虑，确定了课堂阅读的导向和思路：以文本内在情感为主线，以重点词句为凭借，以提问、探究、诵读、感悟、言语表现为手段，追求语言与精神的同构共生、协调发展。从学生质疑提问自主解疑入手感知文章主要内容，从“摇花之乐”“花香之乐”“分享之乐”的探究品悟整体把握文章的情感基调，从“拓展阅读”提示对文本主旨的领悟，内化情感。

从作者的情感到教师的解读，再到学生的内化，这需要一个过程。记得，窦桂梅老师曾说过：学生的感悟能力就如同杠杆上的支点，对人的发展来说，学生感悟能力的高低正决定今后能否撬起这个“地球”。感悟既是一种心理活动，还是一种审美的体验，更是一种感情经历。

把作家的情感变成自己的情感。——我想这就是我希望通过本文传递给学生的一种情怀。

回顾整堂课，还有很多不足之处：例如，本课是第2课时，关于学生提出的三个问题，第一个是有关内容的，其实可以安排在第1课时解决。又如，课末让学生填空的内容偏难了，尽管给学生提供了支架，但似乎还是有些为难学生了。还有，本文呈现琦君的文本偏多，学生似乎有些“消化不良”，如何恰如其分地呈现拓展内容是值得思考的问题。其实，课后推荐学生去读一读琦君的相关作品也是一种增进文本理解的一种方式。

亲爱的孩子们，桂花香里饮乡愁。这份沉甸甸的情感，你可知否?

㊕㊎㊍㊌

清香传得天心在

——虞大明老师《桂花雨》赏析

虞大明老师的课一向清新、实在、灵动、传神，充满童趣。听他的课，往往会使人产生一种感觉，犹如在品味一篇优美隽永的散文或是在吟咏一首奇丽的小诗。《桂花雨》再一次体现了他的风格，整节课就像桂花一般清香扑鼻，耐人寻味。学生在轻松、愉悦中理解了文本内容，体会了作者蕴含在文中的情感，在语言文字运用方面也得到很好的锻炼与累积，同时产生了阅读作者更多作品的愿望与兴趣。具体可以归结为以下三个方面：

一、基于文本特点的自读自悟

文本的类型决定着教学目标的确定和教学策略的选择。如果不注意文本的体裁，不注意文本的特点，对教材的取舍和决定教学的起点与重难点就容易偏离正确的方向。根据文本特点与学情，大明老师恰当地确定了教学目标。尤其难能可贵的是，在这样的观摩课中，大明老师舍得花一定的时间让学生开展小组合作学习。其学习任务明确：结合学生提问，对学生提出的三个问题进行交流讨论。小组中各成员的分工具体、明确，而且确保了讨论的时间。小组讨论之后，大明老师让小组代表上台围绕学习任务进行汇报，根据学生的发言，进行适度导引。这种基于文本特点的自读指导，扎实而有效，充分体现了学生为本的教学理念，也体现了本次活动“成长课堂”的主题。

二、高于学生起点的点拨引领

学生的思辩也离不开教师的引导点拨。老师的点拨指导应是画龙点睛式的、能有效促进学生升华认识的，同时又是符合“学习语言文字运用”这一学科本质特点的。在本节课上，在学生汇报小组讨论的基础上，他抓住学生在理解上尚不完全、欠深刻的第二、三两个问题，引导学生品词析句，深入感悟，让学生“知其理，懂其道”。

比如探究“桂花给‘我’带来了哪些快乐?”这一问题的“摇花之乐”，教者让三个学生上台与老师一起演示，在情趣盎然的情境之中，引导全体学生对照文字之描述，体味作者的欢乐。这种根据文本内容创设情境，让学生设身处地，感同身受的做法，也可以叫作让学生在“乐”中悟“乐”。而体会“花香之乐”之片段语文味显得更为浓厚。当学生找出文章中描写家乡桂花香的句子后，教者出示这四个句子，要求学生细心品读，以标注“花香指数”的形式，引导学生深入咀嚼。重点抓住“浸”这个关键字眼与“没有不浸在”这一双重否定的句式以及对“全年”的质疑，结合朗读指导，体味“花香之乐”及作者隐藏于文中的思想感情。这个环节，形式新颖，学生饶有趣味；同时目标直指“学习语言文字运用”。其中，“浸”的教学，尤为到位。教者从字的本义入手，让学生用“浸”造句，再联系已学过的《美丽的小兴安岭》中的相关句例，揭示引申义，进而体会“浸”在本文中的意义。这样，让学生“浸”在语言文字之中，字斟句酌，品咂涵泳，体会文字当中包蕴的景象之美，感受作者用词造句的表达之美，领悟语言文字中的思想之美。巧妙地将语言训练与人文内涵的熏陶和谐地结合在一起，也凸显了语用教学之特色。

针对教学的难点——怎么理解“这里的桂花再香，也比不上家乡院子里的桂花”，教者独具匠心，巧妙地予以突破。在学生感悟的基础上，大明老师先是出示“满陇桂雨”图片与“桂子月中落，天香云外飘”的诗句，引导学生在对比中体会作者的情感。接着出示琦君漂泊一生的相关资料，在带有浓郁思乡情调的《思乡曲》中，老师进行深情述说，引导学生在与文本对话的同时与作者进行对话，进而深刻感悟到文章所反映的思乡之情其实就是乡愁。从体会“花香之乐”“摇花之乐”“分享之乐”到领悟出“思乡之情”，再到感悟到“乡愁”，这不能不说是一个认识的升华。课堂正是在实现这一升华的过程中，让学生在真正意义上成为阅读的主人，并最终获得真实的个性化体验，达到了精神与语言的同构共生，协调发展。

三、基于学生发展的延伸拓展

这节课还有一个亮点——对学生延伸阅读的引导。适度的拓展，可以丰赡教材内涵，丰富学生知识，扩大学生视野，引领学生走向更广阔的语文学习空间，在有限的教学时间里实现课文这一“例子”的增值，也让语文课展现出更加浓郁的文化色彩，为学生的可持续发展提供更为充足的养分。大明老师借助《桂花雨》的教学，努力洞开学生对琦君的了解之窗，激发起学生阅读琦君其他作品的兴趣。教者先是出示归纳本单元所涉及的有关乡愁的语句所设计的一段填空题，让学生选词填空，力图引导学生进一步体会文本所反映的乡愁之内涵。接着出示琦君的主要作品与部分描写乡愁的片段，让学生在音乐声中浏览、品味。这个环节的作用有两点，一是将课文与作者立体式地呈现在学生面前，有助于学生更深刻理解《桂花雨》的主题；二是让学生对琦君其人与作品产生进一步了解的欲望。这对于培养学生广泛的阅读兴趣，扩大阅读面，增加阅读量，提高阅读品位，是很有意义的。它可以让学生终身受益。正如苏霍姆林斯基所说的：“教育不在于教给学生多少知识，而在于唤醒、激励和鼓舞。”

（特级教师　陈宝铝）

课例 7

探寻最美好的境界

——《珍珠鸟》(统编版语文五年级上册第 4 课)

快乐密码

信赖，往往创造出美好的境界。静水流深，大美不言，真正的美是需要用心感受的。一花一鸟总关情，一枝一叶总关情。让我们把课堂的脚步慢下来，让学生在放松的、安全的情境中，静静感受文学之美，感受生活的快乐，带着学生走向最美好的人生境界！

文本简析

《珍珠鸟》是著名作家冯骥才的作品。该文叙述了冯骥才与珍珠鸟相依相伴的生活画面。特别是冯骥才对珍珠鸟夫妇的雏儿呵护有加，使得原本胆小、怕人的珍珠鸟逐渐亲近冯骥才，信赖冯骥才，最后竟然落在冯骥才的肩头睡着了。冯骥才感悟到：信赖，往往创造美好的境界。本文，冯骥才观察细致，描写细腻，特别抓住了珍珠鸟的动作进行了刻画，读来亲切质朴，妙趣横生，又引发读者对人与动物如何相处的深度思考。

目标预设

1.借助预习，通读课文，概览文本大意。

2.凭借快速浏览，画找描写“人”和“鸟”举动的句子，感受“呵护”与“信赖”，实践快速获取信息的能力。

3.凭借“角色对话”，感悟“只有人呵护鸟，鸟才会信赖人，人鸟之间才会创造出美好的境界”的哲理，从而明白人与动物应当和谐相处的道理。

4.借助单元导读提示，走向“用勤奋的笔书写美好生活”的明天。

教学实录

一、谈话引入，任务驱动

(课件呈现)

一花一鸟总关情。

师：请看大屏幕。见过这句话吗？在哪儿见过？

生：第一单元篇章页上有。

师：理解它的意思吗？什么叫“一花一鸟总关情”？

生：我觉得是每一朵花，每一只鸟都跟自己是有一种情感的，我们不能去伤害它们。

师：请坐。还有不同的理解吗？你猜猜看？

生：花朵和鸟都是有感情的。花爱着鸟，鸟爱着花，花鸟之间产生了情感。

(课件呈现)

一枝一叶总关情。

师：其实这句话的原句是这样的。

生（齐）：一枝一叶总关情。

师：这是清朝诗人郑板桥写的，意思是大自然当中的万事万物，无论大小，都会引发人们对它的情感，或喜欢，或憎恨。就好像我们每个人都有自己的——

生（齐）：心爱之物。

(课件呈现)

心爱之物

师：通过这一单元前面几篇课文的学习，我们了解到了郭沫若的心爱之物是什么？

生：白鹭。

师：能说得更生动一点吗？他的心爱之物是——像散文诗般的白鹭。再比如许地山，他的心爱之物是什么？

生：朴实无华的落花生。

师：不错！或者说——不好看但是很有用的落花生。再比如台湾著名女作家琦君，她的心爱之物是——

生：童年时代的桂花雨。

师：我知道你们也有心爱之物，能跟大家分享吗？你的心爱之物是——

生：我的心爱之物是我一年前养的小狗。

生：我的心爱之物是我家的一只仓鼠。

生：我的心爱之物是老师送给我的一支钢笔。

生：我的心爱之物是爸爸送我的自行车。

生：我的心爱之物是一只猫。

师：可见，大家都有自己的心爱之物。既然是心爱之物，我们就要学着用笔、用文字表达对它们的爱意，可以让别人透过你的文字感受到你对心爱之物的喜爱。所以今天这堂课我们的重要任务就是向冯骥才学习怎么写好心爱之物。我们都知道冯骥才的心爱之物是——

生：珍珠鸟。

二、初读全文，概览大意

（课件呈现）

珍珠鸟

师：你们都已经预习过课文了，相信大家已经了解了《珍珠鸟》这篇文章主要写了什么。我们说读一篇文章，首先要了解它的大致内容，这是读好一篇文章的基础。谁来分享一下课文主要写了什么？

生：写了珍珠鸟从怕人到信赖人的过程。

师：说得很简洁。要是你们还是三、四年级的学生，这样说，我会为你们点赞！但五年级了，我们应该把主要内容说得相对完整一些。我们一起来试试！

师：朋友送我一对珍珠鸟。不久，它们便有了——

生：雏儿。

师：它与我越来越——

生：亲近。

师：而且还在我的肩头——

生：睡着了。

师：于是我感叹道——

生：信赖，往往创造出美好的境界。

师：你看，这样说，它就是一小段话。就把这篇文章大致写了什么说清楚、说完整了。来，小声地说一说，说给同伴听，开始。

（生相互说）

三、问题驱动，自主探究

（课件呈现）

哪些词句、哪些描写让你感受到作者冯骥才对珍珠鸟的喜爱？

师：通过刚才的学习，我们已经初步把握了这篇文章的大致内容。这对于我们解决这个问题一定有帮助。这是我们今天要解决的最重要的问题——哪些词句、哪些描写让你感受到作者冯骥才对珍珠鸟的喜爱？

师：打开课本，拿起笔，一边快速浏览，一边圈画批注。因为这是一篇略读课文，五年级的同学一般采用快速浏览。什么叫快速浏览呢？

生：就是看得非常快。

师：没错。快速浏览的最高境界可以用四个字形容，那就是一目——

生：一目十行。

（生自由圈画，师巡视指导）

师：注意阅读的姿势，眼睛不要凑得太近。静静地阅读，积极地思考，认真地圈画批注。这是课堂中最靓丽的风景。

师：好！同学们，请停笔。效率很高啊，不少同学的课文中留下了许多圈画批注的痕迹，这说明你们刚才的学习很有成果。接下来我们以小组为单位进行分享。

（四人小组开始交流讨论，师巡视指导）

师：停！五（2）班的同学非常好！组内分享，你们做得非常棒！很好地控制了音量，窃窃私语的状态是最佳的，组内的伙伴能够听清楚就可以了，不能影响别的组。通过刚才的小组分享，收获比刚才更多的，请举手！（生举手）

师：这就是小组分享的价值。

四、交流反馈，加深认识

1. 直接表达情感——“真好”

师：接下来我们进行全班分享。我发现你们有很多成果，我们就换一种方式。把这篇课文打头两字儿圈下来的请举手。（大多数生举手）打头是哪两个字？

生：真好！

师：为什么你们关注这俩字儿？

生：因为“真好”直接表达了对珍珠鸟的喜爱。

师：说得好！有时候表达情感不需要拐弯抹角，直白一点、直接一点，也很好！写作就那么简单。所以你要表达对你的心爱之物的喜爱，打头那句话会写了没有？试试。

生：（有感情地说）真好！朋友送我一个指尖陀螺。

师：说得不错。请继续分享。

生：真好！爸爸送我一架无人机。

生：真好！朋友送我一对小仓鼠。

生：真好！妈妈给我买了一本素描本。

师：说得都不错！学会了请举手。（生纷纷举手）这是冯骥才告诉我们如何写好心爱之物的第一种方法，非常直接地表白，用俩字儿叫“直白”（板书：直白），不需要拐弯抹角。

2. 独特的称呼（昵称）——“小家伙”

师：我们继续交流。哪些同学关注到了冯骥才是如何称呼小珍珠鸟的？

生：小家伙。

师：几次？

生：四次。

师：四次称呼小珍珠鸟为“小家伙”，你们读出了什么？

生：这样显得作者与珍珠鸟关系很亲密。

生：我感觉作者对小珍珠鸟很亲切，能体现出作者对珍珠鸟的喜爱。

生：称小珍珠鸟为“小家伙”，可以体会到冯骥才已经把小珍珠鸟当作孩子。

师：没错！“小家伙”是冯骥才对珍珠鸟的昵称。昵称是特别有温度、有爱意的称呼。这是冯骥才教给我们的第二个方法，给心爱之物起一个昵称。（板书：昵称）

3.独特的描写（外貌/动作）

（1）小珍珠鸟的外貌描写。

师：我发现很多同学已经把第6自然段整个画下来了是不是？为什么画这一自然段？

生：因为这一自然段写了小珍珠鸟的外貌。

师：同意吗？

生：同意。

师：你读出了什么？

生：我读出了小珍珠鸟的可爱。

师：尤其是哪些词句，让读者觉得特别可爱？

生：它好肥，整个身子好像一个蓬松的球儿。

师：就是这一句，能读得再可爱一些吗？我相信你们也喜欢这样的珍珠鸟。把我们对小珍珠鸟的喜爱用朗读表现出来！

生：它好肥，整个身子好像一个蓬松的球儿。

师：有进步了，再来！

生：它好肥，整个身子好像一个蓬松的球儿。

师：冯骥才一定心里很明白，包括你们也很明白，把某样东西写得越可爱，就越能表现你对它的喜爱。有一句话叫心爱之物虽丑也美，讨厌之物虽美也丑。这句话挺有哲理的。这是冯骥才教给我们的第三个方法（板书：样子）：既然是心爱之物，我们就要写好它的样子，尽量把它的可爱之处写清楚。

（2）三个“一会儿”。

（课件呈现）

起先，这小家伙只在笼子四周活动，随后就在屋里飞来飞去，一会儿落在柜顶上，一会儿神气十足地站在书架上，啄着书背上那些大文豪的名字；一会儿把灯绳撞得来回摇动，跟着逃到画框上去了。只要大鸟儿在笼里生气地叫一声，它立即飞回笼里去。

师：我们继续交流。有不少同学关注的是第7自然段，请问为什么？我特意把这一段呈现在大屏幕上。

生：因为这里有许多“一会儿”，这里的动作描写体现了珍珠鸟活泼可爱。

师：哎哟！挺厉害。你们是不是也是这样想的？他已经发现了这一段在写作上的秘密，这是什么描写？

生：动作描写。

师：而且刻画得特别传神。作者是怎么把那么多的动作连起来的？

生：用了三个“一会儿”。

师：有没有圈下来？没有圈的赶快补。三个“一会儿”连着写动作，一定可以让读者感受到所描写的这种动物特别——

生：特别淘气。

师：特别——

生：特别活泼。

师：特别——

生：特别可爱。

师：这也是冯骥才教给我们的方法。如果你喜爱的是小动物，那你还得写好它的动作。（板书：动作）

师：这段文字当中其实还有一句话特别值得我们去品味。你读到这句话有什么感想？你对这只珍珠鸟佩服吗？

生：佩服！

师：为什么佩服？

生：珍珠鸟居然识字。

师：是这样吗？冯骥才这样写，是想告诉读者——我们家珍珠鸟可了不得了，太有灵气了，而且识字。它成天在书房里飞呀飞，飞到一本书跟前一看，哇！莫言，啪啪两口；继续飞，飞呀飞，哇！老舍，啪啪两口。同意我的观点吗？

生（笑）：不同意。

师：珍珠鸟啄的是书脊。什么叫书脊？书脊也叫书背，拿起你们的语文书比画一下。书脊、书背是哪个部位？好，我们一起快速地把书脊上写的文字念出来，预备起！

生：义务教育教科书，语文，五年级上册，人民教育出版社。

师：读得很正确！珍珠鸟啄的仅仅只是书背和书脊。它是瞎啄的，它是乱啄的，但是冯骥才却想象成在啄大文豪的名字，这种独特的描写恰恰体现了他对珍珠鸟的喜爱。其实大作家都擅长这样独特的描写，比如说老舍，他写过猫对不对？

（课件呈现）

它要是高兴，能比谁都温柔可亲：用身子蹭你的腿，把脖子伸出来让你给它抓痒，或是在你写作的时候，跳上桌来，在稿纸上踩印几朵小梅花。它还会丰富多腔地叫唤，长短不同，粗细各异，变化多端。在不叫的时候，它还会咕噜咕噜地给自己解闷。这可都凭它的高兴。它若是不高兴啊，无论谁说多少好话，它也一声不出，连半朵小梅花都不肯印在稿纸上！

师：你看这段文字当中，哪一处描写跟冯骥才有异曲同工之妙？

生：在稿纸上踩印几朵小梅花。

师：再缩小，锁定关键词，是哪个？

生：小梅花。

师：从一段文字当中能迅速提取最关键的一个词，这是阅读水平比较高的表现。这里的小梅花实际上指的是什么？

生：脚印。

师：是猫的脏脚印啊，但在老舍心目当中那就是美丽的梅花，是不是可以表达他对猫的喜爱？

生：是。

（课件呈现）

可最糟糕的是，白鹅把我下了鱼饵的一片水面，也划为自己的地盘。我们为这片水面打了好长时间的官司，它根本没把我放在眼里。有时它率领一伙公鹅横成一排，直奔鱼竿，而且还要赖在那里；有时它们在河对岸洗澡，大声叫唤，拍打翅膀，互相嬉戏。要不，它就与邻近的鹅群来上一场厮打，弄得满河里漂浮着撕咬下来的乱羽。如果赶上这么一场用以耀武扬威的乱子，你就甭想有鱼咬钩了。

师：我们再来看国外的大作家叶诺索夫《白公鹅》，赶快提取关键词！哪个词写得特别有意思？

生：“官司”很有意思。

师：没错，你说人跟鹅打什么官司啊？人又不懂鹅语，鹅又听不懂人话。但是这种独特的描写恰恰表达了叶诺索夫对白公鹅的喜爱。所以冯骥才用这样的文字在告诉我们，如果你真的喜爱这样东西，那就要用有温度的文字来描写。

（3）创造出美好的境界。

师：继续往下，刚才有不少同学说到了文章的结尾，说冯骥才从跟珍珠鸟一起度过的日子当中感悟到一个道理，那就是——

生：信赖，往往创造出美好的境界。

师：冯骥才认为他和珍珠鸟所处的光阴，特别美好。这也能体现冯骥才对珍珠鸟的喜爱。接下来我们就来研究一下这个美好的境界。你们觉得整篇文章当中哪一段描写的是最最美好的、最最不可思议的境界？

生：第12自然段。

师：为什么？

生：因为前文说过，珍珠鸟是一种怕人的鸟，而这里它居然落在了作者的肩头睡着了。

师：联系了前文，很好。被人们视为怕人的珍珠鸟，居然在人的肩头睡着了，这难道不是美好的境界吗？这难道不是最最不可思议的境界吗？冯骥才为什么认为这种美好的境界是由信赖创造出来？怎么理解这句话？

生：因为只有对一个人信赖到极点，才会在他的身上睡着。

师：你的意思是鸟信赖人才创造出了美好的境界。有不同理解吗？

生：我不认同他的观点。我觉得是作者和珍珠鸟彼此信赖。

师：人信赖鸟，鸟信赖人，才创造出了美好的境界，这是你的理解。还有不同的理解吗？

生：我觉得应该是珍珠鸟喜爱作者，作者也喜爱珍珠鸟，所以他们互相信赖。

师：这种信赖是建立在喜爱的基础上的。这是他的理解。还有不同的理解吗？

生：我觉得是作者为珍珠鸟创造了安全、舒适的环境，取得了珍珠鸟的信赖。

师：也就是冯骥才为珍珠鸟所做的任何事情都让珍珠鸟觉得眼前的这个人是值得信赖的，所以最后创造出了美好的境界。对吗？

生：对。

师：到底哪一种理解是相对准确的呢？接下来我们就来解决这个问题。我特别欣赏刚才这位男生，他关注到了这篇文章当中冯骥才对珍珠鸟所做的一切，都能体现冯骥才对珍珠鸟的喜爱。大明老师事先做了整理，请看大屏幕。

（课件呈现）

①我把鸟笼挂在窗前。那儿还有一大盆异常茂盛的法国吊兰。我便用吊兰长长的、串生着小绿叶的垂蔓蒙盖在鸟笼上……

②我很少扒开叶蔓瞧它们……

③我呢，决不掀开叶片往里看，连添食加水时也不睁大好奇的眼睛去惊

动它们……

④我不管它……

⑤我不去伤害它……

⑥我只是微微一笑，依旧写东西……

⑦我不动声色地写，默默享受着这小家伙亲近的情意。

⑧我用手抚一抚它细腻的绒毛……

师：你看这八处句子，就是冯骥才为珍珠鸟所做的事情。冯骥才为珍珠鸟做了那么多，珍珠鸟有什么反应呢？你看，同样，我把它梳理成了八处句子。

（课件呈现）

①我把鸟笼挂在窗前。那儿还有一大盆异常茂盛的法国吊兰。我便用吊兰长长的、串生着小绿叶的垂蔓蒙盖在鸟笼上……

①它们就像躲进深幽的丛林一样安全，从中传出的笛儿般又细又亮的叫声，也就格外轻松自在了。

②我很少扒开垂蔓瞧它们……

②它们便渐渐敢伸出小脑袋瞅瞅我。

③我呢，决不掀开叶片往里看，连添食加水时也不睁大好奇的眼睛去惊动它们……

③起先，这小家伙只在笼子四周活动，随后就在屋里飞来飞去，一会儿落在柜顶上，一会儿神气十足地站在书架上，啄着书脊上那些大文豪的名字，一会儿把灯绳撞得来回摇动……

④我不管它……

④这样久了，打开窗子，它最多只在窗框上站一会儿，决不飞出去。渐渐它胆子大了，就落在我的书桌上。它先是离我较远……

⑤我不去伤害它……

⑤……便一点点挨近，然后蹦到我的杯子上，俯下头来喝茶，再偏过脸瞧瞧我的反应。

⑥我只是微微一笑，依旧写东西……

⑥它就放开胆子跑到稿纸上，绕着我的笔尖蹦来蹦去，跳动的小红爪子在纸上发出嚓嚓的响声。

⑦我不动声色地写，默默享受着小家伙亲近的情意。

⑦它完全放心了，索性用那涂了蜡似的小红嘴，嗒嗒地啄着我颤动的笔尖。

⑧我用手抚一抚它细腻的绒毛……

⑧它也不怕，反而友好地啄两下我的手指。

师：你有没有发现，在课文当中，冯骥才是怎么来安排这些句子的？

生：是对应着写的。

师：对，先写人是怎么做的，紧接着就写鸟有什么反应；再写人是怎么做的，再写鸟有什么反应。这样一一对应来写。那为什么这样写呢？其实就是为了让我们更好地理解“信赖，往往创造出美好的境界”这句话的含义。你不相信，我们来试试看，我们来进行对话。会对话吗？我们看着大屏幕。

师：这次对话跟你们以前的不一样，需要你们反应特别快，特别机灵，你们做好准备，开始了啊！我是冯骥才。

生（部分答）：我是珍珠鸟。

师：有一部分同学已经反应过来了。我是冯骥才。

生（齐）：我是珍珠鸟。

师：我是冯骥才。

生：我是珍珠鸟。

师：我是冯骥才。

生：我是珍珠鸟。

师：我把你们挂在窗前，那还有一大盆异常茂盛的法国吊兰，我便用吊兰长长的、串生着小绿叶的垂蔓蒙盖在你们身上。

生：我们就像躲进深幽的丛林一样安全，从中传出笛儿般又细又亮的叫声，也就格外轻松自在了。

师：总体还不错，加快反应速度啊。我很少扒开叶蔓瞧你们。

生：我们便渐渐敢伸出小脑袋瞅瞅你。

师：瞅谁？

生：你！

师：很好！我决不掀开叶片往里看，连添食加水时也不睁大好奇的眼睛去惊动你们。

生：起先，我只在笼子四周活动，随后就在屋里飞来飞去，一会儿落在柜顶上，一会儿神气十足地站在书架上，啄着书脊上那些大文豪的名字，一会把灯绳撞得来回摇动……

师：我不管你……

生：这样久了，打开窗子，我最多在窗框上站一会儿，决不飞出去……渐渐我胆子大了，就落在你的书桌上。我先是离你较远——

师：我不去伤害你。

生：我便一点点挨近，然后蹦到你的杯子上，俯下头来喝茶。

师：我只是微微一笑，依旧写东西。

生：我就放开胆子跑到稿纸上，绕着你的笔尖蹦来蹦去，跳动的小红爪子在纸上发出嚓嚓的响声。

师：我不动声色地写，默默享受着你们这些小家伙亲近的情意。

生：我完全放心了，索性用涂了蜡似的小红嘴，嗒嗒地啄着你颤动的笔尖。

师：我用手抚一抚你们那细腻的绒毛。

生：我也不怕，反而友好地啄两下你的手指。

师：我是冯骥才。

生：我是珍珠鸟。

师：我是冯骥才。

生：我是珍珠鸟。

师：我就是这样的冯骥才。

生：我就是这样的珍珠鸟。

师：我就是这样呵护你们的冯骥才。

生：我就是这样信赖你的珍珠鸟。

师：好，对话到此问题就解决了。尤其最后关键的那句——我就是这样呵护你们的冯骥才。

生：我就是这样信赖你的珍珠鸟。

师：所以为什么说“信赖，往往创造出美好的境界”，实际上它是这样的，只有人呵护鸟，（板书：冯骥才→珍珠鸟、呵护）鸟才会信赖人，（板书：珍珠鸟→冯骥才、信赖）人鸟之间才会创造出美好的境界。真好，问题解决了。

师：如果冯骥才不是这样做的，还会创造美好的境界吗？我们继续对话。

师：现在你们依然是珍珠鸟，我已经不是冯骥才了，你们要小心啊。我不是冯骥才了，自由应对，好吗？开始了——我经常扒开叶蔓瞧你。

生：我们不像躲进深幽的丛林一样安全。

师：直说，不要绕弯子啊——我经常扒开叶蔓瞧你。

生：我一点也不安全。

师：我经常扒开叶蔓瞧你。

生：我会很紧张。

生：我会害怕你。

师：好！继续——添食加水的时候，我经常瞪大眼睛瞧你。（声音提高，眼睛睁大）

生：我非常害怕。（做出害怕的样子）

师：我经常瞪大眼睛瞧你。

生：我缩在笼子一角，大气也不敢出。

师：我添食加水的时候经常瞪大眼睛瞧你。

生：我吓得不敢吃东西。

生：我瑟瑟发抖。

师：真好！接着来啊——有一天我发现你们在我的书房里飞来飞去，飞来飞去，我拿鸡毛掸子追打你。

生：我害怕得乱飞乱撞。

生：我紧张地飞进鸟笼，再也不敢出来。

生：我钻到书柜的角落里，躲起来。

师：有一天我见书房里空气挺闷的，于是我悄悄打开半扇窗——

生：我们呼啦一声从窗户逃走了。

师：哈哈，你们还是挺聪明、挺机灵的，因为你们都是熟知兵法的珍珠鸟，你们都知道有一句话叫三十六计——

生：走为上计。

师：你看，要是我这样对待你们，你们还会喜欢我吗？

生：不会。

师：你们和我之间的距离会越来越近吗？

生：不会。

师：你们还会在我的肩头睡着吗？

生：不会。

师：你我之间还能创造出美好的境界吗？

生：不能。

师：所以说只有人呵护鸟，鸟才会信赖人，人鸟之间才会——

生：创造出美好的境界。

师：所以我们要向冯骥才学习，写这样的文章一定要让读者可以感受到你对心爱之物的一种呵护。一定要写清楚你为心爱之物做了什么，明白了吗？同学们，何止人和鸟之间是这样的，肯定不止，因为有一句话是这样说的——

（生不语）

师：忘了？因为有一句话是这样说的——

生：一花一鸟总关情。

师：还可以这样说——

生：一枝一叶总关情。

（课件呈现）

视频——人与动物和谐相处的画面。

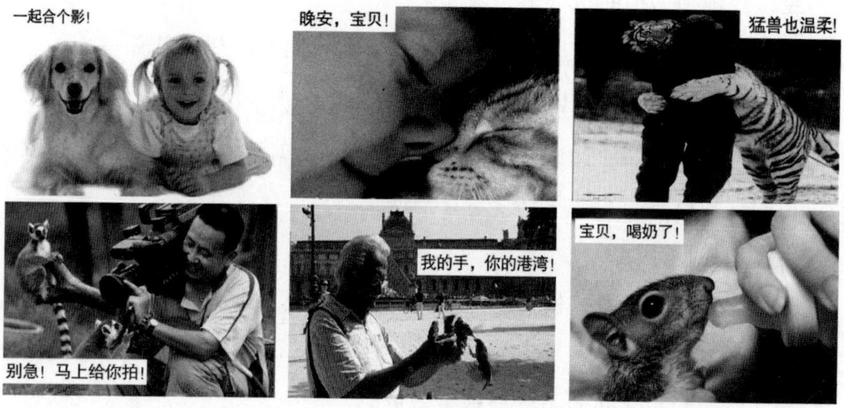

师：请看大屏幕！

（生发出由衷感叹）

师：看到这些图片，我相信此时你们最想说的一句话是——

生：一花一鸟总关情。

生：一枝一叶总关情。

（课件呈现）

没错，一枝一叶总关情。让我们始终记得，用勤奋的笔书写世界的美好，生活的美好！

师：没错，一花一鸟总关情，一枝一叶总关情。让我们始终记得，用勤奋的笔书写世界的美好，生活的美好。好，这堂课我们就学到这里，下课！

专家点评

形散“神”聚——散文，可以这样教

“散文，可以这样教！”读罢大明老师的课堂实录，我心中发出这样的感叹！

冯骥才的《珍珠鸟》曾被众多小学语文名师精彩演绎，靳家彦、王崧舟、薛法根、窦桂梅、郭初阳……或扎实，或深刻，或诗意，然而大明执教《珍珠鸟》有他自己的风格。

大明老师就像一位摆渡的船夫，载着一船学生驶往《珍珠鸟》。《珍珠鸟》是一篇散文，独特的写作视角，多变的表现手法，细腻亲切的语言，跌宕浓郁的情感，朴素而耐人寻味的哲理，都值得细细品味。在大明老师的引领下，学生犹如观光的游客，一路随靠随停，每到一处风景点，下船看景、拍照、留念。通过学习，学生通览了课文的大意，鉴赏了富有情趣的语言，感受到作者亲近小鸟、呵护生命的博爱之情，以及散文字里行间洋溢着的尊重、信赖、和谐的人文之美。

大明老师更像一位驾驶技术高超的船夫，看似漫不经心，却总能精准停靠。《珍珠鸟》是统编版语文教材五年级上册第一单元的略读课文，需要有选择地进行阅读，甚至跳过某些段落、细节，这样才能保证学生有充足的时间自主地品读、鉴赏。由此，大明老师精心预设了“品读篇首词——真好，学习文章开头直抒情感的写法”“体会独特的称呼——小家伙，了解用昵称表达爱意的方法”“品味独特的外貌（动作）描写，懂得用有温度的词句抒发喜爱之情”这三个停靠点，放手让学生自由地“探究批注—交流理解—鉴赏运用”。

大明老师设计的“点”，恰是作者冯骥才遣词造句独具匠心之处，恰是适宜学生进行写法迁移、运用之处，也多是学生自主探究时关注的“点”——“我发现很多同学已经把第6自然段整个画下来了”“有不少同学关注的是第7自然段”。而这三个“点”，一致性地精准指向本单元的阅读要素——了解课文借助具体事物抒发情感的方法，亦契合了《义务教育语文课程标准（2022年版）》提出的审美目标与鉴赏要求。

大明老师还是一位深谙游客心理的船夫，不断“燃”情，全程互动。学习永远是“学”会的，如何调动更多学生的学习热情，促进深度思维呢？“燃”情策略一：巧设任务，驱动阅读。《珍珠鸟》是本单元最后一篇课文，大明老师设计的学习任务，“一巧”在于结合单元习作《我的心爱之物》，形成与阅读要素相一致的挑战性阅读任务——向冯骥才学习怎么写好心爱之物，阅读习得向习作运用自然摆渡，实现学习内容整合；“二巧”是阅读全过程不断地关联学习任务，如“你要表达对心爱之物的喜爱，开头第一句会写了吗？试试”“冯骥才教给我们的第二个方法，给心爱之物起一个昵称”“既然是心爱之物，就要写好它的样子，尽量把它的可爱之处写清楚”等等，实现学习目标渐进。“燃”情策略二：情境体验，深度理解。《义务教育语文课程标准（2022年版）》指出语文学习任务应“具有情境性”，大明老师紧扣珍珠鸟与冯骥才情感变化这一主线，创设“人鸟对话”的体验活动，引领学生在“教师—学生”“学生—文本”的深度对话中感悟人与鸟一一对应描写的语言特色，加深对文章主旨“信赖，往往创造出美好的境界”的理解。

用散文的方式教散文，且停且行，且快且慢，形散“神”聚，学生轻轻松松发现了“借助具体事物抒发情感”的秘诀，不知不觉走进感受美、发现美和运用语言文字表现美、创造美的学习天地，这就是大明老师执教《珍珠鸟》的高妙之处！

大明老师就像一位摆渡的船夫，载着一船学生快乐地驶往散文的美好境界！

（浙江省特级教师　倪宗红）

同行品悟

得理，得趣，得美，开素养之花

——听大明老师《珍珠鸟》有感

作为一名新世纪人，最幸福的莫过于可以经常听到大明老师的课。大明老师的课堂，是快乐无穷的，是琢磨不透的。学生永远在思辩的路上，却又是那么乐不思蜀，轻松自在。今天，有幸又听了大明老师执教的《珍珠鸟》，真是心潮澎湃，久久不能平静。

《义务教育语文课程标准（2022年版）》提出要培养学生四个方面的核

心素养，即文化自信、语言运用、思维能力、审美创造。课堂上，大明老师以核心素养为导向，引领着学生行进在思辩之路上，不仅得理、得趣，还得美，核心素养在大明老师的精彩课堂上落地生根，开出美丽的花朵。

一、得理：展思维之理

课堂是学生的主场，学生是学习的主人。而教师作为引领者，需要给学生留足空间去思考、探究。大明老师以一个主问题“哪些词句、哪些描写让你感受到作者冯骥才对珍珠鸟的喜爱?”作为思维的撬动点，引领学生经历了充分的独立思考——一边快速浏览一边做批注，展开了充分的智慧碰撞——四人小组交流讨论和全班的智慧分享，将思维之“肌理”由浅入深，层层展开，学生由此习得写好心爱之物之理。

《义务教育语文课程标准（2022年版）》指出“语言是重要的交际工具和思维工具，语言发展的过程也是思维发展的过程，二者相互促进”。在第三板块“问题驱动，自主探究”部分，学生自主研读语言文字，从字里行间寻找“喜爱”的证据，言说“喜爱”的证据，语言与思维相互促进，花开并蒂。

二、得趣：品语言之趣

《珍珠鸟》一文，要学生理解“信赖，往往创造出美好的境界”不难，有学生理解为“鸟信赖人之美”，有学生理解为“人鸟相互信赖之美”，也有学生已然知晓“是人关爱鸟的种种举动，使得鸟信赖人，人鸟才到达了美好的境界”。但如果只是如此泛泛而谈，那是多么索然无味，也无法真正拨动学生的心弦。

大明老师与学生合作，以“一正一反”两次情境对话为载体，让学生扮演珍珠鸟，将学生从读者视角摇身一变为鸟的视角，引导学生从鸟的视角出发，在人与鸟的情境对话中真切品位这种境界之“美好”，心有所感，情有所动。

值得关注的是，在情境对话中，学生不是机械地朗读原文，而是随着教师的语言随机应变，应答得机敏，大明老师更是不吝夸赞。在这里，学生找到了属于思考者和探索者的快乐，学得乐此不疲！

三、得美：读生活之美

审美创造，是指学生通过感受、理解、欣赏、评价语言文字及作品，获得较为丰富的审美经验，具有初步的感受美、发现美和运用语言文字表现美、创造美的能力……（《义务教育语文课程标准（2022年版）》）培养学生的审美创造，教师任重道远，需做有心人，时时耕耘，适时播种、施肥，学生心头才能开出灿烂花海。

大明老师就是那个有心人。他带着学生走进中外大作家冯骥才、老舍和叶诺索夫的花田，尽情欣赏语言之花的美妙，提升学生的审美情趣，又不忘在结课之时，将学生引向更广阔的生活之疆，发现世界的美，将师之期许化作美之种子，播撒在学生心田，静待学生用勤奋的笔书写生活的美好，创造世界的美好！

（杭州　杨丽丽）

课例 8

让学生做会讲故事的人

——《猎人海力布》（统编版语文五年级上册第 9 课）

快乐密码

爱听故事是学生的天性。因为故事中有情节，有起伏，有高潮，有个性鲜明的人物，有异想天开的奇思妙想，还有诸多闻所未闻的新鲜事儿。会讲故事是学生的趣事。因为学生在讲民间故事时，会用夸张的口吻，强化故事情节的一波三折，突出人物的性格特点，会在海力布这样的少年英雄经典故事中感受真善美，会在美妙、快乐的想象中领悟人生的真谛。

文本简析

《猎人海力布》是统编版语文教材五年级上册第三单元的一篇精读课文。本单元的主题是“民间故事”，单元需要落实的语文要素是“了解课文内容，创造性地复述故事”“提取主要信息，缩写故事”。本文是一个在内蒙古自治区广为流传的民间故事，讲述了善良的海力布，为了拯救乡亲们的生命，不惜牺牲自己变成一块石头的故事。故事虽然篇幅较长，但语言通俗易懂，围绕海力布“舍己救乡亲”的中心事件，层层铺垫，给人强烈的感染和冲击。这样一波三折的故事，很受学生喜爱。

目标预设

1.预习反馈，会准确认读“酬、誓”等4个生字，会正确书写“酬、延、谎”等11个生字。

2.带着问题，用较快的速度默读课文，通过梳理人物、借助作业本拟小标题，完整、简洁地说好故事大意。

3.聚焦海力布劝乡亲片段，借助作业本，展开想象，学习创造性地复述故事，感受海力布舍己救人的精神。

第一课时教学实录

一、关注主题，导入新课

师：今天开始，我们走进第三单元（呈现篇章页）（板书：传说），开心吗？为什么？

生：因为里面有传说。

师：因为第三单元都是民间故事。这是一个理由，还有吗？

生：在这个单元里面，我们可以学到全新的知识。

师：在这个单元里面，我们可以学到很多关于民间故事的知识。还有吗？

生：民间故事都是口耳相传的。

师：他关注到民间故事的特点之一，那就是——

生：口耳相传。

师：所以民间故事又叫——

生：传说故事。

师：我特别欣赏会讲故事的人。请看这幅图，一家人围在一起，讲故事，听故事，其乐融融。讲故事的人是谁？

（课件呈现——单元篇章页导图）

生：爸爸。

师：我更希望，开这样的故事会，讲故事的是他，是她，也就是你们。也就是，以后你们家里开故事会，你们要自告奋勇——

生：讲故事。

师：今天，我们首先走进《猎人海力布》。

（课件呈现课题）

猎人海力布

师：我们要努力地学好故事，讲好这个故事。有没有信心？

生（齐）：有。

二、任务驱动，把握内容

师：要讲好故事，首先我们得了解故事的大致内容。这样讲故事的时候，你就不会卡壳，不会忘词儿。有道理吗？

生（齐）：有。

师：怎样去概括故事的大致内容？《作业本》第3题给了我们提示。你受到了什么启发？

（课件呈现）

3.课文写了海力布的哪几件事情？写下来。

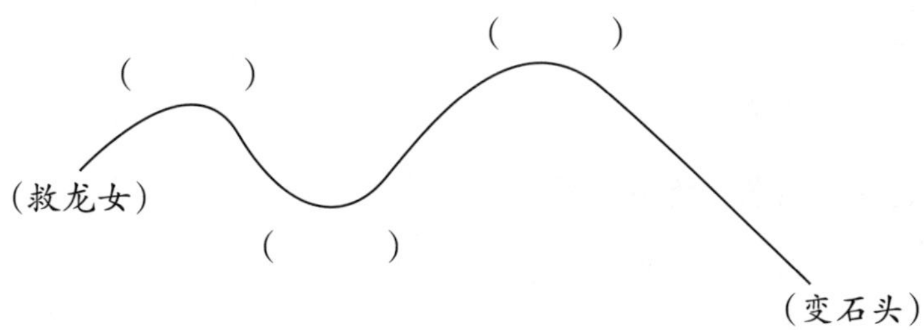

生：我看到课堂作业本上都是用三个字概况一段内容。

师：这叫什么？知道吗？

生：小标题。

师：这种方式就叫拟小标题。用拟小标题的方式来梳理故事大致的内容，一目了然。你能试着拟出小标题吗？

师：救龙女是事情的起因，请你们接着往下梳理事情的经过、结果。救龙女之后，那件事情可以怎么概括？

生：得宝石。

师：也是三个字，很好。得宝石之后，海力布——

生：知消息。

师：但是老师觉得，“知消息”概括得不是很好。没说清楚这到底是个好消息，还是个坏消息呢？谁有建议？

生：我觉得是“知灾难”。

师：这个消息跟灾难有关，所以直接把它概括成“知灾难”更好。所以，有的时候，《作业本》上明明给你写好，但你觉得不是很好，就可以修改。我们不要迷信书本，不要迷信《作业本》。

师：知灾难后，接下来，海力布做了什么事情？

生：救乡亲。

师：还可以怎么概括？劝乡亲们干什么？

生：劝搬家。

师：这个故事的结局，三个字，和海力布相关——

生：变石头。

师：你看，那么长的一个故事，我们用拟小标题的方式，进行了梳理，一目——

生（齐）：了然。

三、聚焦高潮，练习复述

师：请你再观察这幅图，你还能获得什么信息？

（课件呈现）

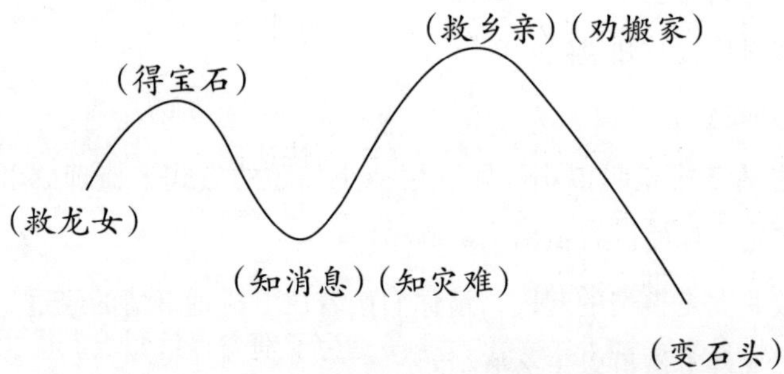

生：我发现这条线是曲线，应该是一个故事的高潮和低潮。

师：她的这个发现很有价值。如果一个故事，它的情节发展是平的，这个故事还有吸引力吗？

生（齐）：没有。

师：她发现这条线不是直线，而是曲线。还有别的发现吗？

生：我觉得每个小标题之间是有关系的，比如救了小龙女才会得到宝石。

师：也就是情节的发展是有前因后果的，是相互关联的，是层层推进的。这才是好故事。其实这幅图，很明确地告诉我们，一个好的民间故事，它的情节，往往具有什么特点？四个字。

生：一波三折。

师：没错，民间故事之所以吸引人，很重要的原因之一便是故事的情节一波三折、跌宕起伏。我们还可以从这张图中，得到这样的信息，这个故事的最高潮是什么？

生：救乡亲。

师：所以我们讲故事的时候，要把最高潮的情节讲好。今天这节课，我们重点讲好故事的高潮部分，也就是海力布救乡亲这段情节。故事的哪几个自然段写了“救乡亲”？

生：第8、9自然段。

师：请你快速浏览第8～9自然段，想想海力布是个怎样的人？你是怎么读懂的？

（课件呈现）

请你快速浏览第8～9自然段，想想海力布是个怎样的人？你是怎么读懂的？

师：在第二单元，我们刚刚学习了如何快速阅读，方法要用起来。你们觉得海力布是个怎样的人？

生：是个乐于助人的人。

师：仅仅是乐于助人吗？牺牲自己，为了别人，这叫什么？

生：舍己为人。

师：所以舍己为人，一定比乐于助人更准确。请大家在课题的旁边，写上这四个字。

（生书写）

师：关键是你们怎么读懂的？

生：我是通过读关键词读懂的。首先，他知道消息后大吃一惊，急忙跑回家，劝说之后，大家都觉得很奇怪，都不相信他，然后海力布就掉下了眼泪，他自己就发誓，这是第8自然段中的关键词。

师：有没有关注到他说的关键词有相同点？“急忙”“大吃一惊”，这些词刻画的是海力布的什么？

生（齐）：心情。

师：其实，《作业本》同样给我们做出了提示，请看——

（课件呈现）

4.阅读课文片段，完成练习。

（1）读一读并圈出海力布体现心情变化的词语。

（2）从海力布的心情变化中，可以感受到（　　）。

师：心情变化，首先是——

生（齐）：急忙。

师：（板书：急）接着——

生（齐）：焦急。

师：“焦急”里边还有一个“急”字。（板书：急）

生：急得掉下眼泪。

师：急得掉下眼泪仍然有一个“急”字。（板书：急）再往后——第9自然段还有，赶快找到表示海力布心情的词语。

生：镇定。

师：（板书：镇定）请大家观察一下，大明老师把描写海力布心情变化的词语，用这种方式写到了黑板上，你觉得好不好？

生：这三个“急”写得一个比一个大，表明了海力布的心情越来越焦急。

师：为谁焦急啊？

生：乡亲们。

师：这里仅仅体现什么？（手指板书“为人”）这里没有舍己，想着的是老百姓的安危，一次比一次更急。你看到海力布心情变化的词语，有没有什么疑问？

生：前面是越来越急的，可是为什么突然之间越来越镇定了呢？

师：这个变化实在是太快了，谁知道？

生：海力布镇定了，其实他是做好了牺牲自己的准备。因为他很清楚，只有牺牲自己，才能救乡亲。

师：他做好了牺牲自己的准备，所以就变得——

生：镇静。

师：心情变化的词语，很好地体现了他是舍己为人的人。你还从哪儿读出海力布是舍己为人的人？

生：第8、9自然段中有很多的语言描写，都可以看出海力布舍己为人。

师：海力布的语言很好找，他一共说了几次？

生：三次。

师：读这三句话我们就知道海力布是一个怎样的人？

生：舍己为人的人。

师：民间传说故事就是这样通俗易懂。但我有个疑问，既然海力布一心想救乡亲们，为什么不一开始就把话说白了？

生：情节一波三折，特别引人入胜，如果直接说就太简单了，故事就没有吸引力了。

师：还有其他理由吗？

生：如果直接说，就不存在高潮了。高潮是层层推进的。

师：如果谁一上来，就打算牺牲自己的，一定是个傻瓜。

生：既能救乡亲们，又不牺牲自己。

师：这是上上策。让自己活下来，他还能够干更多事情，能干什么？

生：打猎、把猎物分给乡亲们、为乡亲们服务、为乡亲们做好事……

师：所以海力布还是一个——

生：善良的人。

生：乐于助人的人。

师：这个故事对海力布进行了这样的刻画，恰恰可以更好地体现海力布的——

生：舍己为人。

师：同时又使这个故事情节一波三折，特别吸引人。这个问题我们解决得很好，接下来我们就来讲好这个故事高潮部分。有什么妙招吗？

（课件呈现）

如何讲好故事的高潮部分，有什么妙招吗？

师：你们首先想到的是哪招？

生：扮角色。

师：什么是扮角色呢？你讲到哪个角色的时候，就把自己当作这个角色，努力地讲出这个角色的特点。

（课件呈现）

他急忙跑回家对大家说："咱们赶快搬到别处去吧！这个地方不能住了！"

海力布急得掉下来眼泪，说："我可以发誓，我说的千真万确。相信我的话吧，赶快搬走！再晚就来不及了！"

他想到这里，就镇定地对大家说："今天晚上，这里的大山要崩塌，洪水要淹没大地。你们看，鸟儿都飞走了。"

师：谁能讲好焦急的海力布？

生：我们赶快搬到别处去吧！这个地方不能住了！

师：怎么样？有点焦急了。关注海力布此时的劝说，有两个感叹号，怎样才能体现焦急？

生（嗓门更大，节奏更快地说）：我们赶快搬到别处去吧！这个地方不能再住了！

师：他多了一个"再"字，讲故事多一个字，少一个字，有关系吗？

（生摇摇头）

师：咱们一起来试试。（师范读）

（生语速较快地读）

师：再焦急一点，起——

（生再读）

师：脸上笑眯眯永远达不到这种境界。

（生严肃地读）

师：好，谁能扮好急得快掉下眼泪的海力布？

生（带着哭腔读）：我可以发誓，我说的千真万确。相信我的话吧，赶快搬走！再晚就来不及了！

师：你看他急得都快哭出来了。不错，谁能超过他？

（生更快速更急地读）

师：掌声。他讲得特别好的地方是哪里？你看海力布此时的这番话中，明明有逗号、句号、感叹号，但是听了他的讲述，仿佛这些标点都没了。他是一气呵成的，这才能说明——

生（齐）：急。

师：向他学，谁再来？

生（焦急地读）：我可以发誓，我说的千真万确。相信我的话吧，赶快搬走！再晚就来不及了！

师：我们一起来试一试。（师一气呵成范读）

（生一气呵成地读）

师：怎么表现海力布的镇定？因为他已经做好了牺牲自己的准备，他坚信乡亲们一定能得救，因此，心情特别平静。相信大家一遍就能读到位。

（课件呈现）

他想到这里，就镇定地对大家说：“今天晚上，这里的大山要崩塌，洪水要淹没大地。你们看，鸟儿都飞走了。”

（师生镇定地读）

（课件呈现）

有个老人对海力布说：“海力布，你是我们的好邻居，我们知道你从来不说谎话。可是今天你让我们搬家，你总得说清楚啊。咱们在这山下住了好几代啦，老老小小这么多人，搬家可不容易呀！”

师：谁能扮好这位老人？五年级的同学扮演老人，请你——

（生慢吞吞地读）

师：老年人眼神不好，你扮演得很逼真。谁再来试试？

生（语重心长地说）**：**海力布，你是我们的好邻居，我们知道你从来不说谎话。可是今天你让我们搬家，你总得说清楚啊。咱们在这山下住了好几代啦，老老小小这么多人，搬家可不容易呀！

师：给他掌声，我觉得他一定是这个村里年纪最长的。我们送他一个成语，他一定是德——

生：德高望重

师：扮角色讲故事，好不好玩？

生：好玩。

师：还有别的妙招吗？

生：可以添加一些有趣的情节。

师：大家关注到没有？他用了一个“添加”，本单元的篇章页中向我们提出了一个要求——

（课件呈现——第三单元篇章页导图）

了解课文内容，创造性地复述故事。

生：创造性地复述故事。

师：怎么样创造性地讲故事？用他的办法“添加”，添什么呢？

（课件呈现）

第三单元篇章页

如何创造性地复述故事？

师：就是我们平常说的“添油加醋”。什么地方可以添油加醋呢？《作业本》又给了我们提示。

（课件呈现）

4.阅读课文片段，完成练习。

（3）想象一下，海力布还会对谁劝说？怎么劝说？请写一写他们之间的对话。

（4）想象海力布的心理活动，完成填空。

师：请看《作业本》第4题第3小题，想象一下，海力布还会对谁劝说？怎么劝说？请写一写他们之间的对话。这叫添什么？

生：添对话。

师：第4小题，想象海力布的心理活动，完成填空。这是添什么？

生：添心理。

（课件呈现）

4.阅读课文片段，完成练习。

（3）想象一下，海力布还会对谁劝说？怎么劝说？请写一写他们之间的对话。（添对话）

（4）想象海力布的心理活动，完成填空。（添心理）

师：添对话、添心理，都是进行创造性复述的好方法。请写一写。

（生认真完成第3、4两小题）

四、小组合作，复述故事

师：不论是添对话，还是添心理，其实添加的都是讲述者的想象。所以讲好故事的另外一个妙招，就是“添想象”。（师板书：添想象）

师：请把你添的想象融进这个故事里，然后我们一起来完成下面这个很具有挑战性的任务。

（课件呈现）

【小组合作】讲好故事的高潮部分。

（1）组内分好工。

（2）尝试运用扮角色、添想象的妙招。

师（读小组合作要求）**：**请首先组内分好工。讲的时候尝试运用两个妙招，分别是——

生（齐）**：**扮角色、添想象。

师：开始准备，两分钟后我们召开故事分享会。

（课件呈现）

《猎人海力布》故事分享会

（生小组合作练说）

师：小组合作讲故事，就是轮流讲故事，一段一段接着讲。

（生组内分工准备讲故事）

师：故事分享会马上就要开始了，掌声邀请这个组上来。

（生小组合作讲故事）

生1：海力布听到这个消息，大吃一惊，他急忙跑回家对大家说——

生2（焦急地喊）：咱们赶快搬到别处去吧！这个地方不能住了！

生1：大家听了感到很奇怪。住得好好的，为什么要搬家呢？尽管海力布焦急地催促大家，可是谁也不相信他。海力布急得掉下来眼泪说——

生2（更焦急地说）：我可以发誓，我说的千真万确，相信我的话，赶快搬走，再晚就来不及了。

生1：有一个老人对海力布说——

生3（扮演老人）：海力布，你是我们的好邻居，我们知道你从来不说谎，可是今天你让我们搬家，你总得说清楚啊？咱们在这山下住了好几代了，老老小小那么多人，搬家可不容易啊！

生4：海力布知道，着急也没用，不把为什么搬家说清楚，大家是不会相信的，要是再迟延，灾难就要夺取乡亲们的生命，要救乡亲们，只有牺牲自己。他想到这里，就镇定地对大家说——

生2：今天晚上，这里的大山要崩塌，洪水要淹没大地，你们看，鸟都飞走了。

生4：接着，他就把怎么得到宝石，怎么听见群鸟议论避难，以及为什么不能把听来的消息告诉别人都原原本本照实说了。海力布刚说完，就变成了一块石头。

（全班掌声鼓励）

师：不错，有没有扮角色？

（生点点头）

师：这个组把扮角色的重任落到了这两个人身上，一个是海力布，一个是老人。有没有添想象？

生（摇头）：没有。

师：海力布的心理活动，你们已经写了，但是你们没有用进去。比较遗憾的是没有添想象？知道怎么添吗？你现在试试。

生：我本来是在第8自然段给海力布和老人添了一些语言。

师：可能排练的时间不够。同学们，如果把他们四个人合为一体，那讲成这样已经不错了。因为准备的时间太短了，再次用掌声鼓励他们一下。

师：今天我们只是牛刀小试，但是大家一定知道了，讲好故事有两大妙招，分别是——

生：扮角色和添想象。

师：今天这堂课，大家学得非常不错。下一节课，我们将继续学习故事的其他部分，相信通过下一节课的学习，海力布的人物形象会变得越来越丰满。下一节课，我们重点来练习讲好整个故事。我们还要一起来探讨，这个民间故事到底蕴含了老百姓的哪些智慧结晶。下课。

第二课时教学预设

1.借助导图，回顾故事内容。

2.班级分享，创造复述故事。

3.拓展延伸，传承民间故事。

专家点评

故事为媒，习创意表达之妙

——评虞大明《猎人海力布》教学

恰好在十年前，第一个中国籍诺贝尔文学奖获得者——莫言，在瑞典文学院的颁奖大厅里，他告诉全世界“我是一个讲故事的人”。

十年后，大明老师在杭州新世纪外国语学校的思辩课堂上，他告诉学生

“做会讲故事的人”。

在我印象中，大明老师自己就是一个会讲故事的人。当你沉浸在他的课堂上，就好比沉浸在一个个故事里。好多年前听他的《刷子李》《麦哨》就是如此感觉，这一次看他的《猎人海力布》更是如此。

课，从读单元篇章页开始。面对单元篇章页，常态的课堂操作往往指向“是什么”的发现，也有的课堂会在这个基础上，一起检索这个“什么”的前世今生，美其名曰厘清单元人文主题，或者称之为发现语文要素的发展历程。

大明老师却在课始出其不意地问学生——“开心吗”？然后师生围绕着“故事”，聊着因为“传说”而开心的若干个理由。紧接着，大明老师又亮明态度——“我特别欣赏会讲故事的人”，继而通过聚焦篇章页的主题图，鼓励学生成为那个讲故事的人。最后，顺水推舟揭示课堂任务——“讲好故事”。

这便是大明老师《猎人海力布》课堂故事的开篇。读罢，如品一口湖畔龙井，鲜香入喉，知春已到。那么，接下来又该怎么演绎故事课堂、讲好课堂故事呢？

一、讲清楚“显文本”，让故事有点趣味儿

民间故事是老百姓生活的直接投射与间接加工，表达了老百姓对美好生活的一种积极向往，千百年来口耳相传。教材在这个单元编排了“创造性复述”，就是对“口耳相传”的一种回应。大明老师让学生做会讲故事的人，就是对“用教材教”“向教材学表达”的一种积极行动。

大明老师说：“要讲好故事，首先我们得了解故事的大致内容”。单元篇章页也是这么说的——“了解课文内容，创造性地复述故事”。这句话的意思是说，创造性地复述故事的前提是了解故事内容。这个故事的内容，就是故事的“显文本”。讲清楚“显文本”，可以让故事更有趣味。

为此，大明老师以作业本的习题为抓手，通过对一张故事情节图的补充，不断丰富学生对故事主体的认知。在这个学习过程中，我们可以看见学生在情节导图的引导下，以“拟标题”的方式，梳理故事的主要内容。尤其值得学习的是在拟标题的过程中，大明老师循循善诱，鼓励学生“不要迷信书本，不要迷信作业本”。这是“思辩课堂”的一种气质，也是一种修养。

当然，讲好故事内容，除了用思维导图作支架的方式，还可以有好多别的方法。比如，利用课文中的非遗项目“剪纸”作品。引导学生以剪纸图案为支架，建立思维支撑点，梳理前后关联的细节，合并相关的情节，学生可以讲清楚海力布“救白蛇、得宝石→听鸟语、知灾难→救乡亲、变石头”故事脉络。

二、讲生动“潜文本”，让故事有点鲜味儿

讲好了故事主要内容，只是讲清楚了“显文本”。其次，还要讲生动故事的高潮，也就是故事中给“你”留下深刻印象的部分，并且也是“你”认为最值得“口耳相传”的部分。这便是故事的“潜文本”。讲好这“潜文本”，故事才有特别的鲜味儿。

在《猎人海力布》这个流传千百年的经典故事里，高潮就是海力布为了救乡亲不得不说出自己能听懂鸟语的秘密，以及乡亲们眼睁睁看着海力布刚说出秘密之后，就变成了石头的后悔。那么，怎样才能把这个印象深刻的部分讲生动呢？课堂上，学生在大明老师的启发下，运用了“扮演角色”“添加想象”的小妙招。在这个“创意表达”的学路历程中，先是巧借了《作业本》习题，把故事人物形象感知与故事人物心理活动补白，有机地融合在一起；再通过小组合作扮演角色的活动，把静态的文本语境转换为动态的表演语境，很好地将读、写、说、演，融合在一起。当然，在角色扮演的小组合作中，还可以有更多的场景设置，供学习小组选择和二度创作。比如以乡亲转述的表演方式，也可以是小导游解说的表演方式，甚至是“石头”自述的方式等。在情境视角的转换中，学生可以灵活运用故事的显性语言进行创造性地讲述。在无痕的交流碰撞中，将创造性复述落到每一个学生的言语实践中去。

这是一项关于“创意表达”的实践与提升。《义务教育语文课程标准（2022年版）》提出了六大学习任务群，其中在发展型学习任务群“文学阅读与创意表达”的第三学段的“学习内容”中强调：“阅读表现人与社会的优秀文学作品，走进广阔的文学作品，走进广阔的文学艺术世界，学习品味作品语言、欣赏艺术形象，复述印象深刻的故事情节，积累多样的情感体

验，学习联想与想象，尝试富有创意的表达。”

习近平总书记在2021年中国文联十一大、中国作协十大开幕式上的讲道：“要立足中国大地，讲好中国故事，塑造更多为世界所认知的中华文化形象，努力展示一个生动立体的中国，为推动构建人类命运共同体谱写新篇章。”而要讲好中国故事、传播好中国声音，首先就要培养一个个“会讲故事的人”，一个个会讲经典故事的接班人，塑造更多为世界所认知的中华文化形象，向世界展示可信、可爱、可敬的中国形象魅力。这便是中华优秀传统文化的传承与自信。

大明老师曾在《故事文体教学的实践与思考》一文中提出了故事文体教学的四个基本模块，即：自主初读文本，概览故事内容；适度文体驱动，探究文本特点；学习讲好故事，注重语用实践；感知人物形象，汲取精神养分。这其中，既有对故事“显文本”的普遍认知的言语实践，也有对故事“潜文本”的个性体验的言语创造。

一句话，讲好故事的结构、讲好故事的转折、讲好故事的高潮，讲好故事的“显文本”与“潜文本”，就是在努力成为那一个——“会讲故事的人”！

（特级教师　祝贵耀）

同行品悟

向“经典”学智慧

——听大明老师《猎人海力布》一课有感

能够有机会聆听虞大明老师执教《猎人海力布》，诚为有幸。细心翻阅教材，《猎人海力布》是统编版语文教材五年级第三单元的课文，单元人文主题是“民间故事”，语文要素是“了解课文内容，创造性地复述故事”。作为本单元第一篇精读课文，它肩负着让学生认识、了解中国民间故事的责任。在教学中，教师不仅要引导学生借助课文学习“创造性复述”和“概况缩写”，还要带领学生领略民间故事的独特魅力，落实中华传统文化的传承。

细细回味这课，大明老师大气、智慧、精巧、灵动的民间故事语文课堂教学可称“经典”，带给我诸多启示。

一、共读经典，淬炼价值之美

所谓“经典”，是说文本的价值具有永恒性，它不会随时代的变化、教材的编排而改变。

课堂伊始，大明老师就引导学生聚焦于民间故事口耳相传的鲜明特点及本单元的语文要素。他将文本定位为经典，经典文本的价值在于完成精神传承和建构。他认为民间故事是老百姓口口相传的精神文化财富，要从欣赏、传播、创作三个方面展开教学：欣赏内容朴实之美，人物形象鲜明之美、故事情感之美。同时，他告诉学生传播故事的基础是讲好故事，要在创作想象中紧抓现实基础，关注特色语言现象。

基于文本价值的定位，本文中猎人海力布就是这么一个英雄的典型，为了村民的利益，说出秘密，变成石头。这样的故事很多，古有夸父逐日、大禹治水，今有雷锋、袁隆平、钟南山、张桂梅等。为什么我们每一代都会塑造属于自己时代的英雄，相信学生跟随大明老师这堂课的学习，一定会明白，因为这些英雄身上的献身精神，能给我们带来突破困难的勇气和毅力。这就是民间故事经典文本教学的价值之美。

二、巧用支架，梳理情节有方

大明老师紧扣单元语文要素：了解课文内容，创造性复述故事，精心设计教学活动。他借助《作业本》情节导图，用“拟标题”“抓重点”的方法巧妙规划学生学习路径，为创造性复述奠定基础。

方法一：拟标题。

上课伊始，大明老师就出示课堂作业本第3题，引导学生借助课堂作业本上的情节导图，通过拟小标题的方式梳理故事的大致内容。课堂作业本题目中已经提示了起因（救龙女）、经过（知消息），在此示范引领下学生能较轻松地提炼其余三个小标题，如“得宝石”“劝搬家”“变石头”等。但对于课堂作业本已给出的小标题“知消息”是否合适，大明老师又引导学生进行思辩："大明老师觉得知消息概括得不是很好？谁有建议？""这到底是好消息，还是坏消息呢？"学生交流后修改为"知灾难"。如此，大明老师提醒学生在以后的学习中，不仅要会用《作业本》，用好《作业本》，还要学会修改《作业本》中的不当之处，提醒学生尽信书则不如无书。

通过拟小标题，一下子厘清了故事的脉络，把握了要点，让学生一目了然，更重要的是提升了学生的统整内容、重组语言的能力。

方法二：抓重点。

在学生对照情节导图完成简要复述后，大明老师又话锋一转："请看大屏幕的这幅图，你还能获得什么信息？"由此，学生思辩后发现这个故事是一条曲线，它的高潮部分是"救乡亲"；这个故事的情节发展是有前因后果的，是相互关联的，是层层推进的。大明老师巧用曲线图，形象直观地为学生展示了一个好的民间故事，故事情节一定是一波三折的，跌宕起伏的。他还引导学生聚焦故事中的高潮部分"救乡亲"，讲故事的时候，抓重点讲好高潮部分，讲故事就成功一半了。于是学生快速锁定第8～9自然段，并做上记号。在阅读感知的基础上，大明老师再次借助《作业本》第4题，从心情变化的描写中体会海力布舍己为人的英雄形象，板书一个比一个大的三个"急"字到"镇定"的思辩，极富教学智慧。

在这一学习活动中，学生不仅从情节图上了解民间故事情节一波三折的特点，更通过抓重点的方法突破讲故事的难点。这是讲好民间故事的基础。

三、掌握妙招，创造复述有趣

创造性复述是在简要复述和详细复述的基础上，变文本内容为自己的语言，绘声绘色地讲出来。大明老师是如何指导学生在复述中创新呢？

整堂课，大明老师紧扣单元语文要素，巧妙借助《作业本》上的一道道习题，引导学生创造性复述好民间故事的高潮部分。课中，他层层推进、循循善诱，不仅引领学生感受民间故事幻情节曲折的特点，还搭建支架，帮助学生掌握"扮角色""添想象"两种讲好故事的妙招。

妙招一：扮角色。

大明老师引导学生聚焦故事中的高潮部分"救乡亲"，从心情和语言的描写中体会海力布舍己为人的形象，并鼓励学生用上“扮角色”的方法将“救乡亲”这部分讲生动。在讲生动的基础上，聚焦“添心理”和“添对话”策略，尝试在原有故事内容上进行创新想象，创造性复述“救乡亲”这部分内容，从而学生可以举一反三，为自主创造性复述其他重要情节打好了基础。

在这一教学活动中，大明老师引导学生把自己当成海力布，或者是乡亲们，有效地让学生快速进入角色，设身处地地展开想象和体会，面对洪水即将侵袭，以及海力布和乡亲们之间的矛盾冲突。如学生以海力布的口吻劝说乡亲们时，可能会遇到的难点是只能原文复述，不能具体展开，这时教师引导学生：谁来演一演焦急的海力布？谁能扮演好急得快掉下眼泪的海力布？镇定的海力布没有难度吧？谁能扮演好这位老人？

大明老师用“扮角色”的妙招，用一系列的问题，以及亲身的示范，顺利帮助学生们打开思路，有效塑造人物形象，进行创造性复述。

妙招二：添想象。

民间故事，是以口耳相传的方式传播的，故事中留下的空白更多，这就为学生的感知以及创造提供了空间。大明老师再次巧用语文作业本，对劝说其他乡亲和海力布的心理活动进行了书面添加的练写，从而搭建了添想象的支架，帮助学生进行创造性的复述。他让学生明白适当的“添油加醋”，合理展开想象，能让简单的细节更丰富，人物的形象更丰满，这样的复述也更能打动人。至此，讲故事难点得以突破。

“扮角色”“添想象”两个妙招，对文本的细节进行了补白，犹如在学生想象的土壤上播上了种子，犹如在学生的心灵上埋下了民间故事的种子，享受讲故事的无穷乐趣。大明老师就是在这样轻松愉悦的课堂中，把这些妙招潜移默化地教给学生，让学生成为会讲民间故事的“新时代传承人”。

“精师易得，人师难求”。名师之所以为名师，是因为他们用热爱与深情根植于课堂。衷心感谢大明老师的民间故事“经典”教学范例，让我对语文经典文本教学有了新的思考和收获。语文老师不仅要努力成为民间文化的传播者，更要让学生在经典民间故事学习的过程中，感受经典文化的魅力，成为传播民间故事真善美的接棒人。

（杭州　罗群苗）

课例 9

将讲故事进行到底

——《牛郎织女（二）》（统编版语文五年级上册第 11 课）

快乐密码

小时候，我最快乐的事莫过于趴在外婆的膝头听那些古老的民间故事。而今的学生似乎没有了这样的体验。走进民间故事，梳理民间故事中的神奇人物，再去了解民间故事的特点，感知和探究幻想的表现手法，最后聚焦重要情节，和学生一起“抓重点、扮角色、添想象”地讲好故事。唤醒学生内心纯真的表现欲，在记忆深处留下民间故事的印记，这份快乐将会一直传承下去。

文本简析

《牛郎织女》是一个民间传说故事。它透过朴素的语言，反映了人物丰富的精神内涵。课文讲述了孤儿牛郎在老牛的帮助下认识了美丽的姑娘织女，他们男耕女织，过着美满的生活。王母娘娘知道后，拆散了他们，带着天兵天将抓走了织女，并用玉簪划了一道天河。从此，牛郎织女只能隔河相望，天长日久，他们就成了天河边上的牵牛星和织女星。故事表达了勤劳善良的劳动人民对美好生活的追求，同时也表达了人们对破坏美好生活的专制者的憎恨，还可以感受到作者对善良的人们深深的同情。《牛郎织女》作为中国古代四大民间传说故事之一，很好地体现了“幻想奇、悬念巧、版本多”“语言通俗、情节曲折”的特点，教学时应当引导学生有所发现和感悟。

目标预设

1.凭借前课内容，读懂故事内容，并能借助人物梳理、概括故事的主要内容。

2.以“讲好故事”为目标，聚焦重要情节，加深理解、感悟；初步学会“抓重点、扮角色、添想象”地讲好故事。

3.初步了解民间故事的特点，对幻想的手法进行较为深入的感知和探究。

教学实录

一、承前启后，明确任务

师：之前，我们已经学习了《牛郎织女（一）》，通过学习，相信大家对民间传说故事有了一定的了解。你们肯定知道，民间传说故事，它有一个非常显著的特点。

生：幻想奇。

师：你能不能结合《牛郎织女（一）》举几个例子？什么地方幻想特别神奇？

生：故事里的牛能够未卜先知、预知未来。

生：这头牛会说话。

师：不错，这样的牛，我们现实生活中有吗？

生：没有。

师：这简直是一头——

生：“神牛”。

师：这是老百姓——

生（齐）**：**幻想出来的。

师：请你继续分享这个故事中神奇的地方。

生：这个故事中，天上居然有仙女，还会飞来飞去，而且就连天边美丽的云霞都是织女一手织出来的。

师：这些想象都很神奇。所以有人说，没有神奇的幻想，就没有民间传说故事。这句话说得特别有道理。今天我们继续学习《牛郎织女（二）》。

师：这是一篇略读课文，课文前是导读提示。导读提示都会非常清晰地提示这节课的任务。

（课件呈现）

导读提示：

1. 快速默读，了解故事结局。

2. 确定内容，尝试画连环画。

师：我们先来解决第一个任务。请你快速浏览课文内容，告诉我故事的结局。

（生快速浏览、默读）

生：牛郎和织女每年的七月初七在鹊桥相会。

师：大家同意吗？

生：同意。

师：其实《牛郎织女（二）》这篇课文的插图画的就是这个故事的结局。牛郎和织女每年的七月初七在鹊桥相会。这是一句完整的句子。你能把它变成小标题吗？八个字就可以。

生（齐）：牛郎织女鹊桥相会。

师：很不错。七个字可以吗？

生：牛郎织女鹊桥会。

师：聪明。四个字可以吗？

生：鹊桥相会。

师：没错，因为这个故事太经典了，所以只要一提“鹊桥相会”，首先想到的就是——

生（齐）：牛郎织女。

师：我们要学习简洁地表述。

二、梳理情节，概览大意

师：好，第一个任务解决了。一起来看任务二。时间原因，今天课堂上我们不画画，请你给画起个小标题。

（课件呈现）

确定连环画的内容：针对《牛郎织女（二）》的内容，如果只允许你画六幅画，你准备画什么，用小标题的方式来概括。

师：刚才我们已经练习过用小标题怎么概括，现在请你试一试。

（生开始浏览，标注；师巡视）

师：当你锁定了一个重要情节，就可以拟小标题。拟小标题也是有诀窍的，在意思清楚的前提下，追求简洁。

师（继续巡视）：第一幅画，你们拟的是什么小标题？

生：男耕女织。

师：谁和谁不能省？

生：牛郎织女男耕女织。

师：可以，他们生活很幸福，所以也可以拟小标题——

生：牛郎织女幸福生活。

师：第二幅图？一定是关于这头牛了。

生：老牛临死留牛皮。

师：这个“留”还要加个标点——

生：加引号。

师：很聪明，因为这个“留”和我们平时“留下一样东西”是不一样的。接着，第三幅画？

生：王母娘娘抓织女。

师：七个字，非常好。如果再简洁一点，用五个字呢？

生：王母抓织女。

师：不错，把“娘娘”去掉是吗？那能不能去掉“王母”，保留“娘娘”，变成“娘娘抓织女”行不行？

生：不行。因为天上有很多娘娘，而王母只有一个。

师：非常好，所以这里只能是“王母抓织女”，而不能是“娘娘抓织女”。现在我们知道，拟小标题也不能过分地简洁。上次，大明老师给别的学校的学生上这一课的时候，有一个男生说只用三个字就可以了——“王抓织”。

（生大笑）

师：王代表王母娘娘，织代表织女。能这样代表吗？

生：不能。

师：当然不能。所以概括小标题一定要在意思清楚的前提下追求简洁。好，第四幅的标题是——

生：牛郎追织女。

师：你太厉害了。上一幅是“王母抓织女”，这一幅当然是“牛郎追织女”。继续分享，牛郎追的时候，王母——

生：王母划天河。

师：真不错！如果七个字，就是（师做拔簪动作）——

生：王母拔簪划天河。

师：把簪子拔下来就能划天河了，太神奇了。好，最后一幅大结局——

生：牛郎织女鹊桥会。

师：我们班的同学特别了不起，很快就锁定了六幅画的小标题。

（课件呈现）

确定连环画的内容：

1.牛郎织女幸福生活　　2.老牛临死“留”牛皮

3.王母抓织女　　4.牛郎追织女

5.王母拔簪划天河　　6.牛郎织女鹊桥会

师：我们都知道牛郎织女是民间传说故事。传就是——

生：口耳相传。

师：说就是道的意思。老百姓特别爱说，特别爱道，就是津津——

生：津津乐道。

师：民间故事就是老百姓口耳相传，津津乐道的故事。所以学这样的故事，我们有一个非常重要的任务，通过我们的努力把这个故事传说讲好，我们要努力成为民间故事的传播者。如果让这样的故事只是睡在教科书里太可惜了。接下来，我们就试着讲好这个故事，有信心吗？

生：有。

师：讲故事有很多秘籍，其中之一就是——抓重点（师板书），把特别重要、特别感人、特别关键的情节讲得特别好，这个故事才会引人入胜。刚才我们拟出了《牛郎织女（二）》六幅连环画的内容，这六幅画串成了一个非常完整的故事。但我们讲故事的时候，要抓重点。大明老师认为，六个情节当中，这四段是特别感人、特别关键、特别精彩的。

（课件呈现）

讲故事秘籍之一：抓重点

2.老牛临死“赠”牛皮　　3.王母抓织女

4.牛郎追织女　　5.王母拔簪划天河

师：有同感吗？

生：有。（赞同地点头）

三、聚焦精彩，感知传说特点

师：我们首先来关注第二段情节——老牛临死“留”牛皮。这一段情节有意思在什么地方？

（课件呈现）

牛郎去喂牛，那头衰老的牛又讲话了，眼眶里满是眼泪。它说：“我快不行了，不能帮你们下地干活了……我死以后，你把我的皮留着，碰见什么紧急事，你就披上我的皮……”老牛没说完话就死了。

生：这头老牛真是“神牛”，会讲话。

师：像这样有意思的情节，我们是一定要把它讲好。讲故事根据水平的差异，可以分成初级、中级、高级。请大家推荐咱们班讲故事讲得最好的同学来讲这段情节。

生（讲故事）：有一天晚上啊，牛郎走进牛棚，忽然听到一声“牛郎！”是谁叫他呢？回头一看，微弱的星光下面，原来是老牛在讲话。老牛说：

“明天黄昏的时候，你翻过右边那座山，山那边有一个湖，湖边有一片树林。树林里，你会遇到一位美丽的姑娘。可别错过了这个机会啊!”

师：讲得太好了。什么水平？

生：高级。

师：确实是高级水平。谁能表扬表扬她？

生：我觉得她讲得绘声绘色。

师：说点实在的。

生：她故意压低嗓门，特别像老牛在说话。

师：确实是这样，这叫区分角色。还有一点很不错——她一张嘴我就知道她是在讲故事，而不是念课文。你猜我是怎么知道的？

生：课文中写的是“一天晚上”，而她讲的是“有一天晚上啊”。

师：是啊，这就是讲故事。念课文讲究一字不差，而讲故事可以适当地“添油加醋”。真不错，用掌声向她表示祝贺。

师：在咱们这个课堂上谁能超越她？

（生茫然）

师：在咱们这个课堂上谁能超越她？（边说边用手比画范围，暗指师自己）

生：哦，老师！老师能超过她。

师：她已经是高级水平了，如果我来讲是什么水平？

生：超高级。

生：特级。

师：哈哈，本来我不想讲的，因为你们前面有一句话启发了我。你们说这是一头——

生：神牛。

师：好，既然是一头神牛，我准备这样讲故事。

（师讲故事，运用回声技术，讲完后生热烈鼓掌）

师：为什么鼓掌？

生：有回声，很有意思。

师：有回声合适吗?

生：合适，因为是神牛。显得很神秘，很有神力!

师：想不想学?

生：想。

师：很难学的，因为如果你讲得不好，别人会以为你是口吃。挑最后一句我们学一学吧!

生（练习回声讲述）：遇到紧急的事，你就披上我的皮——我的皮——我的皮。

师：像这样讲故事有意思吗?

生：有意思。

师：发现没有，民间传说故事的语言是很有特色的。我们再来看这一段文字，你觉得在语言上有什么特色?

生：老牛说的话中，每一句话最后一个字，和下一句话的第一个字是一样的。

师：是啊，这叫顶针。每次读到这里，我就会想到小时候妈妈讲给我听的那个故事：从前有座山，山上有座庙，庙里有个老和尚，老和尚给小和尚讲故事……这就是顶针，很有特色，讲好了，就很有讲故事的味道。再看这段话里还有一句话，也是民间传说故事的语言特色。

生：是谁叫他呢?

师：没错，这是在“有意设悬念”。赶快找找，其他还有哪儿也在设悬念?

生：这姑娘是谁呢?

生：可是怎么上天搭救呢?

师：这三句悬念后边都是问号，所以大家一下就找出来了，还有一句，句尾不是问号，可也在设悬念。

生：老牛临死前说的“你就披上我的皮……”。

师：为什么这也是在设悬念呢?

生：是句尾的省略号在设悬念。

师：没错。民间传说故事正是因为有了这么多的悬念，才会那么引人入胜。所以民间传说故事第二个特点就是“悬念巧”（板书）。讲故事讲到悬念的时候故意停顿一下，这样听故事人就会催你，他会怎什么催啊？

生：快讲！快讲！

师：同学们，这头牛在这个故事里非比寻常，它的另一次出场也挺关键。在哪一自然段呢？

生：第6自然段。

师：这一段情节为什么很重要？

生：埋下伏笔，设下悬念。

师：是啊！读到这一段，你们觉得这是一头怎样的牛？

生：知恩图报。

生：忠心耿耿。

生：滴水之恩，涌泉相报。

师：很好！请教一个问题，老牛这个角色能换成别的动物吗？

生：不能。

师：说说理由。

生：因为他每天放牛，所以大家叫他牛郎。

师：要是放马呢？

生：马郎。

师：放猪呢？

生：猪郎。

师：不好听是吧！勉强算一条依据，还有别的依据吗？

生：因为牛可以耕地，而其他动物不行。

师：这是一条依据。古代是农耕社会，农耕社会有个显著特征，四个字，是——

生：男耕女织。

师：没错！那个时候啊，男的在地里耕种，女的在家里纺织，地里一头耕牛，家里一架纺车，再加上儿女一双，这可是咱们中国古代老百姓心中梦寐以求的中国梦啊！（生笑）还有别的依据吗？

生：我认为在动物里面牛是最忠厚老实的。

师：我很欣赏你，因为你关注了动物的象征意义。同学们，其实动物都是有象征意义的。看大屏幕，咱们来个抢答游戏，都是关于动物象征意义的，每个答案都是四个字，只要你说的意思跟答案差不多，就加十分。开始！（师点击课件，生猜想动物的象征意义，师及时呈现标准答案）

（课件呈现）

鸽子——和平友谊　喜鹊——吉祥如意　骆驼——任重道远

蚂蚁——勤劳团结　黄牛——忠诚勤劳　蜜蜂——勤劳无私

师：获得40分及以上的请举手。（大多数生举手）真不错！动物都是有象征意义的，所以在民间故事中，动物这个角色的设置可不是随随便便的，而是考虑了它们的象征意义。就像这个故事的结局，为什么不请乌鸦来搭桥，明白了吗？

生（笑）：明白了！

师：讲这段情节难点在于把老牛说的话讲好。请问，老牛此时说话，还能再有回声吗？

生：不能。

师：为什么？

生：因为它已经快要死了。

师：所以讲的时候应该表现得——

生：有气无力，奄奄一息。

师：语速呢？

生：慢一点。

师：语调呢？

生：低沉一点。

师：谁来试一试？

（生讲故事，师生共同评价；师生合作讲故事）

师：再接下去是“王母抓织女”。这段情节为什么很关键？

生：这段情节是起转折作用的。

师：是啊！这段情节就是整个故事的转折点。有了这样的转折点，这个故事才会更加吸引人。讲好这一段对你们来说也不是问题，情况紧急，讲的时候语速——

生：快一点。

师：语气——

生：急促一点。

师：这样就能营造那种紧张的氛围，我们一起试试看。

生：一天，王母娘娘趁牛郎到地里干活，便带领天兵天将闯进牛郎家里，来抓织女。两个孩子跑过来，死死地抓住妈妈的衣裳，王母娘娘狠狠一推，两个孩子跌倒在地。王母娘娘拽着织女，一齐飞向天宫。织女一边挣扎，一边望着两个孩子大声喊："快去找爸爸！"

师：总体不错。但是讲这段情节有一个难点，织女望着两个孩子大声喊——

生：快去找爸爸。

师：中级水平，为什么只是中级水平呢？喊的味道不浓。高级水平是怎么讲的呢？请看大屏幕，来，织女望着两个孩子大声喊——

生：快——去——找——爸——爸——

师：为什么要这样讲？

生：因为织女离孩子很远，所以要这样讲。

师：一个讲故事的高手能讲出距离感来。特级水平怎么讲的呢？请看大屏幕。

生："快——去——找——爸——爸——"（声音由重到轻，课件中的字一个比一个小。）

师：为什么要这样讲啊？

生：因为越飞越远，越飞越远，快听不到了。

师：站在织女两个孩子的角度，妈妈一下子飞远了，所以听到的声音越来越轻。

师：这样讲故事有意思吗？

生：有意思。

师：这才是讲故事，这才是娓娓道来。织女被抓，牛郎当然要去追，所以这个故事当中最精彩的情节出现了，那就是“牛郎追织女”，这段情节有意思在什么地方？

生：这段情节有很神奇的幻想。

师：有哪几处幻想？

生：一处是牛郎把牛皮披在身上飞起来了。

生：第二处是王母娘娘把头上的玉簪拔下来能划出一道天河。

师：真的神奇！同学们，每次我读到这段情节的时候，我就会联想到另外一则民间传说故事《白蛇传》中的“水漫金山”，它们当中的幻想可谓异曲同工。

（课件呈现）

白娘子见法海拒不放人，无奈，只得拔下头上的金钗，迎风一摇，一霎时，滔天大水滚滚而来，虾兵蟹将成群结队，一齐涌上金山去。法海和尚着了慌，连忙脱下身上袈裟，往寺门外一遮，忽地一道金光闪过，袈裟变成一堵长堤，把滔天大水拦在外边。大水涨一尺，长堤就高一尺，大水涨一丈，长堤就高一丈。任凭你波浪怎样大，总是漫不过去。

——《白蛇传》

师：幻想神奇在哪儿？

生：白娘子拔下金钗，摇来滔天大水。

生：法海脱下袈裟能遮出一道长堤。

师：这再次证明了“没有神奇的幻想就没有传说故事”。请教大家一个问题：牛郎不是披着神奇的牛皮吗？

生：他为什么飞不过去了？

师：对呀！他怎么就飞不过去了呢？谁能解开我的疑惑？

生：因为天河很宽，波涛汹涌。

师：那怎么就飞不过去了呢？

生：因为王母娘娘的法力比老牛厉害多了。

师：这点我承认，那他怎么就飞不过去了呢？谁能从《白蛇传》中受到些启发？

生：哦，对了。就跟《白蛇传》中的“水漫金山”一样，你飞过去一尺，天河就变宽一尺，这样，牛郎无论如何都飞不过去了。

师：你太会阅读了，给她掌声。你看，《白蛇传》中写着：大水涨一尺——

生：长堤就高一尺。

师：大水涨一丈——

生：长堤就高一丈。

师：任凭你波浪怎样大——

生：总是漫不过去。

师：那现在我们一起试着把牛郎怎么飞不过去讲清楚。只见牛郎飞前一尺——

生：天河就宽一尺。

师：牛郎飞前一丈——

生：天河就宽一丈。

师：牛郎飞高一尺——

生：天河就高一尺。

师：牛郎飞高一丈——

生：天河就高一丈。

师：任凭你牛郎怎么飞——

生：却总是飞不过去。

师：太精彩了！刚才我们通过想象，把“牛郎怎么就飞不过去了”交代得更清楚了。我们再来讲一遍。（师生第二次合作）所以，要讲好故事，我们不能照本宣科，还应当添上自己的想象。（板书：添想象）

师：一道天河隔开了牛郎织女，隔开了一段幸福的姻缘。这遭遇太悲惨了，连天兵天将也被感动了。在老百姓口口相传的过程当中，这个故事有了一个相对美好的结局，那就是——

生：牛郎织女鹊桥会。

师：民间传说故事往往是这样的——追求幸福的过程是艰辛的、曲折的，但结局往往是比较——

生：美好的。

师：这也表达了老百姓——

生：对美好生活的憧憬。

师：没错。学到这儿，大家一定会讲这个故事了。在讲故事这件事情上我应当算是你们师傅。请记住一句话，师傅领进门——

生：修行在个人。

师：老师相信大家在给别人讲这个故事之前，一定会再去好好地练习练习。

四、设置冲突，激活后续阅读

师：最后请教大家一个问题——这几天我一直在收集《牛郎织女》的相关材料，我还收集到了许许多多的连环画，其中有一幅画，我一看就犯迷糊了，为什么呢？请看大屏幕（课件呈现不同版本的《牛郎织女》连环画）

老牛见状，连忙对牛郎说："你快剪下我的尾巴，在你的额头上扫一扫，便可以飞上天了。"

生：咱们课本上的故事中，牛郎披上牛皮能飞上天，而刚才看到的连环画中是剪下牛的尾巴，在额头上扫一扫飞上天，不一样，怎么回事啊？

师：是啊？怎么不一样啊！

生：有两种可能，有些人觉得这个剧情不好，就改了，就用上了自己的想象。第二个就是有些人听了这个故事，过些天淡忘了，给别人讲时就加上自己的想象。

师：跟他自己添油加醋有关系是吧？民间传说故事是口口相传的，自然有的时候传着传着就不一样了，这也是民间传说故事的另外一个特点，三个字概括就是——

生：版本多。

师：你们太聪明了！（板书：版本多）

师：如果你们感兴趣，可以把不同的版本找出来读一读，研究研究，你会很有收获。刚才我们提到中国古代四大民间传说故事，我们来看一看这些传说故事的封面。（课件呈现《白蛇传》《牛郎织女》《孟姜女》《梁山伯与祝英台》的封面）

师：希望大家挑选最感兴趣的一个故事，读一读并试着讲一讲。做一个爱看民间故事，爱讲民间故事的人，一定其乐无穷。下课！

专家点评

以“讲故事”为任务，让学习真实发生

——评虞大明《牛郎织女（二）》教学

大明老师的课很是简单，一堂课只做一件事情，一堂课只带着学生完成一项学习任务“讲好民间故事”。大明老师的课很不简单，围绕促进学生完成“讲好民间故事”这一学习任务，从讲什么，到怎么讲，到讲起来，设计教学情境，整合教学资源，安排充分的学习活动，让学生在“讲”的言语实践中，了解讲述对象民间故事的文体特征，掌握民间故事的讲述方法和技巧，把握民间故事的语言表达特点，同时感受民间故事在传承中生发的创新魅力。

一、有"任务"驱动学习，让学生真学

"任务"与"学习"携手，"学习"就多了主动的态度和积极的情志。学生在"学习任务"的完成过程中，主动向老师、同伴寻求帮助，也在"学习任务"完成的过程中，收获成功的经验，失败的教训，无论是经验还是教训，都是促进学生在学习中成长的非常宝贵的学习内容。大明老师在课堂中设计了两个学习任务，第一个任务是从导读提示中迁移过来的任务——画连环画。画几幅？每幅画的小标题是什么？这是引导学生完成任务提出的分解要求。学生在课堂上作画前的思考，其学习的思维实质在理解，通过情节梳理的语言活动获得对民间故事内容的整体把握，也为完成第二个任务做好了准备。第二个任务是做民间故事的传播者，努力把这个民间故事讲好。讲好故事，学生得明确"讲什么"，于是大明老师围绕"哪个情节有意思"去寻找重点；讲好故事，学生要学习"怎么讲"，于是大明老师创设风趣的课堂情境，从声音技巧的表现和语言表达的方法两个层面给予学生帮助；讲好故事，学生一定是在讲述中学会讲述故事的，大明老师给予了学生充分的时空，通过示范引领讲、教师"下水"讲、师生合作讲等语言实践，在有情有境有趣的实践活动中，理解民间故事的特点，感受民间故事的魅力。有"学习任务"驱动，有"学习任务"分解助力，学习有方向，有路径，课堂的学习也就能真正发生。

二、用"策略"支持学习，让学生会学

学生是不成熟的学习者，如何让学生经历学习成为成熟的学习者，这是高效课堂必须思考的关键问题。我们从大明老师的这一堂好课里看到了"策略"支持让学生学会学习的有效尝试。讲好故事，必须用民间故事的语言方式来讲，为让学生自主发现民间故事的语言表现特点，大明老师多次运用了"联系"策略，如引导学生发现民间故事语言的"顶针"现象时，他引导学生联系了耳熟能详的"老和尚给小和尚讲故事"的生活经验，用生活经验让学生意会"顶针"的语言滋味。再如，让学生添加想象讲故事时，他适时链接《白蛇传》"水漫金山"一段，同类内容的联系既强化了对于民间故事奇

幻特点的理解，同时也实现了从“水漫金山”的奇幻表达向“牛郎追织女”添加奇幻想象的迁移。当学生能试着联系一切与所学相关的信息、资料、经验、情感来学习时，必定还会产生分析、比较等学习思维，更重要的是还有学习的产生。因此，“联系”介入学习，学习能走向深度，学生可以学会学习。

三、以“文化”丰满学习，让学生识记文化语码

“只有民族的，才是世界的。”（鲁迅）中国民间故事是中华文化的一颗璀璨明珠，它在传承中发展，在发展中创新，积淀和凝聚着华夏民族的智慧和文明。以民间故事的传承为任务让学生学会讲好故事，这本身就是建立在“文化传承”的大概念上的课堂设计智慧。大明老师还在课堂推进的细节中不着痕迹且着力地做着“文化”的影响：“男耕女织”是农耕时代的社会理想；不同的动物在民间故事中的“中国”象征的理解，诸如此类，引导学生在讲述民间故事的语言实践中识记民族的文化语码，培植起他们的文化自信。文化语码的点滴累积必将成为中国学生生命成长最丰盈的营养。

（正高级教师，浙江省特级教师，绍兴市树人小学教育集团　屠素凤）

同行品悟

简单的美丽　求新的精彩

——听大明老师《牛郎织女（二）》有感

每次听大明老师的课，就犹如一次探险，充满新奇又令人向往。这次《牛郎织女（二）》也是极简新颖，精彩纷呈，令人耳目一新。

在教学时，整个课堂架构简单，抓住民间故事的特点，设计了行之有效的教学线索，这种线索简洁明了，以讲故事为主线，把单元语文要素和这篇略读课文的两项任务统整在讲故事当中。

民间故事口耳相传，温情和美，要么讲述坏人的故事，引人思考，要么讲述好人的故事，让人积极向善。在其产生、流传中都以“讲述”为载体，

作为语文教学内容，在教学中如何引导“讲述”，大明老师创新教学模式，给了我们很好的示范。

一、巧解文体特点，明确文体架构

民间故事这种特殊的文体具有什么样的特点呢？如何借助文本，立足学生的学情，潜移默化润物无声地把“文体”突显，无疑大明老师是高明的：

1.联结旧课，揭“幻想奇”。

上课伊始，开门见山通过回顾上篇（一），直接提示“幻想奇”的特点。通过一句俗语“没有神奇的幻想，就没有民间传说故事”来进一步突出这一特点。看似无足轻重的“导入”，却与课中的多个环节有着直接的关联，可谓达到了“牵一发而动全身”的效果。

2.品读情节，渗“悬念巧”。

在梳理课文内容的过程中，教师不露声色地引导学生品读民间故事的语言特色，从问句“这姑娘是谁呢?”“可是怎么上天搭救呢?”到省略号都一一点明，巧妙引出“悬念巧”这一特点。

3.拓展欣赏，悟“版本多”。

在课的尾声，巧妙地通过一幅画，让学生观察、欣赏从而发现了“异处”。学生对课文文本的“图像画面”已通过概括梳理、品读体会等有了很深的印象，借教师的提醒来自主发现，从而对不一样的版本有了深刻的认识，进而水到渠成地揭示“版本多”乃是民间故事的第三大特点。

综观整节课的教学过程，大明老师对于民间故事这种文体的特点是在大量的阅读实践的基础上总结出来的。在引导学生阅读、想象、讲述、探究的过程中，处处“设线”“丝丝相连”，既尊重了学生的阅读自主性，又在关键时刻发挥了师者的“点化”作用。

二、简洁梳理脉络，领悟讲述策略

1.列小标题，梳理文章脉络。

大明老师的设计非常细腻，引导学生借助列小标题的方法梳理文章情节。在“师生互动”的过程中，引导“修改”“比较”，从而“品悟”用词的准确，概括的凝练性。在你来我往的聊天式互动中，学生梳理了文章脉络，理解了小标题的精简效果，也感知了课文内容，可谓“一箭多雕”。

2.思辩结合，领悟讲述策略。

“讲述民间故事”是本单元的语文要素，语文园地、口语交际中都明确地提示了“讲好民间故事”的策略。如何以文本为例，引导学生领悟“讲好”的要求和标准，大明老师在“策略指导”上做得细致、生动、直观。紧扣三个重要的情节，来展开教学，在层层推进、策略巧设中逐步揭示“抓重点”“扮角色”“添想象”。

三个情节的教学侧重点有所不同，在品读“老牛临死赠皮”这一情节，巧妙引导学生进行思辩：可以将“老牛”换成别的动物吗？说出依据。学生打开了思维的空间，抓住时代背景、文本线索等来进行辨析。教师出示六种动物，交流代表的意义，学生豁然开朗：民间故事中的事物、事件等其实都是具有时代背景的，民间故事便是老百姓寄寓美好生活的一种文学体式。在这个过程中，学生既知其然又知其所以然，为讲述时“扮角色”做好了铺设。

其次，在品读“王母抓织女”这一情节，教师通过情境创设，引导学生思辩：为什么要这样讲？并通过引读、教师范读、比对读等形式，手把手传授了“读出‘距离感’，读出真实感”的最高级别的水平。

再次，在品读“牛郎追织女”“王母拔簪划天河”这两个精彩情节时，又采用拓展文本阅读的方法，通过阅读《白蛇传》“水漫金山”文段，指导学生发现水涨高一尺，堤也长高一尺；然后知识迁移，指导学生想象“天河波涛汹涌，牛郎飞高一尺，天河就涨高一尺；牛郎飞高一丈，天河就涨高一丈；牛郎飞前一尺，天河就变宽一尺，牛郎飞前一丈，天河就变宽一丈；任凭牛郎怎么飞，总是飞不过去”的画面，让学生在“添想象”中讲好故事。

在大明老师的课堂上，教师与学生智慧的相互碰撞，不仅使学生灵活扎实地提高了语文能力，也使观课的老师享受到行走于语文课堂的快乐之中，行至水深看云起，真是一大享受。

（杭州　梁超男）

课例 10

父母之爱的甜涩滋味

——《“精彩极了”和“糟糕透了”》

（统编版语文五年级上册第 20 课）

快乐密码

快乐源自内心，源自那份由衷的热爱，源自苦苦思索后那一刹那的顿悟。我想，真正快乐的课堂是朴实自然、深接地气的。课堂源于生活，更是为了生活。学到动情处，学生的会心一笑就已经足矣，课到此时，无须师再多言。

文本简析

巴德·舒尔伯格的文章特别有意思，很多题目让人眼前一亮，如《醒着的梦》《我喜欢这个不讨人喜欢的人》《聪明的糊涂和糊涂的聪明》等。本课《“精彩极了”和“糟糕透了”》以巴德父母面对年幼儿子写的第一首小诗，做出的两个极端的评价为题，激发了读者强烈的好奇心，正是这种截然不同的评价，在巴德的成长中产生了深远的影响，帮助他把握住自己的人生方向，同时也让他从评价中感悟到父母表达爱的方式是不同的。

本课语言朴实，人物形象鲜明，凝聚着感情，渗透着哲理。课文按照时间顺序，可以划分为“童年的故事”和“后来的认识”两个部分。第一部分文字浅显生动，描写细腻入微；第二部分概括升华，个别语言富有哲理，启发学生多维度思考。在阅读中，要让学生抓住人物语言、动作和心理描写的语句，引导学生领悟文中含义深刻的句子，体会作者怎样逐渐理解了父母的两种不同评价中饱含着的爱。

目标预设

1.通过品析人物动作、语言、神态等语句，了解父亲和母亲对巴迪的诗有着不同评价。

2.围绕“巴德的成功归功于谁”展开思辩，能用精当的语言表达自己对巴迪父母表达爱的方式的看法。

3.联系生活经历，体会父母之爱在我们人生中的不同作用，用文字表达自己对父母之爱的理解。

教学实录

一、揭示课题，顺势解题

师：（课前板书：“精彩极了”和“糟糕透了”）今天，咱们学习一篇很有意思的课文（生读课题），说说看，课题有意思在哪里？

生：这个课题引用了文中主人公说的两句话。

生：“精彩极了”和“糟糕透了”是一组反义词。

师：“精彩极了”是母亲对“我”的赞美；“糟糕透了”是父亲对“我”的批评。用人物语言作为课题，一般要加上引号。

二、关注略读，明确任务

师：这是一篇略读课文，我们大略地读就可以了。请同学们明确两个要求：第一，认认真真地读，把课文读正确、读通顺，难读的地方反复读。第二，课文写了一件什么事情，用上课题中的词语来概括。

（生自由朗读课文）

（课件呈现）

腼腆　迫不及待　誊写　疾苦　一如既往　谨慎　歧途

（生齐读词语——指名读，相机强调易读错的词：腼腆、誊写、谨慎）

师：这个单元课文的学习，我们要关注场景和细节。这篇课文其实只重点描写了一个场景，谁能概括地说说？

生：我写了第一首诗，得到了母亲"精彩极了"的赞扬，却得到了父亲"糟糕透了"的批评。

（师相机板书：母亲　赞扬　父亲　批评）

三、创设情境，引起思辩

师：大家都知道本文作者是美国作家巴德·舒尔伯格。这是巴德的有关资料。

（课件呈现）

巴德·舒尔伯格（1914—2009），美国著名畅销书作家，国际知名编剧、作家。在六十八年的写作生涯里，共创作了三十四部作品，其中十三部被拍成电影或搬上舞台。所出版的作品有《在滨水区》《码头风云》《什么使萨米逃走》《醒着的梦》《聪明的糊涂和糊涂的聪明》《我喜欢这个不讨人喜欢的人》等。

师：读了这段文字，你觉得这是一个怎样的作家？为什么？

生：这是一个古怪的作家，他的作品名字都很怪。

生：他是一位别出心裁的作家。

生：我觉得他是一位了不起的作家，创作出这么多部作品。

生：我觉得他是一位很幽默的作家。

师：读了这些书名后，你会萌发一种怎么样的冲动？

生：我读了这些书名后，就很想看里面的内容。

师：读了这些书名后，你是否产生了购买、借阅这些书籍的冲动？有的请举手。

（生纷纷举手）

师：我们在写作时，也可以学着巴德那样取题目来吸引读者。

师：课文当中也有几句话，说这个作家非常了不起、有很多的作品，请大家找一找，用笔画下来。

（生默读，画相关句子）

师：请你用自己的朗读让大家感觉到这确实是一位了不起的作家。

（课件呈现）

现在的我已经有了很多作品，出版了一部部小说、戏剧和电影剧本。

（生齐读）

师：同学们在朗读时有两个词特别强调，一个是“很多”，还有一个是“一部部”，同学们很会读书。

师：这真是一位了不起的作家呀！有一次，他的一部作品获得了一项国际大奖，按照惯例，他在领奖的时候，要发表一番获奖感言，听到过“获奖感言”这四个字的同学，请举手。（生纷纷举手）什么是获奖感言？

生：获得了奖后你心里是怎么想的。

生：你要感谢谁，用获奖感言表达出来。

师：说得很好。咱们班的同学，有谁发表过获奖感言？

（小部分生举起了手）

师：大明老师觉得能够发表获奖感言是非常重要的。因为以后我们在人生的路上，将会收获一次又一次的成功。当你收获成功的时候，你能够发表准确的获奖感言，那会让别人认为你是非常有素养的人。这堂课咱们先来尝试一下好吗？咱们替巴德说一说获奖感言。首先咱们来思考一个问题——巴迪的成功归功于谁？在发表获奖感言时，巴迪会感谢谁？为什么？

（生七嘴八舌地讨论起来）

四、探究思辩，感悟内涵

师：老师听到很多同学都在谈论感谢母亲，大明老师完全理解，因为有一句话说“良言一句三冬暖”。母亲经常对我们说好话，我们都爱听母亲对我们说的好话。你看母亲总是用“精彩极了”给我鼓励，我觉得是应该感谢母亲的。请你找一找第1～14自然段当中哪些句子是写母亲在表扬“我”？

生：巴迪，真是你写的吗？多美的诗啊！精彩极了！

师：从母亲说的话当中，我们能感受到这是母亲对我的表扬和鼓励。谁能把这句话读好？我要找一找，如果我现在是巴迪的话，谁更像我的母亲。

（生各自练读）

师：准备好了吗？我现在要来找母亲了。这位同学，看看能不能当我的母亲。

（生1激情朗读）

师：这位母亲非常高兴，非常激动。通过他的朗读，已经将母亲的情绪表现得淋漓尽致了。

（生2朗读略显平淡）

师：母亲说这句话时是兴奋地嚷，嚷的声音是非常响亮的。我们在看电视的时候为中国足球加油的时候，你们是怎么嚷的？

生（大喊）：加油！加油！

师：让我们一起嚷一嚷，体现母亲的那种激动、那种兴奋。

（课件呈现）

巴迪，真是你写的吗？多美的诗啊！精彩极了！

（全班齐声朗读）

师：这就是母亲对我的表扬，你们看这样的话，还不止一句两句，后面那句话就告诉我们了——她搂住了我，赞扬声雨点般落到我身上。

（课件呈现）

她搂住了我，赞扬声雨点般落到我身上。

师：你从这个“雨点般”体会到了什么？

生：巴迪的母亲一直都在赞扬他。

生：儿子第一次写那么好的诗，母亲非常激动。

师：这是母亲对我的第一处表扬的地方，后面还有吗？

生：亲爱的，发生了一件奇妙的事。巴迪写了一首诗，精彩极了……

师：当巴迪的父亲回到家里的时候，他的母亲就说了这一句话，是对巴迪的一种表扬，这位母亲激动吗？我们一起试着读一读。

（课件呈现）

亲爱的，发生了一件奇妙的事。巴迪写了一首诗，精彩极了……

（全班齐读）

师：你瞧，对于“我”的作品，母亲是如此激动地表扬“我”；但是父亲呢，他经常用“糟糕透了”批评“我”。有一句话说“恶语伤人六月寒”，你从第1～14自然段当中，找一找什么地方在写父亲对“我”的批评，请你画下来。

生：“我看这首诗糟糕透了。”父亲把诗扔回了原处。

师：如果我是文中的儿子，听你说这句话的时候，我的腿都在发抖。“糟糕透了”不是一般的糟糕，父亲说完话后，还把“我”的诗扔回了原处。还有一处更厉害，请同学们再找一找。

生：“我不明白，”父亲并不退让，“难道这世界上糟糕的事还不够多吗？”

师：父亲这句话的言下之意是说——世界上糟糕的事情已经很多了。父亲好端端的陈述句摆着不用，偏偏用的是——

生：反问句。

师：批评得厉不厉害？

生：厉害。

师：谁能把父亲严厉的批评读出来？

（生一个接一个读）

师：你瞧，如此严厉的批评，以至于“我”再也受不了了，“我”是怎么做的——“我”只能冲出饭厅，跑进自己的房间，扑到床上失声痛哭起来。父亲用“糟糕透了”让“我”深受打击，那为什么还有同学觉得“我”取得最后的成功还得感谢父亲呢？请同学们从第1～15自然段当中去找找理由。

生：根据父亲的评语，我学着进行修改，那时我还未满十二岁。

师：为什么？

生：父亲从小就开始教育“我”。“我”认真地反思父亲的批评，根据父亲的评语修改“我”的诗，改得越来越好，所以“我”要感谢父亲。

师：有一句话相信大家都知道，叫“好文章是改出来的”，正因为有了父亲的批评，“我”才会去修改。还有吗？

生：几年后，当“我”再拿起那首诗，不得不承认父亲是对的，那的确是一首相当糟糕的诗。

师：这也就是说父亲的批评是实事求是的，他很谨慎，不是乱批评的。还有一处地方，可以看出父亲在说出批评的话的时候，是经过认真思考的。

生：“诗只有十行，可我觉得他读了几个小时。”从这一句话可以看出父亲看这首诗的时候十分认真。

师：诗只有十行，像父亲这样的专家，看这样一首诗，只需要用眼睛扫一扫就行了，但是我觉得父亲看了几个小时，说明父亲看得——

生：很认真。

师：父亲是非常慎重地说出批评的话。还有别的理由吗？

生：有一次我鼓起勇气给父亲看了一篇我新写的短篇小说。“写得不怎么样，但还不是毫无希望。”父亲没有完全否定我，还是会鼓励我，给我希望。

生：“对不起，我自己会判断的。”说明父亲是非常认真、非常慎重地对待这件事的。

师：虽然父亲经常用“糟糕透了”批评“我”，但是他是很认真的，这其实也是在帮助“我”，“我”的成功也离不开父亲。如果现在巴迪要说获奖感言的话，应该感谢他的父母。对于“我”的不成熟的作品，母亲经常用“精彩极了”给“我”鼓励，父亲经常用“糟糕透了”鞭策“我”，警告“我”，给“我”客观的评价。现在“我”来当巴迪，你们当“我”的父亲和母亲。请同学们想一想，当巴迪拿着这个刚刚获得国际大奖的作品，分别拿给母亲和父亲看，他们分别会说什么？谁先来当当母亲。

生：真好，孩子，你要继续努力，真是精彩极了！

生：太棒了，你的儿子简直是个写作天才！

生：儿子你终于成功了，我为你骄傲！

生：巴迪，我的儿子，我就知道你一定会成功的！

师：父亲可能会怎么说？

生：嗯，还不错，继续努力。

生：世界上没有最好，只有更好，所以你要继续努力。

生：山外有山，人外有人，写作和学习都如逆水行舟，不进则退，希望你永远铭记在心。

生：百尺竿头，更进一步。

生：谦受益，满招损。

生：儿子，你还要继续努力，更上一层楼。

生：没有最好，只有更好，继续加油。

师：其实“我”早已料到，不管是“我”的第一个作品，还是“我”获得国际大奖的作品，母亲总是用“精彩极了”给“我”表扬，而父亲还是用“糟糕透了”类似的话给“我”忠告。对于父爱和母爱，作者也有他自己的感悟。请你找一找课文中，哪些句子是在写作者的感悟？

（课件呈现）

一个作家，应该说生活中的每一个人，都需要来自母亲的力量，这种爱的力量是灵感和创作的源泉。但是仅有这个是不全面的，它可能会把人引入歧途。所以还需要警告的力量来平衡，需要有人时常提醒你：“小心，注意，总结，提高。”

师：是的，这就是作者对父母之爱的一种感悟。我们一起来读一读这一段话。

（生齐读）

师：这段话当中有不理解的地方吗？

生：“小心、注意”我能理解，为什么要“总结、提高”呢？

师：总结过去的得失，这样才能形成经验，不断反思和总结，你才会不断提高。这段话中有一个词“歧途”是什么意思？

生：错误的道路。

生：弯路。

师：联系上下文想一想，这里的“歧途”指的是什么？

生：骄傲自大。

生：认为自己是天下最棒的。

生：认为自己是世界上最厉害的，不会再努力进步。

师：骄傲使人落后，没有父亲的告诫，他会认为自己是天下最出色，最了不起的人，这样的他还会去总结、去反思、去提高、去进取吗？

（生摇头）

师：是的，因此巴迪的获奖感言中肯定会感谢爸爸和妈妈。巴迪可能会说——亲爱的妈妈，你依旧会毫不吝啬地赞美我；亲爱的爸爸，你也依旧会提醒我，督促我不断进步。因为，我知道，这就是你们对我的不同的——爱。

（师相机板书：爱）

师：你们觉得还归功于谁？

生：还有巴迪自己。

（课件呈现）

“‘精彩极了’，‘糟糕透了’……它们像两股风不断地向我吹来。我谨慎地把握住我生活的小船，使它不被哪一股风刮倒。”

师：如果被“精彩极了”刮倒了，会怎样？

生：骄傲。

生：自满。

生：不思进取。

师：如果被“糟糕透了”刮倒了，会怎么样？

生：不愿意努力。

生：自我怀疑。

生：放弃写作。

师：是的，感谢“我”自己一直谨慎地把握住生活的小船，最终才能驶向成功。

（师相机板书：谨慎—成功）

师：我相信学到这儿，同学们对父爱和母爱一定有了自己的理解。请同学们任意挑选一题，根据你的理解填空。

（课件呈现）

根据你的理解填空（任选一题）

1.“精彩极了”是母亲对“我”的（　　），母爱像（　　），它（　　）。

2.“糟糕透了”是父亲对“我”的（　　），父爱像（　　），它（　　）。

生：母爱像春雨，滋润着我的心田，让我们茁壮成长。

生：母爱像暖流，它温暖了我的心。

生：母爱像甘露，它甜蜜着我的心。

生：父爱像警钟，它时刻提醒我不要走入歧途。

生：父爱像良药，它虽然苦口，但利于病。

生：父爱像忠言，它虽然逆耳，但利于行。

生：父爱像镜子，它能照出我的不足之处。

生：父爱像指航灯，它引导我们走上正确的道路。

五、联系生活，升华感悟

师：在你的生活当中，你碰到过“精彩极了”或者“糟糕透了”的评价吗?

生：每次我画完一幅画给妈妈看，她总是会表扬我画得好。

生：我爸爸对我很严厉，每次考试低于90分，他总会批评我。

生：我第一次上台演讲讲得有点磕磕巴巴，但我妈妈一直说我讲得很好，给了我很大的信心。

生：我爸爸和巴迪的爸爸有点像，他很少表扬我，总是指出我的问题。

师：学习了今天这一课，我相信在座的每一位同学今后在面对“精彩极了”的表扬时——不会骄傲自满、得意扬扬、趾高气扬、得意忘形；面对“糟糕透了”的批评时——也不会垂头丧气，一蹶不振，萎靡不振，自暴自弃，真心祝愿大家谨慎地把握好生活的小船，到达成功的彼岸，以实际行动报答父母之爱。

教学反思

亲情润泽下的思辨课堂

——《“精彩极了”与“糟糕透了”》教学反思

父母之爱是天地间最伟大的爱，是维护生命之最大、最古老、最原始、最伟大、最美妙的力量，它犹如天降甘霖，沛然而莫之能御。美国著名作家巴德童年时的一首小诗得到了母亲“精彩极了”，父亲“糟糕透了”的评价。巴德在母亲“精彩极了”的鼓励中，在父亲“糟糕透了”的警告中，把握人生方向，逐渐明白父母对自己两个极端的断言，其实是两种不同的表达爱的方式。

本篇课文的人物形象十分鲜明，且凝聚着浓浓的情感，渗透着深刻的哲理，与学生的实际生活、情感体验十分接近。如何在“双减”背景下，让思辩生根，让语言文字滋润心灵，跟学生一起快乐行走？我重新走进《“精彩极了”和“糟糕透了”》这篇课文，探究这篇经典课文的全新演绎。

一、读思结合，激发思辩意识

《义务教育语文课程标准（2022年版）》“教学建议”中提到：“逐步培养学生探究性阅读和创造性阅读的能力，提倡多角度的、有创意的阅读，利用阅读期待、阅读反思和批判等环节，拓展思维空间，提高阅读质量。”为了充分发挥学生的主体精神，课堂中我引领学生走进巴德，了解巴德的写作成就，顺势展开想象：巴德的一部作品获得了国际大奖，他在领奖的时候会感谢谁？随后引导学生关注文本，凭借语言文字，对课文体味、思考，得出自己独有的感悟和结论。

抓言行——感知赞美源于爱。慈母的心灵是与孩子交织在一起的，“良言一句三冬暖”，母亲经常给予孩子认可与鼓励。课堂中，我让学生扮演母亲的角色来鼓励巴迪，引导他们抓住神态、语言、动作的描写来演绎母亲的赞美。在演绎的过程中，学生自然而然体会到母亲话语中“？”和两个“！”的作用，在角色置换中，感悟、体验、揣摩母亲的想法，感悟母爱。

品言行——体会巴迪的难过与沮丧。父爱与母爱不同，父爱如山，厚重、深沉，多了一份理性与责任。巴迪的父亲亦如此。面对幼小的巴迪写的诗，父亲的态度会让学生觉得不近人情，太过刻薄。在扮演父亲这一角色批评巴迪时，他们的表现超乎寻常的好，把父亲的咆哮、斥责、恼怒演得活灵活现。面对父亲如此的批评，学生早已与巴迪感同身受。“头埋得低低的—湿润——沉重—受不了—冲、跑、扑—失声痛哭”这些词深深印入心里。

课已至此，我提问“父亲如此严厉批评让我备受打击，我为何还要感激他？”此处冲突的设置，让学生的思辩一触即发。我依然让学生回归文本，于字里行间寻找支持自己观点的线索。通过联系上下文，学生意识到父亲的批评是实事求是的，非常客观公正，严谨认真，对“我”的成长意义深远。

而后，我刨根问底，继续追问“你们觉得巴迪的成功还归功于谁?”不愤不启，不悱不发，学生进一步思考，恍然大悟——“还要感谢自己”。正是“我”谨慎地把握住生活的小船，才使它驶向成功的彼岸。学生会心一笑，课到此时，无须师再多言。

二、读写结合，引导思辩意识

“胸藏万江凭吞吐，笔有千钧任翕张。”经过激烈的讨论、演绎、思维碰撞，我让学生落笔写一写自己对父爱和母爱的理解。热闹的课堂归于平静，不平静的是学生的思绪与内心的情感。学生在吃透文本的基础上，整理自己的思想，斟酌恰当的表述方式。经过文字的淬炼，学生对父母之爱的理解在升华，他们的笔下真情在流淌：母爱如春雨，如暖流，如甘霖，滋润着我们的心灵；父爱如警钟，如镜子，如指航灯，引领着我们前进的道路。通过交流与分享，学生的思绪在飞扬，情感在碰撞，联想到自己的父亲和母亲，对他们多了一份理解与感恩。

三、文道结合，强化思辩能力

语文课不是单纯的语言文字课，“父母之爱”的理解不能是外加的，而是需要学生由内而外，发自内心的感悟与理解。我一直崇尚快乐教育，我所践行的语文课堂应是轻松、愉悦且充满热情的。课堂中，我创设情境，让学生议一议、找一找、演一演、写一写、说一说……学生乐于探索，勤于思考，善于表达，在语境中感受语言文字的魅力，在感受中体悟人间真情，在体悟中懂得回报父母恩。文道统一，促进学生思辩能力的发展。

我认为语文课堂应充满快乐，“快乐”源于兴趣，源于所需，所想；源于轻松，无痕；源于成功，所得，所悟。教师在“乐”中教，学生在“乐”中学。思辩课堂，助力于“快乐教育”使学生获得思考的快乐、收获的快乐、合作交往的快乐、释放情感的快乐。“双减”背景下的语文课更需要注入思辩，让“快乐”更深入，更具内涵。

同行品悟

创思辩之场，悟父母之爱

——听大明老师《“精彩极了”和“糟糕透了”》教学所感

“思维发展与提升”是语文核心素养之一。在中国传统文化中就倡导“博学之，审问之，慎思之，明辨之，笃行之”的治学态度，如今关注学生的思维发展与提升成了语文教学的重要使命。大明老师是“思辩课堂”的倡导者和实践者，他用“思辩”点亮课堂。在《“精彩极了”和“糟糕透了”》的课堂中，大明老师为学生创设了思辩之场、形象之场、问题之场，在“问之”“思之”“辨之”中，与学生共同享受语言文字的魅力，共同体悟“父爱如山，母爱似水”的人间真情。

一、质疑激趣，开启学习之场

题目是一篇文章的眼睛，我们往往能透过这双眼睛看到文章的中心、思路和内容。《“精彩极了”和“糟糕透了”》这一课题颇有趣味，让人忍不住捉睑欲读。课伊始，大明老师直接揭示课题，让学生说说课题有意思在哪里。在这里大明老师扮演的是一个引导者的角色，给学生搭建起一个自主发现、自主学习的平台，引导学生自主发现此题是由两句意思相反的句子组成，且引号的用法与众不同，从而感悟到课文以人物语言为题，别具新意。与众不同的题目让学生有了“阅读期待”，激发学生的阅读兴趣，学生可以很自然地捧起书本阅读，激起学生主动学习的欲望。

接着，巴德生平资料的补充使本课的主人公的形象更为丰满立体，拉近了学生与作者的距离，拉近了与文本的距离。大明老师睿智提问“读了这段文字，你觉得这是一个怎样的作家？为什么？”这个小问题，犹如扔在平静水面上的一颗小石子，激起学生思考的“涟漪”。学生分别从补充资料中、从课本中寻找答案，知道本文作者巴德不仅作品数量众多，且质量高，斩获国际上多项大奖。学生情不自禁地感叹一句“真是一位了不起的作家”，为后续的情境创设做好铺垫。

二、创设情境，开启思辩之场

创设与生活相符的情境，容易使学生产生一种身临其境、似曾相识的感觉，情绪会因此变得高涨起来。学习的主动性一旦被激发出来，学习的动力就会得到增强和持续，学生会带着感情、怀着浓厚的兴趣，走进情境，参与课堂学习。

读完补充资料后，趁着学生对巴德的敬意还在心中泛着涟漪，大明老师抛出一个问题：巴迪的成功，归功于谁？如果你是巴迪，你会怎么准备你的获奖感言。这样的情境创设，激发学生学习的“内因”，促使他们主动积极地参与和投入到学习中。有的学生开始在课文的字里行间寻找依据，支持自己的观点；有的学生则结合生活实际来展开交流。思维的火花在碰撞，在表述的过程中，大明老师引领学生抓住、读好相关的语言；角色代入扮演相关人物，身临其境地感受父母对巴迪第一首诗的不同表现。在这样具体有趣的情境中，学生开始反思父爱与母爱的不同。学生层层深入地思考，自由地发表见解，最终在师生共同讨论中恍然大悟——明白了两个道理：一是无论是母亲的“精彩极了”，还是父亲的“糟糕透了”，这两种评价都是源于爱；二是学会正确看待父母的表扬或批评，从中汲取前进的力量。创设这样的问题情境，让学生在自主、合作、探究的学习方式中理解语言、品味语言、运用语言、发展语言，培养学生的语言实践能力，最后让学生在自主交流的热烈气氛中明白事理，在投入中表达激情，在创造中增长智慧，从而提高语文综合素养。

三、置换身份，开启朗读之场

培养读的能力是阅读教学最重要的基本目标之一，因而应该让学生多读。大明老师的课仿佛是有魔力的，学生几乎全程在读，可他们并没有感觉自己在读。因为他们在玩，在演，学生仿佛本身就是课文中的人物。一会儿演演妈妈鼓励一下自己的宝贝儿子，一会儿演演爸爸批评儿子写出如此糟糕的作品，一会儿又演演巴德发表获奖感言……学生好忙，但好开心！大明老师巧妙引导学生置换了身份，情不自禁地融入教师营造的教学情境之中。这一置换，让平白的语言生动立体化，抽象的文字概念形象化，学生各司其“位”，感其职，吐其声，理解透彻，感受深刻。

四、直抒我心，开启表达之场

整个教学过程中，大明老师不断启发学生深入思考，提升学生的思维能力外，还重视学生语言文字的表达训练。如，在读巴德写的书名时，大明老师就提醒学生自己在写作时也可学着巴德的样子取题目；在“任选一题，根据理解填一填自己对父母之爱的理解”这一题中，让学生将本课所学所感转化为语言文字，使语文的人文性和工具性融为一体。从学生笔端流出的文字，正是他们对这一堂课的独特的阅读感受。这堂课，学生在快乐中明白事理，在投入中表达激情，在创造中增长智慧，从而提高语文综合素养。

大明老师给我们带来了“精彩极了”的一堂课，这堂课思维之张力，言语表达之高妙，皆在其中。无论是语言文字还是情感体验之处，皆有思辩的痕迹，值得我们细细品味，认真学习。

（杭州　陈川）

课例 11

散文诗一般的童年

——《祖父的园子》（统编版语文五年级下册第 2 课）

快乐密码

萧红的童年是自由的、快乐的，这份自由和快乐正是源于祖父的宽容和呵护，从而让她在祖父的园子里“野蛮”生长。于是，萧红用自由、率性的笔触让盛满自由、快乐的祖父的园子跃然纸上。读这样的文字，需要快乐的心境，更需要自由的方法——让学生角色扮演与祖父对话；让学生模仿萧红“浇菜”；通过追问，让学生明白祖父的宽容与呵护；让学生通过比较阅读，发现萧红言语表达的秘妙；让学生自由畅享萧红的童年；设置冲突，让学生萌生阅读《呼兰河传》的欲望；引入老师的童年，点燃学生用文字刻录童年使之永恒的火苗。这真是散文诗一般的童年，散文诗一般的课堂。

文本简析

《祖父的园子》选自萧红的《呼兰河传》。本文叙述了萧红童年生活的许多事情，如：栽花、铲地、追蜻蜓、采花、浇水等。其中，铲地一事抓住人物对话、神态等写得比较具体，其余事件均寥寥几笔带过，向读者呈现了“宽容、和蔼”的祖父以及作者童年生活的许多单纯的自由和快乐。特别是文章的第 16 自然段，看似在写园中之景的自由，实际上却是借景抒情，抒发了作者内心的自由。全文叙述朴实无华、自由率性、娓娓道来，似一首快乐、自由的散文诗篇。

目标预设

1.准确认读“晃、蚌、倭、拴”等生字，正确书写“蚂蚱、拔、割、水瓢”等字词，读准、读顺课文。

2.凭借默读，能概括出园子“应有尽有、生机勃勃、五彩缤纷、自由快乐”等特点；实践用“圈关键字”的方法梳理“园中之事”；重点学习“铲地”，感受祖父的宽容和爱，知晓写具体的方法；凭借比较阅读，感受作者的“快乐、自由”的童年以及“借景抒情”等独特的表达方式。

3.凭借拓展阅读，激活学生课外阅读的动力以及“用自己的方式刻录美好的童年，使之永恒”的欲望。

第一课时流程预设

1.揭题引入，整体感知：这是一个怎样的园子？（应有尽有、生机勃勃、五彩缤纷、自由、快乐）

2.读准、读通全文，完成字词教学。

3.探究：哪些描写让你感受到了园子应有尽有、生机勃勃、五彩缤纷的特点？品悟重点语句，相机落实朗读训练。

第二课时教学实录

一、回顾谈话，引主要问题

师：上节课，我们初读了课文、学习了字词，还感受到了祖父的园子“应有尽有、生机勃勃、五彩缤纷”的特点。这节课，我们继续研读课文，体会园子的自由快乐。

师：你们为什么觉得这是自由快乐的园子？（小组交流，自由说理由）

生：萧红在祖父的园子里尽情地做很多事情，所以我觉得这个园子很快乐、自由。

生：我感受到萧红的祖父对萧红很宽容，做错了事也不责骂，所以我感受到快乐。

生：园子里的花花草草也给我非常自由的感觉。

二、文本探究，悟自由快乐

1.聚焦“所做之事”，体会自由快乐

师：说得有道理。一般说来，一个人所做的事情往往就承载着这份自由和快乐。请同学们拿起笔，圈一圈，萧红在园子里做了哪些事？（生独立圈画）

师：交流一下，萧红在园子里做了很多的事情。第一件——

生：栽花。

师：第二件——

生：拔草。

师：第三件——

生：种小白菜。

师：种菜。第四件——

生：铲地。

师：第五件——

生：摘黄瓜。

师：第六件——

生：吃黄瓜。

师：对，吃黄瓜也是一件事情。第七件——

生：追蜻蜓。

师：没错。第八件——

生：采黄瓜的花。

师：那就可以概括为——

生：采花。

师：第九件——

生：捉蚂蚱。

师：没错。第十件——

生：浇菜。

师：浇菜。没了吗？第十一件——

生：睡觉。

师：你看，萧红在祖父的园子里可以尽情地做这么多事情，所以，这是一个——

生：自由的园子。

师：这是一个——

生：快乐的园子。

师：对于这样的园子，你们向往吗？

生（齐）：向往。

师：不要说你们小孩了，就连老师这样的大人，也很向往。这十一件事情当中，写得最具体的是哪件事？

生：铲地。

师：感觉真准。哪几个自然段写的是铲地？

生：第5自然段到第12自然段。

师：请看大屏幕。

（课件呈现）

祖父铲地，我也铲地。因为我太小，拿不动锄头杆，祖父就把锄头杆拔下来，让我单拿着那个锄头的“头”来铲。其实哪里是铲，不过是伏在地上，用锄头乱钩一阵。我认不得哪个是苗，哪个是草，往往把韭菜当作野草割掉，把狗尾草当作谷穗留着。

祖父发现我铲的那块地还留着一片狗尾草，就问我：“这是什么？”

我说：“谷子。”

祖父大笑起来，笑够了，把草拔下来，问我：“你每天吃的就是这个吗？”

我说："是的。"

我看祖父还在笑，就说："你不信，我到屋里拿来给你看。"

我跑到屋里拿了一个谷穗，远远地抛给祖父，说："这不是一样的吗？"

祖父把我叫过去，慢慢讲给我听，说谷子是有芒针的，狗尾草却没有，只是毛嘟嘟的，很像狗尾巴。我并不细看，不过马马虎虎承认下来就是了。

师：说话要有理有据。你们为什么说这件事情写得最详细、最具体？

生：因为这件事，她用了好几个自然段写。

师：哎——是啊！这也是衡量的标准啊！你看，她写得特别长，用了比较多的自然段来描述，所以我们就断定这件事情是写得最具体的。这是一个依据，还有别的依据吗？

生：作者抓住了对话进行描写。

师：所以，同学们记住了，我们在写一件事情的时候，如果能抓住对话来描写，那就会把这件事写得比较具体。还有什么依据吗？

生：作者对爷爷的动作和神态进行了描写。

师：由此看来，我们要将一件事写得比较具体，还可以抓住人物的神态进行描写。这样三个方面的依据，让我们完全有理由断定，铲地这件事情是所有十一件事情中写得最详细的。那我就纳闷了，萧红在园子里所做的任何一件事情都是自由快乐的，为什么单单把这件事情写得那么具体？其他事情也挺有意思的，是不是？比如说浇水，我读过一遍就有印象了。萧红怎么浇的？拿着个什么？

生：水瓢。

师：然后呢？

生：往天上一扬。

师：嘴里还喊着——

生：下雨了！下雨了！

师：有意思吗？

生：有意思。

师：来！模仿一下。开始，浇菜——

生（假装拿着水瓢，不断地往空中扬）：下雨啰！下雨啰！

师：萧红这是在浇菜吗？

生：不是。

师：与其说她在浇菜，还不如说她在——

生：在玩水。

生：在捣乱。

生：在瞎胡闹。

师：没错。但是萧红快乐吗？

生：太快乐了。

师：从你们刚才那一张张灿烂的笑脸当中，我分明感受到了快乐。那为什么萧红单单把铲地这件事情写得那么具体？请小组讨论一下。

（生小组讨论，分享）

师：我希望你们能把话说清楚，要是没说清楚，我将采用追问的方式，这叫“打破砂锅问到底”。当然，如果你招架不住，可以选择“投降”。谁先来？

【第一回合追问】

师：萧红为什么只把铲地写得那么具体？

生：我想这件事情萧红记忆极为深刻。

师：为什么萧红记忆极为深刻？

生：因为这件事最有趣？

师：为什么最有趣？

生（顿了顿）：我投降。

师：哈哈，那么几个回合就投降了。谁再来？

【第二回合追问】

师：萧红为什么只把铲地写得那么具体？

生：萧红其实不是在铲地。

师：为什么不是在铲地就要写得最具体？

生：萧红在瞎胡闹，犯了错误，但是祖父没有怪她。

师：为什么祖父没有怪她就要写得最具体？

生：说明祖父很爱萧红，对他很宽容。所以，萧红才感受到快乐。

师：有点意思了，但是说得还不够清楚。

生（举起双手）：我投降！我投降！（众学生笑）

师：他已经很厉害了。要解决好这个问题，我们还得抓住这件事情的本质来思考。我们一起来捋一捋。

生：好。

师：爷爷在园子里种谷穗、种韭菜的目的是什么？

生：拿来吃的。

师：能不能用一个成语来形容？

生：养家糊口。

师：真好！而现在，他的宝贝孙女把一畦的韭菜拔了，把谷穗铲了，这将意味着什么？

生：他们一家有可能会挨饿。

师：是啊！这是一般的调皮吗？

生：不是。

师：这是一般的捣蛋吗？

生：不是。

师：这是一般的瞎胡闹吗？

生：不是。

师：这可是犯下了——

生：滔天大罪。

师：呵呵，这倒不能说是滔天大罪，日本鬼子当年在中国犯下的那才叫滔天大罪。这可是犯下了大错。面对孙女儿犯下的大错，祖父怎么样对待她？

生：笑。

师：是啊，一笑而过。这就是祖父对孙女儿的——

生：关爱。

生：宽容。

师：连这样的大错，祖父都能够原谅，都能够宽容，还有什么事情不能宽容和原谅呢？萧红在这样的大错中都能够感受到快乐，还有什么事情不能让她感受到快乐呢？虽然所有的事情都能体现快乐，但铲地这件事情最典型，所以萧红要把这件事情写得特别具体。把最典型的事情写具体，这是写好作文的“金钥匙”。

师：萧红主要是抓住对话把事情写具体的。我们合作读一读对话，来感受萧红的快乐以及祖父的宽容、慈爱。好吗？

生：好！

师：我扮演谁？

生：祖父。

师：可以，那你们全做我的孙女儿！准备一下，琢磨琢磨。怎么读才能体现萧红的那种快乐？

【师生角色扮演，合作对话】

师：这是什么？

生：谷子。

师：哈哈哈，你每天吃的就是这个吗？

生：是的。你不信，我到屋里拿来给你看。这不是一样的吗？

师：孙女儿，谷子是有芒针的，狗尾草却没有，只是毛嘟嘟的，很像狗尾巴。

生：哦。

师：我觉得一个“哦”字还不够。什么是“马马虎虎地承认”？

生：好吧！

生：知道了，爷爷！

生：我知道了，爷爷，下次不会弄错了！

生：好了啦！爷爷，我知道了，我要去捉蚂蚱了。

师：嗨，这才是我可爱的孙女儿。

师：同学们，从这件事情当中，我们感受到祖父的园子是一个——

生：自由的、快乐的园子。

2.聚焦“园中之景”，体会自由快乐

师：除了萧红所做的事情让我们感受到自由和快乐之外，还有什么地方也能让我们感受到园子是自由快乐的，哪个自然段？

生：第16自然段。

师：你们认为呢？

生：是的。

师：请关注第16自然段。

（课件呈现）

花开了，就像睡醒了似的。鸟飞了，就像在天上逛似的。虫子叫了，就像虫子在说话似的。一切都活了，要做什么，就做什么。要怎么样，就怎么样，都是自由的。倭瓜愿意爬上架就爬上架，愿意爬上房就爬上房。黄瓜愿意开一朵花，就开一朵花，愿意结一个瓜，就结一个瓜。若都不愿意，就是一个瓜也不结，一朵花也不开，也没有人问它。玉米愿意长多高就长多高，它若愿意长上天去，也没有人管。

师：这一段不是写景的吗？你看这一段写到了花儿，写到了鸟儿，写到了倭瓜啊，写到了玉米啊，你们怎么感受到自由快乐了呢？

生：她说要怎么样就怎么样，都是自由的。

生：园子里的植物愿意怎么样就怎么样，很自由。

师：很会发现。这段话里面有一个句式反复出现，哪个句式？

生：愿意怎么样就怎么样。

师：对。要怎么样就——

生：怎么样。

师：所以我们就感受到了自由。关于倭瓜，关于玉米，大明老师也写了一段话，请看。

（课件呈现）

倭瓜长蔓了，沿着花架往上攀，一直爬到了房顶，再挂下来，随风摇摆，甚是婀娜。黄瓜也开花了，这儿一朵，那儿一朵，怎么开，都很美，她们仰着黄色的小脸，向着和风点头。一群群蝴蝶在花间翩翩起舞，分享着这场花的盛宴。玉米苗也伸展着腰肢，向着天空微笑。一切都是美的！

师：我觉得我写得比萧红好。你们认为呢？

生：我觉得萧红写得好。因为大明老师没写出园子的自由。

师：确实是这样。我写出了园子的什么特点？

生：美。

师：为什么？

生：大明老师用了很多很美的词，而且最后一句点出了园子的美。

师：同学们，这就告诉我们：同样的景物，不同的写法，就会让读者有截然不同的感觉。两段文字，如果离开了写作的目的，就没有好坏之分。

师：作者难道仅仅在倾诉景物的自由吗？它实际上是在表达——

生：自己的自由。

师：透过这段文字，萧红她一定在诉说——

（生在配乐中补读）

（课件呈现）

我愿意（摘黄瓜），就（　　）；我愿意（捉蚂蚱），就（　　）；我愿意（　　），就（　　）。

生：我愿意摘黄瓜，就摘黄瓜。

生：我愿意捉蚂蚱，就捉蚂蚱。

生：我愿意追蜻蜓，就追蜻蜓。

生：我愿意吃黄瓜，就吃黄瓜。

生：我愿意瞎胡闹，就瞎胡闹。

生：我愿意睡觉，就睡觉。

师：这样的事情举得完吗？

生：举不完。

师：所以，千言万语可以汇成这样一句话——

生：我想做什么，就做什么。我想怎么样，就怎么样。

师：这就是萧红，一个有着自由心境的萧红，一个让想象自由驰骋的萧红，一个用率性的笔想怎么写就怎么写，借景物的自由来表达自己自由的萧红。同学们，这种写法有一个名字，叫作——借景抒情。

（生在第16自然段旁批注）

师：学到这儿，你们一定明白了，这个园子最大的特点就是——

生：自由快乐。

师：那么，为什么题目不叫“自由快乐的园子”呢？

生：因为园子是祖父创造的。

生：是祖父的爱和宽容给了萧红自由和快乐。

师：说得好！所以，萧红就把这篇文章的题目定为——

生：祖父的园子。

师：这也表达了萧红对祖父的——

生：怀念。

三、营造冲突，激阅读欲望

师：萧红的童年是自由快乐的，所以，萧红想到了用笔来刻录她的童年，让童年永恒。于是，她写就了一部童年生活回忆录，那就是长篇小说——（课件出示《呼兰河传》的封面）

生：《呼兰河传》。

师：猜猜看，在这本书里，萧红还会写什么？

生：其他快乐的事情。

师：还有呢？

生：其他那些自由的事情，比如捉鱼什么的。

师：一开始我也是这样想的。但是，一个偶然的机会，我读到了著名作家茅盾先生对《呼兰河传》的评价，我被震撼了！

（课件呈现）

它是一篇叙事诗，一幅多彩的风土画，一串凄婉的歌谣（茅盾）

师：你们一定知道，哪个词震撼了我？

生：凄婉。

师：相信，也震撼了你们。要想解开心中的谜团，办法只有一个——

生： 去读读这本书。

师： 愿意去读这本书，从而解开心中疑惑的请举手。（小手如林）

四、延展阅读，引写作之志

师： 同学们，童年是美丽的歌谣，童年是动人的诗篇，童年是人生长河中短暂的一瞬。萧红用文字记录她的童年，还有许许多多的人用不同的方式来刻录她的童年。比如有一个著名的歌手，叫——罗大佑，他有一首歌叫《童年》。请看——（播放歌曲）会唱的同学可以跟着一起唱。

师：（在《童年》的歌曲声中）我也想留住我的童年，于是，我选择了向萧红学习。想了解大明老师的童年吗？

生： 想。

师： 请看大屏幕。

（课件呈现）

麻雀们受到惊吓，像无头苍蝇，在屋子里乱飞乱撞。有的“咚”的一声，撞墙“自杀”了。更多的麻雀飞向透着亮光的窗户，它们哪知道，这窗户外已经罩上了一张渔网，只一会儿工夫，麻雀们的脑袋全被卡在了网眼里，进退不得，尽管拼着命拍打翅膀，但也无济于事，只得乖乖束手就擒。哈哈，那天晚上，我就吃到了香喷喷的烤麻雀。

——摘自虞大明《童年趣事之网鸟》

怎么样才能让小鸡变孔雀呢？有了，我拿出画画用的水粉颜料，一只手握住小鸡，一只手为它上起色来。经过我几分钟的努力，小鸡并没有变成五彩斑斓的孔雀，而是成了青一块、紫一块的丑八怪，活像刚从煤堆里钻出来的脏刺猬。唉！

——摘自虞大明《童年傻事之小鸡之死》

我雄赳赳气昂昂地拎着捕鼠笼，来到河边，望着笼子里惊慌失措的老鼠，我像个法官似的大声宣判：“老鼠，你作恶多端，罪大恶极，本法官宣判你死刑，立即执行！”说罢，我把鼠笼浸入水中，不一会儿，老鼠便一命呜呼了。哈哈，爽啊！

——摘自虞大明《童年趣事之捕鼠》

师：大明老师的童年有意思吧？

生（齐）：太有意思了！

（课件呈现）

聪明的你，会用什么方式让你的童年永恒呢？

师：一张黑白的照片，加上几段文字，大明老师的童年就永恒了。这是我留给你们的人生思考题——聪明的你，会用什么方式让你的童年永恒呢？想一想，再想一想，然后用实际行动给出精彩的回答。下课！

专家点评

得意 得言 得法

——评虞大明老师执教的《祖父的园子》

理念决定教法，写法影响教法。虞老师根据文本的“这一个”，确立了以培养阅读能力、培养写作能力为课程的价值取向，适度淡化对文本内容的理解，高度重视对言语形式、文章写法的感悟和运用，把语言训练和思维训练有机结合，教学环节步步深入，使学生“得意”之时，也能得言、得法，实现了阅读教学的高效率。

一、以疑导学，以法导读，训练思维

长文如何短教，解读如何切入，如何深入，虞老师在两课时教学中，巧妙启发、鼓励学生质疑，然后顺疑而学，营造平等对话的和谐氛围，引导学生谈看法、摆见解、比较、分析、判断、推理，相互启发，寻找答案。

1.审题起疑，初识园子。文题是文章的灵魂，虞老师“审”得高明：看题目，能不能把题目变成问题？问得新、问得妙。学生问：祖父的园子是怎样的园子？老师顺水推舟，让学生带着这个问题读书，并提示学法：用一个词语来概括祖父的园子给你的印象，想好后把这个词写在课题旁边。然后交流，并让五位同学上黑板板书词语。对学生板书的词语，教师迅速做了梳理，表现园子外显特点的词：应有尽有、生机勃勃、五颜六色。表现园子深

层次特点的词语：自由、快乐。至此，整体感知环节轻松完成。

2.初感起疑，初入园子。继续激疑：请同学们把初步感受的这五个词语变成问题。这一引导，使学生质疑有依据、有抓手、扣文本。对学生提的五个问题，教师又进行了梳理，并不平均用力，而是先解决前三个浅显易懂的问题，淡化导读了第1、2自然段，在相应的内容旁边教学生批注。然后集中更多的时间解决两个核心问题：为什么是自由、快乐的园子？提示读法：再次浏览，用圈出关键词的办法，把“我”所做的事圈出来，然后交流，让学生了解园中景物的生机和缤纷，以及与祖父一起在园中的种种趣事，进一步感受到作者童年生活的无比自由。

3.重点起疑，深入园子。一问：为什么说“铲地”这件事写得最具体？让学生初步感受文章写具体的方法。二问：为什么单单把这件事写具体？此问，教师并不急于探究，突然宕开一笔，让学生通过读一读、演一演的办法，体会“浇菜”一事的童趣，真是独出机杼。然后回到原来的问题：像这样的趣事那么多，为什么唯独把这件事写得具体？再次挑起矛盾，并提示学法：采用师生对话形式，打破砂锅问到底，跳跳能摘到的桃子最甜。老师用激将法，让学生既感到学习方式的难度，又感到特别刺激、特别有趣，一下点燃了学生思维的火花。接着，连珠炮似的问答开始了，在智慧的碰撞中，在妙趣横生的对话中，学生更深层次地感受了萧红的童年之趣。

4.总结起疑，走出园子。师再次设疑：我又纳闷了，为什么课题不叫自由的园子、快乐的园子，而叫祖父的园子？因为这份自由和快乐是祖父给的，他的爱就像园中那个特别大特别亮的太阳——使园中“万类霜天‘尽’自由”的太阳。于是，由物及人，文章的主旨水到渠成，瓜熟蒂落。

二、比较学习，悟法用法，训练语言

《祖父的园子》，写景，或写意或工笔，率真、通俗，而又充满灵气、诗意和情趣，有的段落真正达到“物我合一”的境界；叙事则截取典型生活片断，或详或略，挥洒自如，“淡妆浓抹总相宜”。要让学生领略作者叙事时的选材之妙和写景状物的手法之妙，并借机对学生进行语言和思维的训练，比较无疑是特别好的办法。

虞老师在第二课时教学中，至少两次比较阅读，次次独具匠心。第一次："浇菜"一事的略写与"铲地"的详写对照，从而使学生既明白详写"铲地"的深层次原因，那是祖父对"我"的特别的爱，又明白选材和确定详略的写作知识。第二次：老师改写第16自然段的部分句子，与原文进行对照学习，总结出原文的写法之妙有三：(1) 同样的景物，不同的写法，会有不同的感受，关键看写作的目的。(2) 反复的写法。(3) 借景抒情。而后，进行"反复"句式的训练：我愿意（　　），就（　　），我愿意（　　），就（　　）……既练了笔，又温习了种种童年趣事，体会自由之乐，体会运用修辞之妙，内容与形式完全统一于这一说话训练之中。真是：最自由的笔，写最自由的景，写最自由的童年生活。

（特级教师　闫玉良）

同行品悟

流淌心中的那首歌

——听大明老师《祖父的园子》有感

大明老师的课堂，静静流淌着略带忧伤的歌声，也流淌着萧红的《祖父的园子》——没有气壮山河，没有纵横捭阖，大明老师就用简约的旋律，轻松的基调，丰富的内涵，温暖的抒情，演绎了这节课。这样清缓、朴实，这样亲和、悠长，缓缓流入我们的心中，让我们久久地沉浸在无限的思索中。

一、取舍——简约的旋律

《祖父的园子》一文，萧红用清新的笔触，运用了大量的事例——栽花、拔草、种菜、铲地、吃黄瓜、追蜻蜓、抓蚂蚱、浇菜、睡觉等，描述了自己在祖父的园子里，大干"瞎闹""胡闹"之事，处处透露出一个孩童的天真烂漫、自由自在。

这么多事例，个个鲜活，这朵"语言描写"美，那朵"动作描写"也美，"乱花渐欲迷人眼"，哪一朵都舍不得扔掉。如何在一树繁花中，找寻那最迷人最有内涵的那一朵呢？这就是大明老师的眼光，这就是大明老师的功力。淡淡的一句追问：这么多事例中，哪件写得最具体呢？作者为什么要把这件事写具体？一舍一取，删繁就简，直接把学生带入了最能凸显祖父的爱的事例。

“教什么”远比“怎么教”重要，大明老师是深谙此道的。在教学设计阶段，教师就要在教学内容的取舍上下功夫。回想自己的这节公开课，最大的弊病在于，在这么多的事例中，不肯舍，总觉得写得那么好，怎么能不去细细品尝呢？不舍，重点没有充分展开，在有限的四十分钟课堂内，你就得不到更大的效益。想起杨再隋先生提倡的“一课一得”，这是语文的课堂本色。一课一得，学生学习语文的时间不是一节课，而是一辈子。

一得，足矣；取舍，是我们备课时最该做的。

二、对话——轻松的基调

大明老师的课堂，总是这样充满情趣，感染着每一个学生，也感染着每一个听课的老师，沉浸其中，连笔记都忘做。“情”“趣”二字，在有儿童存在的地方来说，我认为是不可缺少的，因为这是符合儿童的认知特点。

大明老师与学生有一次师生合作对话朗读，教师读爷爷的语言，学生读“我”的语言。原文：

祖父慢慢地把我叫过去，讲给我听，说谷子是有芒针的。狗尾草则没有，只是毛嘟嘟的真像狗尾巴。

祖父虽然教我，我看了也并不细看，也不过马马虎虎承认下来就是了。不得不承认学生的创造潜力是无限的，这个学生淡淡地一声：“哦——”。这一声“哦”，后面藏着学生对文本的解读——萧红马马虎虎地承认，更把对“马马虎虎”的理解转化成贴切的表达与演绎。大明老师的回敲：“你为什么这样说？”更让学生明白——不仅要读好引号中的话，也要读好没有引号的话。

我想，这样的师生对话，这样与文本对话，是大明老师一贯追求的彰显语文味的情境学习。一篇篇看似孤立的、沉默的文本，当我们引着学生去揭开知识的文本的表层，把文本还原到作者的心灵世界中，将会发现，学生也走进了瑰丽的精神家园，与作者一起体验，一起成长，激发出无限的创造潜力。

三、告诉——丰富的内涵

《祖父的园子》第16自然段，萧红以清新的笔触，儿童式的言说方式，反复使用“愿意……就……”的句式，抒发了自由的心境。作者表达了怎样的心情，又通过什么样的句式表现出来，我想几乎所有的老师在处理该段教学时都会抓住这两点。

大明老师也紧扣住这两点，使用了比较的策略：出示自己写的一段话，这段话用上了很多修饰性的词语，着重描写了花园的美景。然后请学生把这段话与第16自然段进行比较，在比较中明白——不同的语言如果离开了目的，就无所谓好坏。当然，这是一次有效的“告诉”。

“告诉”，用教学术语来说，就是讲授。在“自主、探究、合作”潮卷课堂的如今，很多教师谈“讲授”而色变，似乎一和“讲授”搭上边，就变成了“满堂灌”。“告诉”，有错么？“告诉”本身是没有错的，但是，教师如果“告诉”学生的，不是学生渴望得到的，至少不是大多数学生希望得到的；或者“告诉”得过早，省略了学生自主探究学习的过程，让他们只是使用者；没有让“告诉”发挥最大的作用，无效告诉，不如不诉。

像大明老师这样的点睛之诉，点中学生的疑惑，也解了听课教师的疑惑。我们总是为了突出文本的语言，而大量使用外来的语言。但是，真的有优劣之分吗？说明性的语言概要准确，描述性的语言形象生动，适用于不同场合、不同情境。我们要做的，就是引导学生经历一个比较阅读的过程，经历一次有效的探究，对于结果，我想，不需要那么执着。

四、余音——温暖的抒情

一首好的曲子，结尾或高亢，或悠远，总会给听者留下一片无限的遐想空间。大明老师的结课，直把这种温暖送入学生的心里。

温暖之一：阅读，我期待

大明老师最后补充出示了关于《呼兰河传》的资料，是茅盾对这本书的一个高度评价：它是一篇叙事诗，一幅多彩的风土画，一串凄婉的歌谣。在这个评价中，最能激发学生认知冲突的是这两个字——凄婉。在这一篇课文的学习中，学生也跟着萧红沉浸在自由快乐中。然而到此处，这种感觉戛然而止，怎么会是凄婉呢？强烈的阅读期待被激发了，一睹为快的那种渴望多温暖！

温暖之二：走进教师的精神世界

学生无疑是老师最铁杆的"粉丝"，他们对老师既熟悉又陌生的精神世界，充满了好奇。大明老师补充了自己的童年趣事片段——《网鸟》《捕鼠》《小鸡之死》，还有一张很有意思的孩童照片，骑在长辈（爷爷）的头上，尽显天真。学生读着一段段妙趣横生的文字，看着好玩的图片，个个兴趣盎然，乐不可支。当老师的童年时代，以图文并茂的形式，毫无遮掩地展示在学生面前，征服了学生。教师就是课程，不是吗？不用再多说教，不用再多指令，你的一举一动、一言一行，整个你，就是活教材！

温暖之三：永恒的童年，无限的遐想

这节课的最后一句话——聪明的你，会用什么方式让你的童年永恒呢？话音虽然已经消失，但这样一个问号，却深深地刻在学生的心里。如今的学生，童年已不再如我们的童年那般自由轻松，学业负担让他们的童年如此无奈。可是，能用一颗细腻而敏感的心，去尽量寻求童年的快乐吗？能用自己的言说方式，去定格最美的记忆吗？大明老师留给学生的，不仅是一项作业，更是一道人生的思考题，就让学生带着遐想，走进温暖的春天！

（宁波　许静）

课例 12

以语文的方式走进名著

——《景阳冈》(统编版语文五年级下册第 6 课)

快乐密码

历史上有很多打虎英雄：汉代的李广、晋代的周处、唐代的裴旻……但学生心中印象最深的莫过于《水浒传》中的武松。这就是名著带给学生根深蒂固的印象。再次走进《景阳冈》，聚焦“打虎”，感受武松的智勇双全，凭借阅读链接，在学生心中重塑人物形象，名著的魅力又一次深入呈现。当研读成为一种习惯，相信每一个学生都能在书香中收获成长和快乐。

文本简析

课文记叙了武松在阳谷县的一家酒店内开怀畅饮后，趁着酒兴上了景阳冈，赤手空拳打死猛虎的故事。文章按照“喝酒、上冈、打虎、下冈”四部分来写，“喝酒”“上冈”铺垫了事件的发展，体现了武松的豪爽、倔强，“打虎”一节，作者用多种方法来刻画人物，特别是以动词的选用，来表现武松打虎时的那番惊心动魄的场面以及人物“智勇双全”的特点。文本篇幅较长，教学此文，需要在自己理解的基础上快速默读，进行概括，了解大致事件。在整体把握文本的基础上，引导学生关注人物的主要特点及作者表达的方法。学习过程中，适度关注趣味性，以便学生在课后阅读名著的过程中，真正做到“乐读”“会读”。

目标预设

1.借助预习，尝试用喜欢的方式概括文本主要内容。

2.聚焦“打虎”，继续学习基于快速浏览的“圈画批注”，感受武松“智勇双全”的特点。

3.凭借链接阅读，认识武松多面化的性格特征，初步了解《水浒传》塑造人物形象的特点，激发对古典名著《水浒传》的阅读兴趣。

第一课时流程预设

1.畅聊水浒，激情导入。

2.初读故事，指导方法。

3.再读故事，梳理经过。

4.初识武松，引发探究。

5.复习词语，指导书写。

第二课时教学实录

一、聚焦打虎，探究武松之“智勇”

1.聊武松，直接感受武松智勇

师：同学们，昨天你们的语文老师带你们走进古典名著《水浒传》，来到了景阳冈，说起景阳冈，绝对的主角就是——

生（齐）：武松。

师：所以今天这节课，我们围绕武松主要完成两个任务：一是“聊武松”；二是“表现武松”。首先咱们来聊聊武松，好吗？

生：好——

师：如果只允许你用一个词形容武松，你会用哪个词？

生：勇敢。

生：英勇无畏。

生：不惧危险。

师：除了勇敢，武松也很——

生：聪明！

师：这样的武松，可以用一个词来概括。

生：智勇双全。

（师在课题旁边板书）

师：课文很长，可以分成哪四个部分？

生（齐）：喝酒、上冈、打虎、下冈。

师：四部分内容中，最能体现武松智勇双全的是哪部分内容？

生（齐）：打虎。

师：请快速浏览，哪个自然段写了武松打虎的场面？

生：第6自然段。

师：好，接下来，请关注第6自然段，边读边找：施耐庵哪些描写给了你这样的感受？可以画一画；哪些词特别体现了武松的智勇，可以圈一圈。开始。

（生自主画找，师巡回指导）

师：我发现大家都首先关注第6自然段，很有道理。在这段中，大家都圈出了哪些字词？

（课件呈现）

武松见了，叫声："呵呀!"从青石上翻将下来，便拿那条哨棒在手里，闪在青石边。那个大虫又饥又渴，把两只爪在地下略按一按，和身望上一扑，从半空里撺将下来。武松被那一惊，酒都做冷汗出了。说时迟，那时快，武松见大虫扑来，只一闪，闪在大虫背后。那大虫背后看人最难，便把前爪搭在地下，把腰胯一掀，掀将起来。武松只一躲，躲在一边。大虫见掀他不着，吼一声，却似半天里起个霹雳，震得那山冈也动。把这铁棒也似虎尾倒竖起来，只一剪，武松却又闪在一边。

生：我圈出的是“躲”还有“闪”。

师：同样圈出这两个字的请举手。（小手如林）为什么圈出这两个字？

生：因为书上说老虎背后看人最难，所以武松躲闪在老虎身后，说明他很机智。

生：这两个字体现了武松反应快。

师：身手敏捷。

生：他很敏捷、机智。

生：武松面对凶猛的老虎，没有硬拼，而是机智地躲闪开，这样就能消耗老虎的力气。

师：说得好！这就叫避其锋芒，机智的体现。

师：你们还特别关注了哪些内容？

生：我特别关注的是第6自然段还有很多描写武松打虎的动作。

（课件呈现）

那大虫咆哮，性发起来，翻身又只一扑，扑将来。武松又只一跳，却退了十步远。那大虫却好把两只前爪搭在武松面前。武松将半截棒丢在一边，两只手就势把大虫顶花皮揪住，一按按将下来。那只大虫急要挣扎，早没了气力。被武松尽气力纳定，那里肯放半点儿松宽。武松把只脚望大虫面门上、眼睛里只顾乱踢。那大虫咆哮起来，把身底下扒起两堆黄泥，做了一个土坑。武松把那大虫嘴直按下黄泥坑里去。那大虫吃武松奈何得没了些气力。武松把左手紧紧地揪住顶花皮，偷出右手来，提起铁锤般大小拳头，尽平生之力，只顾打。打得五七十拳，那大虫眼里、口里、鼻子里、耳朵里都迸出鲜血来。那武松尽平昔神威，仗胸中武艺，半歇儿把大虫打做一堆，却似躺着一个锦布袋。

师：没错。你们特别圈出了哪些词？

生：揪、按、踢、打。

师：从中你读出了什么？

生：武松武艺高强，非常勇猛。

师：面对猛虎，武松毫不手软。我读出了武松的“英勇”。

师：是啊，描写武松打虎，施耐庵用了一连串的动作，而且只用了一个“打”字，实在高明。除了勇猛，这些动作也是可以体现武松的机智的，知道这是为什么吗？（生沉默）

师：你看他揪的是老虎的什么？

生：顶花皮！（师为生示意顶花皮的位置）

师：为什么揪顶花皮能体现武松“机智”？

生：这样老虎就咬不到他了。

师：家里养过小猫小狗的请举手！（生纷纷举手）你们有没有这样的经验，只要揪住了它们的“顶花皮”这个部位，它们就被乖乖地提起来了？

生（纷纷）**：**是的是的。

师：这就很好地体现了武松的机智。像这样的地方，你还能自己发现吗？

生：武松踢打的是老虎的眼睛，眼睛打瞎了，老虎就看不见了。

生：武松打的是老虎最薄弱、最致命的部位，可见他很机智。

师：说得好！武松打虎的目的是——

生：打死老虎。

师：置老虎于死地，因此，找老虎最薄弱和致命的部位打。不像我们的父母，有时候打我们，选的是——

生（大笑）**：**屁股。

师：哈哈，看来都被父母打过。父母打我们的目的是为了教育我们，所以选择屁股打，只是疼，不会受伤。

2.聊老虎，侧面体会武松智勇

师：好一个智勇双全的武松。我们继续聊，还有哪些描写可以体现武松的智勇双全？（生茫然）

师：老师帮助大家一下。要是我说大明老师也打过老虎，你们信吗？

生：不信。

师：我不骗人。有图有真相，想看吗？

生：想。

（课件呈现“大明打纸老虎”的图片）

师：我英勇吗？

生（齐）：不英勇。

师：为什么？我不也打老虎吗？

生：哈哈哈，大明老师打的是纸老虎！

师：那你们明白什么了？

生：哦，我们研究武松的智勇双全，不能只关注武松，还得去研究研究这只老虎。

师：掌声送给他。施耐庵心里很清楚——把老虎刻画得越凶猛，就——

生（齐）：越能体现武松的智勇双全。

师：这种写法就叫——

生：侧面衬托。

师：没错。赶快找找，哪些描写体现了老虎的凶猛。

（生浏览、画找—全班交流）

生：老虎不住地扒身底下的泥，扒起了两堆黄泥，成了一个土坑。说明老虎力气很大。

生：老虎吼一声，就像半天里起了个霹雳，这老虎叫声很大。

生：它的尾巴像铁棒一样，很厉害。

生：老虎有“扑、掀、剪”三大绝招，太厉害了。

生：老虎往上一扑，从半空里跳下来。说明它跳得很高。

生：课文前面说了，这只老虎已经伤了三二十条大汉的性命。

师：没错。说明这只老虎是有前科的。（生笑）继续交流，还有吗？

生：老虎出来的时候，会起一阵风。

师：对啊，很有气势。这就叫“风生从虎，云生从龙”。这就是高明的施耐庵，他一定十分清楚，把老虎描写得越凶猛，就越能体现武松的——

生：智勇双全。

师：这种写法叫作——

生（齐）：侧面衬托。

师：这样聊武松爽不爽？

生：爽。

3.聊李逵，比对体会武松智勇

师：继续聊，还有哪些描写也能体现武松的英勇？（生茫然）老师再帮帮大家。在《水浒传》中，打死过老虎的可不只武松一人，知道还有谁吗？

生（齐）：李逵。

师：请看李逵打虎。

（课件呈现）

话说这李逵是个孝子，他在梁山落草后，想接母亲去山上住。没想到半路上李逵去找水的工夫，母亲被老虎吃了。李逵怒不可遏，一口气杀了两只小老虎，又伤了母老虎，母老虎负痛逃走。李逵恰待要赶，只见就树边卷起一阵狂风，吹得败叶树木如雨一般打将下来。自古道：“云生从龙，风生从虎。”那一阵风起处，星月光辉之下，大吼了一声，忽地跳出一只吊睛白额虎来。那大虫望李逵势猛一扑。那李逵不慌不忙，趁着那大虫势力，手起一刀，正中那大虫颔下。那大虫不曾再掀再剪：一者护那疼痛，二者伤着他那气。那大虫退不彀（gòu）五七，只听得响一声，如倒半壁山，登时间死在树下。

师：你有什么发现？

生：李逵打死了三只老虎，打伤了一只。

师：李逵与武松打虎有什么区别？

生：李逵有武器，用的是斧头，而武松是赤手空拳的。

师：太对了。武松是怎么打死老虎的？请看大屏幕。

（课件呈现）

定睛看时，一棒劈不着大虫。原来慌了，正打在枯树上，把那条哨棒折做两截，只拿得一半在手里。

师：大家读读这段文字，有什么发现？

生：哨棒折断了。

师：这也是施耐庵的高明之处，让武松先折了哨棒，赤手空拳打死老虎，多英勇啊。要是见老虎来了，扔出一颗手榴弹，炸死老虎，还能体现英勇吗？

生（大笑）：不能。

师：聊了那么长时间的武松，谁能为大家总结一番：施耐庵是怎么写出武松的智勇双全的？

生：作者用了很多动词，写出了武松的智勇双全，接着刻画了老虎的凶猛，侧面衬托了武松。

师：还有折棒呢？

生：也是侧面烘托。

二、自主选择，表现武松之“智勇”

师：刚才咱们一起，畅聊了武松，接下来该干吗了？

生（齐）：表现武松。

师：施耐庵用精彩的描写表现了武松智勇双全的英雄形象，那我们可以怎么表现武松的英勇呢？

生：演一演。

师：可以啊，演演课本剧。

生：可以用画画的方式来体现。

师：嗯，向汪仪同学学习，画画连环画。还有别的方法吗？

生：朗读。

师：对！读也是好方法。现在，我们一起来合作朗读，我读描写老虎的部分，你们读描写武松的部分。看是我“吃”了你们，还是你们把我“打死”了。

（师读老虎，生读武松。师通过语调、语速的变化表现老虎不同气力的由盛转衰，生也相应地变化）

师：用朗读是不是个好方法？

生：是！

师：还有别的方面吗？看，我这儿还带来一个道具。

生：扇子！对，可以说书。

生：老师，请你说一段武松打虎的评书，可以吗？（生纷纷要求）

师：哈哈，难不住我，我练过。（从容地摇起手中的折扇，双手拱拳）各位看官，献丑了……话说武松喝了十八碗酒……欲知后事如何，且听下回分解。

（生纷纷鼓掌）

师：请同学们自主选择一种表现方式，进行练习。

（生练习准备，并全班展示）

三、链接阅读，了解名著之“高明”

师：还有一个问题，我们也要来研究研究。说起景阳冈，最重要的一件事情就是武松打虎，但是为什么前面还要用这么多笔墨来写武松喝酒？

生：这是为下文做铺垫。他如果没有喝酒就没有这么大的胆子了。

生：如果不喝酒，提早走了，就见不到老虎了。

师：如果他急于赶路，可能不会遇见老虎。还有吗？写武松喝酒主要是通过——

生：武松和店家的对话来写。

师：没错，老师还针对武松和店家的对话，改编成了微剧本，请看大屏幕。

（课件呈现）

【微剧本：武松吃酒】

武松：主人家，快把酒来吃。

店家：唉——酒来喽——（筛酒）客官请慢用！

武松（一饮而尽）：这酒真有气力！主人家，有饱肚的买来吃酒。

店家：只有熟牛肉。

武松：好的切二三斤来吃酒。

店家：三斤上好的牛肉来喽——（再筛酒）

武松（一饮而尽）：好酒！（店家再筛酒）

武松（又一饮而尽；大声）：主人家，怎的不来筛酒？

店家：客官，要肉就添来。

武松：我也要酒，也再切些肉来。

店家：肉便切来，添与客官吃，酒却不添了。

武松（惊讶状）：却又作怪。你如何不肯卖酒与我吃？

店家：客官，你须见我门前招旗，上面明明写道“三碗不过冈”。

武松：怎地唤做三碗不过冈？

店家：俺家的酒，虽是村酒，却比老酒的滋味。但凡客人来我店中吃了三碗的，便醉了，过不得前面的山冈去。因此唤做“三碗不过冈”。若是过往客人到此，只吃三碗，更不再问。

武松：哈哈哈，原来恁地。我却吃了三碗，如何不醉？

店家：我这酒叫做“透瓶香”，又唤做“出门倒”。初入口时，醇醲好吃，少刻时便倒。

武松（大声）：休要胡说。没地不还你钱，再筛三碗来我吃。

（店家只好筛酒。武松前后共吃了十八碗。吃完了就要走）

店家：客官哪里去？

武松：叫我做甚么？我又不少你酒钱，唤我怎地？

店家：我是好意。你且回来我家看官司榜文。

武松：甚么榜文？

店家：如今前面景阳冈上，有只吊睛白额大虫，晚了出来伤人，坏了三二十条大汉性命。官司如今杖限打猎捕户，擒捉发落。冈子路口两边人民，都有榜文。可教往来客人，结伙成队，于巳、午、未三个时辰过冈，其余寅、卯、申、酉、戌、亥六个时辰，不许过冈。更兼单身客人，不许白日过冈，务要等伴结伙而过。这早晚正是未末申初时分，我见你走都不问人，枉送了自家性命。不如就我此间歇了，等明日慢慢凑得三二十人，一齐好过冈子。

武松：我是清河县人氏，这条景阳冈上少也走过了一二十遭，几时见说有大虫！你休说这话来吓我！便有大虫，我也不怕。

店家：我是好意救你。你不信时，进来看官司榜文。

武松：便真个有虎，老爷也不怕。你留我在家里歇，莫不半夜三更要谋我财，害我性命，却把大虫吓我？

店家（叹气摇头）**：**你看么！我是一片好心，反做恶意，倒落得你恁地说。你不信我时，请尊便自行。

师：你们当武松，我来当店家，我们一起来演一演。

（师生合作，演绎“武松喝酒”）

师：通过刚才的合作表演，你又感受到了什么？

生：武松天不怕地不怕。

生：武松明知有虎，还要上冈，很倔强。

生：武松连喝了那么多碗酒，给人感觉很豪爽。

师：《水浒传》之所以是名著，是因为他刻画出了非常复杂的人物性格。请看明末清初著名的文学评论家金圣叹对武松及《水浒传》的评价：

（课件呈现）

武松，天人也。武松天人者，固具有鲁达之阔，林冲之毒，杨志之正，柴进之良，阮七之快，李逵之真，吴用之捷，花荣之雅，卢俊义之大，石秀之警者也。

《水浒传》写一百零八个人性格，真是一百零八样。若别一部书，任他写一千个人，也只是一样；便只写得两个人，也只是一样。《水浒传》只是写人粗卤处，便有许多写法。如鲁达粗卤是性急，史进粗卤是少年任气，李逵粗卤是蛮，武松粗卤是豪杰不受羁靮，阮小七粗卤是悲愤无说处，焦挺粗卤是气质不好……

师：看完这段评价，你有什么新的感受？

生：我觉得作者很厉害，一百零八个人物，写出了不一样的性格。

生：哪怕都是写一种性格，也有细微的差别。

师：人的性格是很复杂的，而《水浒传》这部小说最了不起的地方就是写出了人物性格的复杂多样。同学们，相信你们已经有不少阅读过《水浒传》了，如果再去阅读的时候，可以特别关注这些梁山好汉的性格是怎样多姿多彩、各不相同的。

专家点评

情境：创设一个影响人发展的生命场域

——虞大明老师《景阳冈》赏析

“情境是什么？情境是思维触发处，是知识形成处，是能力成长处，是情感涵养处。”以儿童发展为本，创设真实而富有意义的学习情境，关注的是学生完整生命的存在，不仅让学生在语言方面得到真实而富有意义的生长，同时也促其综合能力、人文素养等方面获得整体提升。

一、侃名著——聚焦内容情境，“聊”中学语文

学习内容本身有情境。教学时要和学生一起静下心来，慢慢读、细细品、徐徐写，这是一个“潜心会文本”的过程。学生在学习活动的真情境中，既有对文本情境的体验，又唤醒了自己的生活经验，两者融合在一起，化成自然、舒心的表达。

第一板块教学聚焦打虎，探究武松之“智勇”。大明老师采取“聊谈式”学习，和学生聊武松，聊老虎，聊李逵。聊武松，直接感受武松“智勇”；聊老虎，侧面体会武松“智勇”；聊李逵，比对体会武松“智勇”。这一学习过程，通过圈画批注直扣文本展开语言实践，通过文本比对深化巩固“侧面衬托”的写作方法。为什么要用“聊”展开学习呢？“聊”是一种舒展的姿态，以这样的姿态亲近古典名著，给学生一种轻松感，更利于对作品的整体把握。“聊”是一个由浅入深、由表及里的过程。在对文本整体把握的基础上，聚焦“打虎”一节，引导学生关注作者用多种方法来刻画人物，从动词的选用，到刻画老虎凶猛，再以“折了哨棒，赤手空拳”来衬托人物的“智勇”，展现打虎时那番惊心动魄的场面，给学生留下非常深刻的印象。“聊”更利于旁征博引，不仅自然地引出“云生从龙，风生从虎”等名著中的语言，还以“李逵打虎”比对，发现施耐庵表达的高明之处，激发学生阅读《水浒传》的兴趣。

二、葆童心——活化交际情境，“笑”中添智慧

大明老师很有童心童趣，在语文课堂上俨然一位幽默大师，不时抖一抖“包袱”，让学生在笑中学语文，在笑中长智慧。这是一种运用课堂教学语言活化交际情境的功夫。“聊武松”片段，学生关注一连串的动作，体会到“击中要害”可显现武松的智勇，这时老师不失时机地幽了一默“武松找老虎最薄弱和致命的部位打。不像我们的父母，有时候打我们，选的是——”，学生笑说“屁股”，紧接着老师又补充“哈哈，看来都被父母打过。父母打我们的目的是为了教育我们，所以选择屁股打，只是疼，不会受伤”，巧妙地渗透了阅读方法，同时展现了语文化人的魅力。“聊老虎”片段，呈现一张“大明打纸老虎”的图片，学生在笑声中明白研究武松的智勇双全，不能只关注武松，还得去研究研究这只老虎。第二部分表现武松之“智勇”，分配完师生合作朗读任务，老师加了一句“看是我‘吃’了你们，还是你们把我‘打死’了”，学生大笑。随后老师通过语调、语速的变化表现老虎气力上的由盛转衰，学生也相应地变化。就这样，在笑声中增进了对知识点的理解，提升了学习驱动力，将课堂学习氛围推向了高潮。

三、做导演——创设任务情境，“演”中增理解

为了更好地落实核心素养，“最有效的方法是与课程内容和教学方式整合，让学习者投入到需要运用高阶思维的学习活动之中”。好的任务情境，能促进课程内容和教学方式整合，带来学生学习的高峰体验。

大明老师在落实课后习题“用自己的话详细讲述武松打虎的部分，可以加上适当的语气、表情和动作”时，充分考虑到和本单元口语交际“表演课本剧”相结合，将它贯穿在课文学习过程中。因学生表演打虎难度颇大，便将“课本剧表演”的内容改为“喝酒”部分。武松和店家丰富的对白，更适合学生加上适当的语气、表情和动作，来表现武松豪爽、正直的人物形象，感受《水浒传》的语言风格。学习过程中，学生俨然把自己当成“大编剧”“大导演”，想象人物的神态、语气、动作，加入剧本表演所需的舞台提示，再加上适当的道具，更是让学生学得兴味盎然。这样的学习，抓住人物特点，揣摩人物心理，从而进一步认识武松多面化的性格特征，了解《水浒传》塑造人物形象的特点，激发对古典名著《水浒传》的阅读兴趣。

在语文课堂上创设一个影响人发展的生命场域，让个体充分感受学语文、用语文的价值与意义，促进语言的真实生长，并因其充分的参与而“忘我”，场域是“活”的、流动的，具有生命力的。

（特级教师　叶根娟）

同行品悟

懂儿童，知语文

——虞大明老师《景阳冈》赏析

近年来，大明老师一直比较关注小学高段古典名著课文的教学。大明老师的课务实、创新、大气、灵动，他总是有办法，站在学生的身边，与他们携手走进文中，领悟读书之法，享受读书之乐。《景阳冈》是五年级下册第二单元古典名著单元的课文，同时也是《水浒传》的精彩片段。大明老师用语文的方式，和学生一道，漫步在名著的康庄大道上，驻足于文字的通幽曲径处，文有其乐，教得其法，很好地体现了大明老师“懂儿童，知语文”的教学追求。

一、走近儿童，共享名著之“趣”

都说大明老师风趣，这话不假，他本身就是一个儿童，总是从儿童的视角出发，拟定教学细节。

1.尊重儿童。《景阳冈》是古白话文小说，文章比较长，语言与现在稍有出入，这个故事，可能一部分同学之前就有所了解，但要说出个子丑寅卯来，还真不容易。大明老师充分考虑到了一部分学生的这种畏难情绪，和同学们从“聊聊武松”开始进入教学，课堂的学习难度一下子降低了，没有了负担，学生也更乐于发表见解。

大明老师的课最重要的是他的课堂体现了学大于教。学生的学主要表现为有很多的时间、机会来展现学习过程及成果。无论是学生交流自己的预习心得，学生欣赏图文式、章回式、快板等概括方法，还是学生品味文本的表现手法，鉴赏教师的拓展材料，学生学习的时间都得到了保证，更不用说学生踏踏实实地进行圈画批注，推敲研磨。正因为大明老师为学生架构了一个个学习活动，学生才有了自由、广阔的学习空间。

2. 了解儿童。大明老师了解儿童，不光是通过生活上、文本上的接触，他的脑海里装的也是儿童。在谈到“怎样上好公开课”时，大明老师提到，他现在很少试教，但是备详案的过程就是试教——意念里已经跟学生大战三百回合了。有了这样的预设，还怕没有精彩的生成吗？

描写老虎的凶猛对武松“智勇双全”形象的塑造有着侧面衬托的作用，为了让学生的注意力聚焦到老虎的身上，大明老师出示了自己骑纸老虎的照片，学生乐得前仰后合，纷纷表示，大明老师骑的是纸老虎，而武松打死的那只是凶猛的吊睛白额大老虎。在充满趣味的对话中，学生开始关注作者施耐庵是如何塑造出一只猛虎形象的。侧面烘托武松的智勇，不说自明。

师生分角色朗读环节，大明老师扮演老虎，学生扮演武松。大明老师一开始还“恶狠狠地”，慢慢地，就开始“有气无力”了。当大明老师表示，老虎的力气还有不少，“武松们”使劲地“打”，读得自然就更起劲了。正是在这样的对话氛围中，学生们乐此不疲，兴味盎然。

二、走近名著，探秘读书之“法”

对于古典名著的教学，大明老师有自己的心得，这里仅选取三点以作赏析。

1. 文本概览。大明老师提到，古典名著课文教学的核心价值取向是提高阅读能力，学会略读、浏览、跳读、扫读、猜读、抓重点读等方法；其次是粗知文本大意，抓住主旨，恰当地学习语言；最后是训练提炼概括信息的能力，提高阅读的速度，养成阅读的习惯。略读的评价，重在考查能否把握阅读材料的大意；浏览能力的评价，重在考查能否从阅读材料中捕捉重要信息。

《景阳冈》一文篇幅长，尤其需要学生通过自己的语言，简洁地梳理出文章脉络，粗知文章大意。通过归纳小标题的方法，教师引导学生将整篇文章梳理成“喝酒、上冈、打虎、下冈”这一条脉络，既有利于整体把握，也有利于后续精准聚焦。在文本概览的方法指导上，教师呈现了丰富多彩的概括形式，令人叹为观止，这对学生文本的把握，思路的打开，方法的习得，都是直观而有效的。

2.精准聚焦。在《景阳冈》一文的教学过程中，大明老师精准聚焦“打虎”这一环节，通过“圈画批注”的方法来感受武松“智勇双全”的特点。因为聚焦，这个板块有了充足的教学时间，教学过程十分舒展。“打虎”片段的师生快速对读，花费时间不多，却渲染出了武松搏虎时那种紧张的氛围，提升了学生对文本的理解。因为聚焦，学生有话可说，说得更集中，更容易有精彩的生成。同时，对于作者的运笔，学生有了方法上的感悟，这是聚焦的又一层好处。

大明老师指出，圈画批注是一种很好的读书方法，既能抓住要点，又能节省时间，一定要让学生养成不动笔墨不读书的习惯。聚焦之后，针对文本的精妙之处，需要学生圈字词，画语句，写批示，做旁注。学生有了感悟，需要重新落实到文本，否则，这些感受也只是过眼云烟。

3.征引拓展。大明老师的课堂上，往往呈现出各式的拓展，其目的也不尽相同。有些资料的补充，用于解惑。有些疑惑，依靠现有的文本无法解决，教师通过提供补充资料逐步达成教学目标。有些资料的补充，用于发现。如本文的教学中，教师提供了李逵杀虎的素材，用于发现武松是“赤手空拳”与虎搏斗。有些资料的补充，用于生疑。这类资料，往往和文本内容有矛盾之处，借此让学生的理解更上一层楼。

拓展材料的出示时间，也要恰到好处。如若过早出示，学生被老师牵着走，就达不成预期的效果了。总之，呈现拓展资料，要让学生在有疑处释疑，于不疑处有疑。一波三折，教学才能更灵动，更具广度。

（杭州　张孝杰）

课例 13

奇招！奇课！奇人！

——《刷子李》（统编版语文五年级下册第 14 课）

快乐密码

为了学生能学得快乐，我是愿意做任何事情的，甚至不惜“糟践”自己——当我把我扮演的蹩脚的粉刷匠的“丑陋”照片呈现在大屏幕上时，当学生“肆无忌惮”地将照片上的我比作“斑点狗”时，我感觉到了学生的快乐……这是我所期待的。

文本简析

《刷子李》选自《俗世奇人》。《俗世奇人》是著名作家冯骥才创作的同名小说集。书中所讲之事，多以清末民初天津卫市井生活为背景，每篇专讲一个传奇人物的生平事迹，素材收集于流传津门的民间传说。人物之奇特，闻所未闻；故事之精妙，叹为观止。《刷子李》刻画的是刷子李刷墙的高超技艺。小说开篇就点明了刷子李的高超粉刷技艺，让人心生敬意；接着又指出“这是传说”，让人半信半疑；小说的主体部分作者通过曹小三的眼睛，用细腻的描写，证明了刷子李的粉刷技艺果然名不虚传，可谓一波三折，跌宕起伏。小说的主体部分情节叙述亦是如此：先写刷子李刷墙果然身上不留一个白点，接着又说“发现了一个黄豆大小的白点”，最后揭开悬念——那白点原是抽烟时不小心烧的小洞。

目标预设

1.认识“浆、傅”等8个生字，会写“浆、陷、傻”等15个字，在具体情境中理解“匀匀实实、天衣无缝”等词语的意思。

2.着眼全文，自主探究，研读重点句子，感受刷子李之“奇”；初步形成“三百六十行，行行出状元”的认识。

3.凭借对曹小三内心世界的揣摩，了解通过描写人物的语言、动作、外貌等表现人物特点，及正面侧面描写相结合的方法。

4.凭借对小说布局谋篇的初步认识，体会“一波三折”的写作手法，感受小说的“好看”，提升学生欣赏小说的能力。

第一课时流程预设

1.揭题解题，了解背景：简介作者冯骥才与《俗世奇人》；从课题，你可以得知什么信息？

2.学习字词，整体感知：读准“蘸浆、发怔、有诈、包袱、匀匀实实、调浆、必得、露馅、一模一样、和着琴音、天衣无缝”；刷子李给你留下怎样的印象，请用一个词语来概括（奇）。

3.探究：全文哪个自然段最能概括他的“奇”，请仔细阅读圈找依据并标上序号；交流并落实朗读；体会“必”“绝”“只要”，感受刷子李的艺高人胆大；激发进一步学习的兴趣。

第二课时教学实录

一、回顾导入，激发冲突

师：同学们，大千世界，无奇不有。上节课我们认识了著名作家冯骥才在《俗世奇人》一书中的一位奇人。他就是——

（出示课题）

生：刷子李。

师：课文主要讲了一件什么事？谁能来用上这几个词说一说。

（课件呈现关键词）

刷浆、必穿、神圣不可侵犯、轰然倒塌

生：刷子李有一手刷浆绝活。他干活时必穿一身黑，只要衣服上有一个白点就不收钱。徒弟曹小三一次跟着师傅去干活，发现了师傅裤子上有个白点。师傅神圣不可侵犯的形象轰然倒塌了。

师：很能干，所有词语都用上了。不过，故事说完了吗？

生：没有，没有。后来曹小三发现，原来那个白点是师傅抽烟时，烟灰烫的洞。这天，曹小三学到了很多。

师：对！加上了结尾，故事完整了。请同学们也来试试。

（众生练习述说主要内容）

二、深入研读、体会“神奇”

师：说他奇，他自有神奇之处。那么，他到底神奇在哪儿呢？请大家浏览课文，找一找、画一画刷子李到底“奇”在哪儿。找到第一处，标上①，找到第二处，标上②，还可以用最简洁的词语或短语记录你的感触。

（生自主浏览文本，圈画句子和重点词，进行批注，并交流反馈，五分钟）

生：我从“他要是给您刷好一间屋子，屋里什么都不用放，单坐着，就如同升天一般美”这句感受到刷子李的神奇。

师：你是怎么感受到的？

生：如同升天一般美，说明刷子李刷出来的屋子如同天堂，如同仙境。

师：你体会得很不错。能把房子刷得如同天堂一样，刷屋子的效果确实神奇。

生：“最让人叫绝的是，他刷浆时必穿一身黑，干完活，身上绝没有一个白点。别不信！他还给自己立下一个规矩，只要身上有白点，白刷不要钱。”我从这个句子感受到刷子李的神奇。干粉刷这行，身上有白点，太正常了。可刷子李偏偏给自己定下了如此独特的规矩。

师：干粉刷一行，不染一点白浆，难不难？

生（异口同声）：难。

师：有成语说“近朱者赤，近墨者黑”，那么，近白浆者自然白了。你们见过粉刷匠吗？你所见过的粉刷匠是怎样的？

生：我见过的粉刷匠全身布满白点。

生：我见过的粉刷匠不仅衣服上有白点，就连手上、脸上也有很多白点。

师：好，让你们见识一下什么叫粉刷匠，瞪大眼睛仔细看，一位重量级的粉刷匠即将粉墨登场。（屏幕出示老师干粉刷的照片，如下图）

（生哈哈大笑）

师：看到这样的粉刷匠，你会想起哪种动物？

生：斑点狗。（众生笑）

师：哈哈，我觉得也像。虞老师曾经干过粉刷，此话不假吧？干粉刷这行，身上有白浆，最正常不过了。可刷子李干活，穿一身黑衣，居然没有一个白点，这就叫——黑衣无瑕。神不神？

生：太神了！

师：还能从哪些句子中感受到刷子李的神奇？继续交流。

生：我从“刷子李一举刷子，就像没有蘸浆。但刷子划过屋顶，立时匀匀实实一道白，白得透亮，白得清爽”感受到刷子李的神奇。

师：说来听听。

生：“匀匀实实”这个词说明刷子刷得很均匀。

师：这个词抓得很准！什么是“匀匀实实”？

生：刷得均匀。

师：那是“匀匀”的意思。“实实”呢？

生：厚实、饱满。

师：是啊！刷得既均匀，又厚实，这就是——

生：匀匀实实。

师：效果真的很神奇。继续交流。

生：我从“只见师傅的手臂悠然摆来，悠然摆去，如同伴着鼓点，和着琴音，每一摆刷，那长长的带浆的毛刷便在墙面啪地清脆一响，极是好听”中感受到神奇。我发现刷子李刷墙的动作很优美。

师：你真会读书！一下子明白了这句话是写刷子李的动作的。来，我们一起模仿刷子李的动作。起——悠然摆来——悠然摆去——（生做动作）

师：你们觉得刷子刷墙的动作怎么样？

生：优美、飘逸、潇洒。

师：是啊！能把墙刷得如此潇洒，恐怕是前无古人，后无来者，仅此刷子李一人也。继续交流！

生：我从“啪啪声里，一道道浆，衔接得天衣无缝，刷过去的墙面，真好比平平整整打开一面雪白的屏障”感受到刷子李的神奇。我是从“天衣无缝”这个词体会到的，很均匀，衔接得很好，一点破绽也没有。

师：嗯，有道理。见过天衣吗？

生：没见过。

师：我也没见过。天衣唯有天上有，人间何处觅天衣？但我们可以想象。

生：天衣一定是非常飘逸的。

生：天衣没有缝隙，特别平整。

师：是啊，“天衣无缝”这个词也体现了刷子李刷墙的效果特别神奇。

（课件呈现）

①“他要是给您刷好一间屋子，屋里什么都不用放，单坐着，就如同升天一般美。”

②“最让人叫绝的是，他刷浆时必穿一身黑，干完活，身上绝没有一个白点。别不信！他还给自己立下一个规矩，只要身上有白点，白刷不要钱。”

③“刷子李一举刷子，就像没有蘸浆。但刷子划过屋顶，立时匀匀实实一道白，白得透亮，白得清爽。”

④“只见师傅的手臂悠然摆来，悠然摆去，如同伴着鼓点，和着琴音，每一摆刷那长长的带浆的毛刷便在墙面啪地清脆一响，极是好听。”

⑤“啪啪声里，一道道浆，衔接得天衣无缝，刷过去的墙面，真好比平平整整打开一面雪白的屏障。”

师：刚才，咱们从这些句子中体会到刷子李的神奇。这些描写太生动，太传神了。读这样的句子，你会发觉，刷子李已经不是一个普普通通的粉刷匠，而是一个才华横溢、风度翩翩的艺术家了。自由读读这些句子，你觉得刷子李仿佛成了什么？

生：魔术师。

生：书法家。

生：画家。

生：音乐家和舞蹈家。

师：这就是刷子李的神奇之处。

三、回应开头，问题解决

师：现在你明白了吗？刷子李“奇”在哪儿？

生：明白了。

师：刚才大家你一言我一语的，有点乱。现在咱们再来梳理一下。这五句话，其实从五个方面写出了刷子李的神奇，想一想，是哪五个方面？

生：穿着奇。

生：规矩奇。

生：动作奇。

生：声音也奇。

生：效果奇。

师：是啊，刷子李真是“派头十足”“技艺高超”啊！

（边小结，边板书，将黑板上五个点分两个方面梳理，对应《课堂作业本》上相关习题）

师：对于刷子李的神奇，冯骥才也有精辟的阐述，比较一下，咱们理解的跟著名作家说的是不是一样？

（课件呈现）

刷子李之“奇”在于行事奇，规矩奇。他手艺出众，潇洒自如，原本已在“奇人”之列，但是他为自己制订的近乎苛刻的“规矩”更是奇崛之极。他以这样的独特标准使自己远远超越了同行，成为业内响当当的偶像。

师：同学们真会读小说，跟大作家想得一模一样，为自己鼓鼓掌。

（生鼓掌）

师：现在，你们知道，为什么称他为“刷子李”了。在民间，如果某人在某个行当里技艺高超，有绝活，无人能比，咱们就可以用“行当加上姓”的方式称呼他，这是对他的肯定，也是对他的尊重。据老师所知，在民间，有这样的绰号的人很多，能举举例子吗？

生：有一个人，姓张，泥人捏得特别棒，我们叫他“泥人张”。

师：没错。在天津，有个叫魏元泰的，风筝做得特别棒，我们叫他——

生：风筝魏。

师：还是在天津，有个叫刘凤鸣的，刻砖特别在行，我们叫他——

生：刻砖刘。

师：在你们眼前，有一个叫虞大明的，教书教得挺不错的，咱们就叫他——

生（笑）：教书虞。

师：嗯？能叫我“教书虞”吗？

生：不能。

师：确实不能。开个玩笑，像这样独特的称呼，虞老师是没有资格享用的。

四、揣摩心理，感受“一波三折”

师：通过刚才的学习，我们感受到了刷子李的神奇。同学们，你们认为这篇小说好看吗？

生：好看。

师：老师也认为这篇小说确实很吸引人。除了小说刻画的人物很神奇之外，还有别的原因吗？（故事描写“一波三折”；允许学生回答不上来，存疑）

师：你们读了这篇小说，觉得哪几个自然段的描写特别具有吸引力，经常会出乎你们的意料？

生：第6～9自然段。

师：你们真会读小说。出乎你们意料的地方，同样也让刷子李的徒弟曹小三倍感意外。请大家浏览第6～9自然段，找一找，共有几处描写体现了曹小三的出乎意料？

（生画找，交流）

每一面墙刷完，他搜索一遍，居然连一个芝麻大小的粉点也没有发现。哪个词最能体现曹小三的“出乎意料”？（板书：居然）一个“居然”写出了曹小三内心的出乎意料。此时，刷子李在徒弟曹小三心中的形象一定是如山般高大。请看曹小三的心理示意图。

（课件出示）

当刷子李刷完最后一面墙坐下来，曹小三给他点烟时，竟然看见刷子李裤子上出现了一个白点，黄豆大小。

他凑上脸用神再瞧，那白点原是一个小洞！刚才抽烟时不小心烧的。

（生试着画曹小三心理图示，并交流）

师：这就是曹小三内心世界的一波三折！有了这个一波三折，这篇小说会更加好看，像一块磁铁深深地吸引住了我们的眼球。可是这仅仅是图示，如果我们能用精彩的文字来描写曹小三的内心世界，那么这个“一波三折”一定会更加丰满。请同学们自由选择其中一个“出乎意料”，用两三句话写出曹小三的心中所想，比一比，谁写得生动，写得传神，写得有意思。

（生独立写，并交流）

生1：师傅这下惨了，不仅赚不到钱，连一世英名也毁了！

生2：哦，原来那是被香烟烫出的小洞。看来，师傅真的是名不虚传。

生3：不想当将军的士兵不是好士兵，同样，不想成为刷子李的粉刷匠，不是好的粉刷匠。我要好好向师傅学习，争取成为“刷子李”。

师：你姓什么？

生3：姓吴。

师：你成不了“刷子李”，就算你刷得再好也成不了，你应该争取成为——

生（恍然大悟）：刷子吴。

师：呵呵，对喽。这就是曹小三内心的一波三折。（师板书）这个“一波三折”因为有了你们的想象和补写变得更加丰满，更加生动，更加具有吸引力。

五、聚焦结构，再次感受“一波三折”

师：这篇小说，还有一个“一波三折”，你们发现了吗？（允许存疑）如果虞老师将这篇小说分成这样三个部分，你们能发现这个“一波三折”吗？

（课件出示——第一部分：第1自然段；第二部分：第2自然段；第三部分：第3～11自然段）

生：读了第1自然段，读者会对刷子李很敬佩。

师：没错！

生：读了第2自然段，读者知道了“那只是传说”，因此，会比较失望，因为，传说一般都是不真实的。

师：真好！

生：读了第3～11自然段，读者又明白了，刷子李确有此本事，所以读者对他的敬佩之情会油然而生。

师：这就是小说整体结构上的“一波三折”。不过，老师还有疑问，小说的主人公明明是刷子李，冯骥才为何把那么多笔墨花在曹小三身上呢？

生：我知道，这是侧面描写！写曹小三，就是为了用他来衬托刷子李高超的技艺！

师：你懂得真多！是的，对主人公动作、神态等的描写，叫——（生接读，师板书）正面描写；而对他人，如观众的描写，叫——（生接读，师板书）侧面描写。这篇小说正是因为有了这两个一波三折，有了这样多角度的描写，才会如此吸引人。我们得感谢大作家冯骥才。

六、挖掘结尾，升华情感

师：同学们，这节课，我们既领略了刷子李的神奇技艺，又领略了冯骥才小说描写的一波三折，真是过瘾啊！有人说：“曹小三当学徒的头一天，见到听到学到的，恐怕别人一辈子也不一定明白呢。”虞老师说：“你们在这篇小说中感悟到的，恐怕别人一辈子也不一定明白！”你们从这篇小说中感悟到了什么？

生：刷子李技艺高超。

生：刷子李无愧于“刷子李”这一称号。

师：相信看了这段话，你们就更明白了。

（课件呈现）

码头上的人，全是硬碰硬。手艺人靠的是手，手上就必得有绝活。有绝活的，吃荤，亮堂，站在大街中央；没能耐的，吃素，发蔫，靠边呆着。这一套可不是谁家定的，它地地道道是码头上的一种活法。您别说不好，这一来也就练出不少能人来。各行各业，全有几个本领齐天的活神仙，天津人好把这种人的姓，和他们拿手擅长的行当连在一起称呼，如“刷子李”“泥人张”“风筝魏”“刻砖刘”等，叫长了，名字反没人知道。只有这一个绰号，在码头上当当响、响当当了。

——摘自冯骥才《俗世奇人》

师：你又明白了什么？

生1：对待任何事情，都要精益求精。

生2：再普通的事情，只要努力去做，精益求精，都能做出了不起的成就来。

生3：三百六十行，行行出状元。

生4：只有手上有绝活，才能有活干，才能过上好的日子。

师：说得真好！所以我们得感谢刷子李。最后，我们送一副对联给刷子李。

（课件呈现）

上联：天衣无缝，刷板显功底。

下联：黑衣无瑕，绝活写传奇。

横批：俗世奇人

师：这篇小说有意思吗？还想再读读这样的小说吗？哪本书中有？

生：《俗世奇人》。

（课件呈现《俗世奇人》简介）

《俗世奇人》是著名作家冯骥才创作的同名小说集。书中所讲之事，多以清末民初天津卫市井生活为背景，每篇专讲一个传奇人物的生平事迹，素材收集于流传津门的民间传说。人物之奇特，闻所未闻；故事之精妙，叹为观止。

师：希望同学们能读一读这本书，在结识更多奇人的同时，尽情领略冯骥才先生的生花妙笔！

教学反思

一切为了“奇绝”

——《刷子李》教学反思

上完《刷子李》，我直呼过瘾，因为学生和我一样，深深沉浸在刷子李的奇绝故事中。《刷子李》是一篇小说，有原型，再虚构。可以说，人物和情节是这篇小说最绝妙的地方。回顾课堂，我在引导学生感知人物形象和体会情节曲折上确实收到了一些实效。

一、放手自读，人物形象跃然纸上

提出中心问题，牵一发而动全身，是我的语文教学主张。快乐教育的核心，并非是让学生说说笑笑，而是让学生充分体会思考的快乐，享受发现的过程。本课教学，我以“为什么叫他刷子李?”为中心问题，引导学生潜心会文，从字里行间感受刷子李刷墙技艺的高超。在阅读过程中，学生逐渐领悟到“穿着奇、规矩奇、动作奇、声音奇、效果奇”，整堂课笼罩在“奇”的氛围中。刷子李的人物形象也在自读自悟中跃然纸上。同时，随着主要问题的解决，学生也了解了民俗，走进了市井，为课堂营造了浓浓的天津码头味。

二、巧借图形，一波三折震撼人心

《刷子李》中的曹小三虽是学徒，却从侧面时刻烘托刷子李的人物形象。尤其是冯骥才对曹小三内心一波三折的描写更是令人叫绝。试教阶段，我也会引导学生去发现小说情节的绝妙之处，但学生对一波三折的感受始终不够强烈。某一天，我突然想到医院里的“心电图”。为什么不能让学生模仿心电图的样子画一画曹小三的内心世界呢？于是，就有了教学时略显夸张的“心电图”。通过这张图，学生更加直观地感受到了一波三折的绝妙情节，可谓记忆犹新！除此之外，我还在试教的基础上，增加了“大三折”的教学。从“听说”到“怀疑”，再到“确信”，作者的构思是非常巧妙的。我在学生体会到“大三折”后，再追问学生，学生的思维立刻走向纵深。我想，学生今后读小说，会时刻浮现出这张特别的图，会时刻关注情节的波折，对小说的情节印象会更深。

三、挖掘结尾，充分落实立德树人

《刷子李》这篇课文许多老师上过，我总觉得在结课时只是关注刷子李的刷墙技艺高超是远远不够的。刷子李虽是小人物，但是他精益求精、执着追求的品质令人感动。“立德树人”是教育的根本，语文教育更是“立德”的主阵地。一个普通人也能有追求，这不正是对学生最好的道德教育吗？于是，我在结课时补充了《刷子李》原文中的一段背景介绍，让学生深刻感悟刷子李的人物形象。在学生对刷子李产生敬佩之情时，我又适时推出《俗世奇人》一书，充分激发了学生的阅读兴趣。

《刷子李》的教学紧紧围绕“奇”与“绝”来展开，让学生充分体会小说的独特魅力。我的教学设计、教学语言、板书设计等，目的只有一个，为了“奇绝”！

专家点评

让经典原著在学生心中升腾飘香

——虞大明《刷子李》教学赏析

课文只是一个例子，旨在围绕语文要素，激发学生阅读兴趣，培养学生阅读能力。学习语文课本中的每一篇课文，最重要的是要为学生最终脱离教师走向自主课外阅读打好基础，所以语文课中的拓展阅读就显得尤为重要。

近年来观摩过很多课文的教学，最令我难忘的是特级教师虞大明执教的人教版五年级下册《刷子李》一课。这篇课文节选自我国当代著名作家冯骥才的作品《俗世奇人》，全书由19个短篇小说连缀构成，书中所讲之事，又多以清末民初天津卫市井民俗生活为背景，每篇专讲一个传奇人物生平事迹，素材均收集于长期流传津门的民间传说，人物之奇特闻所未闻，故事之精妙令人叹为观止。虞老师执教的这节课让我领略到了文学名著的错彩镂金之美，他的课堂舍去了繁华，舍去了修饰，留下的是最本质的原著精髓。虞老师在课堂上引导学生追本溯源、领略经典，走向原著，这种由一篇课文，到多篇的拓展，令经典原著的文学魅力在学生心中升腾飘香。欣赏虞老师的这节课，我感觉其拓展之妙有三：

一、阅读原著的部分内容

“读者心中要有作者。”在虞老师执教的《刷子李》一课中，当学生通过阅读文本感性地认识到“刷子李”之“奇”时，虞老师借机出示《刷子李》的原著《俗世奇人》中的片段描写，使学生通过课本与原著的对比描写深刻地感受到“刷子李”的“奇”，体会到原著中作者语言的丰富多彩和对人物描写的惟妙惟肖，从而使学生对原著产生强烈的阅读期待。

【片段一】

师： 说他奇，他自有神奇之处。——那么，他到底神奇在哪儿呢？请大家浏览课文，找一找、画一画刷子李到底“奇”在哪儿。找到第一处，标上①，找到第二处，标上②，还可以用最简洁的词语或短语记录你的感触。

生：“刷子李”刷的屋子很美！

师： 那是他刷屋子的什么很奇？

生： 效果很好、很奇。

师（板书：效果奇）： 概括得不错。还有几句也是写他刷出来的屋子效果很神奇，找一找。

生： 还有第三句和最后一句。

师： 这三句是从“效果”这个层面写了“刷子李”的奇。第二方面呢，“悠然摆来，悠然摆去”，他刷屋子的什么很奇？

生： 动作很神奇。

师（板书：动作奇）：“啪地清脆一响……”说明刷屋子时什么奇？

生： 声音奇。

师（板书：声音奇）： 还剩一句，是哪句？

生： 第二句。

师： 这是什么很奇？

生： 规矩。

师（板书：规矩奇、穿着奇）： 课文就是从这五方面来写“刷子李”的奇的，现在明白了吗？对于“刷子李”的奇，著名作家冯骥才也有非常精辟的论述，咱们一起来看看。

（课件出示部分原著，师生配乐朗读）

师： 他所感受到的，跟咱们感受到的一样吗？

生： 差不多。

师： 所以，我们要为自己高超的阅读水平鼓掌。

一个“奇”字，多处描写，环环相扣，步步深入，可谓一石激起千层浪，激发了学生无穷无尽的求知欲望。而对原著部分的引入及其阅读，则在此基础上，让学生走进了作家笔下栩栩如生的人物世界，进一步激发了学生对原著的阅读欲望，使阅读从课内走向了课外。

二、渗透原著的经典篇目

为了激发学生阅读兴趣，虞老师在教学过程中，潜移默化地向学生渗透了原著中的部分经典篇目，让学生在“猜一猜”这一活动中，适度地了解了作者冯骥才原著中的一些经典篇目，巧妙地为学生阅读《俗世奇人》这本好书做了铺垫。

【片段二】

师：现在，大家都明白了，为什么称他为“刷子李”。如果某人在某个行当，手上有绝活，无人能敌，那么我们就可以用如此独特的方式称呼他。这独特的方式是——

生：行当的名字放在前面，姓放在后面。

师：这是对他的肯定，更是对他的赞美和尊重。在民间，拥有这种独特称号的人还有很多，谁知道？（**生小声议论**）

生：“泥人张”。

师：没错。在天津有个姓张的，泥人捏得特别好，我们叫他——

生：“泥人张”。

师：还是在天津，有个叫魏元泰的人，风筝做得特别棒，咱们可以叫他——

生：“风筝魏”。

师：依然是在天津，有个叫刘凤鸣的，“刻砖”特别在行，咱们可以叫他——

生：“刻砖刘”。

为了进一步激发学生的阅读兴趣，虞老师非常智慧地向学生渗透了原著《俗世奇人》中的经典篇目：《泥人张》《风筝魏》《刻砖刘》等。通过这些经典篇目的渗透，使学生对《俗世奇人》一书产生了浓厚的阅读兴趣，达到了一篇带多篇的教学效果。

三、推荐阅读经典原著

在课堂教学结束之时，虞老师水到渠成地向学生推荐了冯骥才的原著《俗世奇人》这本书，使学生的阅读兴趣得到延伸，阅读方法得到实践，阅读习惯得以养成。

【片段三】

师：这堂课，咱们既领略了“刷子李”神奇的技艺，又领略了冯骥才小说描写的一波三折，过瘾不过瘾？

生：过瘾。

师：你们从这篇小说中明白了什么道理？

（生说不太清楚）

师：心中明白，但不能用语言表达，是吗？相信你看了下面这段话，你就明白了。

（课件呈现，配乐师读）

手艺人靠的是手，手上就必须得有绝活。有绝活的，吃荤，亮堂，站在大街中央；没能耐的，吃素，发蔫，靠边呆着。这一套可不是谁家定的，它地地道道……

师：现在你明白了吗？说来听听。

生：要当这种人，必须要有绝活，手艺要高超。

生：有能耐的必定比没能耐的好。

师：那当然。

生：做人不能看外表，要靠实力。

生：要想过上好日子，手上必须得有绝活。

师：说得好！不管从事什么行当，不管你干什么，只要你努力、勤奋、自信，你就一定会获得成功，正所谓，三百六十行——

生：行行出状元。

师：最后虞老师想将一副对联送给“刷子李”。写过对联吗？

生：没有。

（师多媒体出示：上联：天衣无缝刷子见功底；下联：黑衣无瑕绝活显传奇；横批：俗世奇人）

师：这样的文章好看吗？还想继续读吗？哪本书里有？

生：《俗世奇人》。

师（呈现《俗世奇人》的简介）：希望同学们抽空去读读《俗世奇人》，在认识一个又一个奇人的同时，领略大作家冯骥才的生花妙笔！

在学生阅读兴趣正浓时，虞老师适时向学生推荐我国当代著名作家冯骥才的《俗世奇人》这本好书，让学生带着“爱读书、想读书、盼读书”的美好愿望和急切心理走出课堂，奔向广阔的课外阅读天地，由“要我读”变成“我要读”，达到“教是为了不教”的教学境界。课内与课外是语文的两翼，以课内拓展课外，以课外完善课内，才能使课内课外“两翼俱丰”，而学生们只有“两翼俱丰”才会飞翔。虞老师执教的《刷子李》一课，巧妙拓展，追本溯源，由一点带一片，由一篇带多篇，潜移默化中将学生带进原著，让原著的文学魅力渗透到课堂教学中，使原著中经典佳句在学生心中留下烙印，让经典原著在学生心中升腾飘香。作为小学语文教师应该像虞老师一样，以教材为例子，带领学生进行合理的阅读拓展，让我们的学生在小学阶段就能够阅读到更多的名家名篇，领略到更多的大师文采，享受到更多的经典熏陶。

（黑龙江鹤岗市教师进修学院　杨凤杰）

课例 14

让智慧在思辨中生长

——《跳水》（统编版语文五年级下册第 17 课）

快乐密码

经典小说怎么读？用一种体验，那是生动紧张、扣人心弦，那是深入理解文本内涵后，对生命关怀的四十秒。用一种补白，那是用自己的经验世界去碰撞和共鸣，生成“此时无声胜有声”的遐想。用一种思辨，那是经历探究、学会学习与思考后的顿悟，收获生长智慧的喜悦。所以，经典小说快乐地读。因为爱学生，我们渴望用这样的体验、补白、思辨，丰富学生的心灵世界，让每个学生感受经典作品的力量；我们渴望把最经典的文学作品带入孩子的童年，让每个学生长成最美好的模样。

文本简析

《跳水》是俄国著名作家列夫·托尔斯泰的短篇小说。文章记叙了在一艘轮船上发生的事：水手们拿猴子取乐，小猴子把船长儿子戴的帽子挂到了桅杆顶端最高的那根横木的一头；孩子为了追回帽子，走上横木；在形势非常危急之际，船长急中生智，命令儿子跳水，使孩子转危为安。本单元指向阅读的语文要素是“了解人物的思维过程，加深对课文内容的理解”“根据情境编写故事，把事情发展变化的过程写具体”。思维过程是看不见的，是学生根据阅读产生的心理认知，我们可以通过思维导图的形式把隐性的结果表达出来。故事中，水手、猴子、孩子、船长是课文的主线人物，有着紧密的联系，在故事的情节中层层推进，人物的思维也在变化、发展。教师可以引导学生通过水手、孩子的反应，来梳理故事情境，再来聚焦船长的言行，推测他的思维过程，从而让语文要素在课堂中得以落实。

目标预设

1.能结合小说情节，理解事情发展的极度危险性，能说出船长所用办法的好处，从而体会船长的果断与机智。

2.能凭借比较阅读，针对小说的题目、情节铺垫、情节推进、结尾等进行思辩，从而感受小说之妙。

第一课时流程预设

1.初读课文，学习字词，初步了解课文的叙述顺序、故事的主要人物以及故事的起因、经过和结果。

2.学习故事的起因部分。

第二课时教学实录

一、复习回顾

师：上节课，我们通读了全文，学习了字词，还了解了故事的起因、经过和结果。

师：我们先来回顾一下，《跳水》这是列夫·托尔斯泰创作的非常经典的微型小说。微型小说又叫小小说，还叫一分钟小说。猜猜看什么叫一分钟小说?

生：一分钟就能看完的小说。

师：一分钟就能看完的小说称之为——

生：一分钟小说。

师：也叫——

生：小小说。

师：还叫——

生：微型小说。

师：《跳水》这篇小说篇幅真的很短小，全文只有758个字。我们写的文章差不多也是这样的字数。这篇微型小说情节涉及的角色主要有几个？

生：四个。

师：请看——

（课件呈现）

水手 ⇨ 猴子
猴子 ⇨ 孩子
孩子 ⇨ 猴子
船长 ⇨ 孩子
水手 ⇨ 孩子

师：我们能不能在箭头上添上一个词或一个字，梳理一下小说的五段小情节？

生：水手拿猴子取乐。

生：猴子逗孩子。

生：孩子追猴子。

生：船长瞄准孩子。

师：能用一个字表示吗？

生：船长逼孩子。

师：不错，最后呢？

生：水手救孩子。

师：很好。像这样先把文章中的人物梳理出来，然后用一个词把他们之间所发生的事情概括下，能帮助我们很好地了解这件事情的大致内容。

二、探究人物

1.聚焦关键角色

师：相信通过上节课的学习，我们一定知道这篇小说所刻画的角色中，最关键的人物是谁？

生（齐）：船长。

（课件呈现）

船长

师：毋庸置疑，肯定是船长。你们觉得船长是个怎么样的人？

生：我觉得船长是一个既沉着又冷静的人。

生：船长是一个思维敏捷、临危不惧、沉着果断的人。

生：他是一个遇到困难不慌不忙的人。

师：那就是沉着冷静，我们要注意说话不重复。

生：他是一个机智、随机应变的人。

师：我们读一篇文章，就会对文章中的关键人物有初步的认识。那你们为什么这样认为呢？

生：因为孩子随时有可能会掉下来，而船长能在很短的时间内想出很好的方法让孩子得救，所以我认为他思维敏捷。

师：同意吗？谁继续表达？

生：他看到孩子站在桅杆的顶端，就立刻拿枪对准儿子，他想出了一个解救孩子的好办法。所以，我认为船长从容镇定。

师：好，继续表达——

生：船长知道跳到甲板上会没命，跳到海里才能得救，所以我觉得他是一位经验丰富的船长。

师：其实，刚才三个同学，问题指向的最关键就是两个方面：一、当时孩子处境是否极其危险？二、船长的举动是不是最明智的？

（课件呈现）

船长

1.孩子的处境是否极其危险？

2.船长的举动是不是最明智？

2.聚焦处境危险

师：想清楚这两个问题，所有的问题也就解决了。我们先来研究第一个问题：请大家快速默读全文，找一找哪些描写让你感觉到孩子的处境是极其危险的？可以画出最关键的句子，圈出最关键的词语。

师：同学们，你们是不是首先关注的是第4自然段？请看大屏幕，你是从哪些地方感受到的？

（课件呈现）

孩子气极了，他的手放开了绳子和桅杆，张开胳膊，摇摇晃晃地走上横木去取帽子。这时候，甲板上的水手全都吓呆了。孩子只要一失足，直摔到甲板上就没命了。即使他走到横木那头拿到了帽子，也难以回转身来。有个人吓得大叫了一声。孩子听到叫声往下一望，两条腿不由得发起抖来。

生：我找到"孩子只要一失足，直摔到甲板上就没命了"，看出当时孩子身处绝境。

师：能说说你的理解吗？

生：丢了性命这件事很可怕。

师：而且这个句子中有一个关联词——

生：只要……就……

师：只要……就……，非常绝对，没有例外。继续分享——

生：我从"有个人吓得大叫了一声"，知道孩子的处境很危险。因为文中说这些水手都是环游世界回来的，肯定经历过很多危险，水手居然大叫一声。

师：什么大风大浪没见过，富有经验的，环游世界的水手们此时却吓得大叫一声，说明情况极其危险。我很欣赏他的思维。

生：我还从"孩子听到叫声往下一望，两条腿不由得发起抖来"看出人在紧张害怕的时候，很难保持平衡。

师：如果让你圈一个关键词，圈哪个？

生：发起抖来。

师：这个时候的发起抖来能控制住吗？

生：不能控制。

师：所以特别危险。

生：即使他走到横木那头拿到了帽子，也难以回转身来。"即使……

也……”的关联词，就是说孩子无论怎么做，都必死无疑。

师：我非常欣赏他的是，前面的同学关注了关联词，他马上就关注了另外一个非常重要的关联词“即使……也……”，做上记号。

师：即使他走到横木那头拿到了帽子，也难以回转身来；即使他转回身来，也难以走到桅杆这里；即使他走到桅杆这里，也很难顺利地爬下来。因为有句话说，上山容易，下山难。很不错，继续。

生：我从第一句看出来，孩子气急了。气急的情况下孩子的情绪是很不稳定的，而且第四句说，他摇摇晃晃地走上横木取帽子，也已经很危险了。

师：特别让你感到危险的是哪个词？

生：摇摇晃晃。

师：圈了没有？

（生圈画）

师：这个词太让人紧张了。同学们，我不知道你们是否知道，孩子身处的险境，根源就在于桅杆之——

生：高。

师：横木之——

生：又高又窄。

师：正所谓爬得越高，就会摔得越惨。知道这艘环游世界的大帆船，它的桅杆有多高吗？请看——

（课件呈现）

19世纪上半叶，“普鲁士号”帆船的桅杆高度六十八米；20世纪80年代，“皇家飞剪号”帆船的桅杆高度六十米；本文中的环游世界的大帆船，桅杆高度大约三十米，约七层楼那么高。

师：我们来看桅杆高度世界排名第一的，19世纪上半叶，“普鲁士号”帆船的桅杆高度六十八米；世界排名第二的，20世纪80年代，“皇家飞剪号”帆船的桅杆高度六十米；本文中的环游世界的大帆船，桅杆高度大约三十米，约七层楼那么高。高吗？摔下来必死无疑。这是桅杆的高度。那横木的高度离桅杆还有一定的距离，至少也有多少米？接近三十米。

（师指向帆船横木）

师：好，我们一起把这种紧张、危险的气氛朗读出来，“孩子气急了”，起——

（生齐读第4自然段，节奏较快地读）

师：第4自然段是直接写出了孩子当时处境的极其危险。还从哪些地方感受到的的确确处境很危险？

生：第6自然段。

师：这是这篇小说的结局。这一段恰恰印证了孩子当时处境很危险，你怎么读出来？请说一说。

（课件呈现）

“扑通”一声，孩子像颗炮弹一样扎进了海里。二十来个勇敢的水手已经跳进了大海：四十秒钟——大家已经觉得时间太长了。

生：孩子掉入水中的速度非常快，文中说像炮弹一样扎进水里。

师：什么情况下扎进海里，才会像炮弹？

生：只有在很高的地方跳下来，速度很快，才会像炮弹，让我知道了当时孩子所处的位置很高，很危险。

师：速度非常快，力气非常大，声音非常响。你很会思考。我小时候也跳过水，你们信吗？

（课件呈现——出示师小时候跳水地点的照片）

师：放了学，我总会约上几个小伙伴，来到这棵大树的枝丫上，往河里跳。我跳进水里，溅不起什么水花，请问为什么？

生： 因为这棵树的高度不够。只有在很高的地方掉下来才会像炮弹。

师： 明白吗？所以像一颗炮弹，间接地写出了孩子当时所处的位置很高，要是摔到甲板上，必死无疑。好，继续分享——

生： 四十秒钟其实很短，不到一分钟，但对于孩子掉入水中，大家觉得“度秒如年”。

师： 对于这个四十秒，你们是怎么理解的？

生： 普通的人掉进水里，一会儿就浮出来了，而四十秒，说明孩子跳进水里的时候冲击力特别大，速度特别快，扎得特别深，侧面突出了孩子当时位置高，以及处境紧急。

师： 给他掌声。他只有处于非常高的位置，扎进水里才会很深。再谈我小时候的跳水，我跳下去，三秒钟就浮出水面了。怎么回事呢？

生： 因为大树离水面的距离短，跳进去不会扎得很深，一下子就浮起来了。

师： 枝丫离水面的距离大约是二至三米，明白了吗？所以这个结尾也能说明孩子当时所处的境地——

生： 非常危险。

师： 这就是会阅读，这就是会思考。这样读小说才有意思。

师： 四十秒钟不长，但为什么水手们认为时间太长了？谁能告诉大家这个四十秒怎么算？从什么时候开始计时，到什么时候结束？

生： 从孩子扎进水里，到浮出水面开始计时。

师： 所以，我们必须要去想这是怎样的四十秒？来，现在你就是这个男孩，奉船长之命，扎进水里。屏住呼吸，3，2，1——

（课件播放四十秒的心跳声，生体验憋气四十秒）

师： 悄悄喘过气的举手。

师： 举手的同学是诚实的。昨天，我请教过医生，像你们这么大的孩子，憋气的时间大约是三十秒，而这里是四十秒。你在海里的时候，如果憋不住了，那会导致什么？

生： 孩子可能会胡乱折腾，会呛水，会窒息。

师：所以这是怎么样的四十秒？

生：是令人窒息的四十秒。

师：这是——

生：无法呼吸的四十秒。

师：这是——

生：呛水窒息的四十秒。

师：这是——

生：是要命的四十秒。

师：所以，虽然只过了四十秒，但是水手们觉得已经太久了。

师：你看，其他版本的教材恰恰印证了刚刚我们的想法。过了几分钟，孩子的鼻子里、嘴里控出许多水。他又开始呼吸了。

（课件呈现，北师大版教材的结尾）

“扑通”一声，孩子像一颗炮弹落到大海里。二十个勇敢的水手已经由船上跳到海里。四十秒钟以后——大家已经觉得时间太长了，孩子的身体浮上来了。水手们把他抓住，拉到甲板上。过了几分钟，孩子的鼻子里、嘴里控出许多水。他又开始呼吸了。

师：我们再一起来读，读出孩子当时的危险。

（生再次读第4自然段，节奏更快）

师：如果说第4自然段是直接写出孩子身处绝境，那么第6自然段的结局，它是——

生：间接地来证明孩子当时的处境极其危险。

3.聚焦船长举动：船长为什么要这样做？他是怎样想的？

师：孩子能否得救，就看谁能想出最明智的办法了？接下来，我们一起来关注第二个问题：孩子身处险境，父亲的举动是不是最明智的？

（课件呈现）

他本来是想打海鸥的，看见儿子在桅杆顶端的横木上，就立刻瞄准儿子，喊道：“向海里跳！快！不跳我就开枪了！”孩子心惊胆战，站在横木上摇摇晃晃的，没听明白他爸爸的话。船长又喊：“向海里跳！不然我就开枪了！一！二！”刚喊出“三”，孩子纵身从横木上跳了下来。

师：父亲的举动是——

生：用枪逼孩子跳海。

师：这个举动是不是最明智的？拿起笔在练习纸上写一写。

（课件呈现）

【想一想，写一写】（用上关联词）

他本来是想打海鸥的，看见儿子在桅杆顶端的横木上，心想：____。

师：如果你能用上只要……就……，即使……也……这样的关联词，那就是更好了。

生：只要儿子跳进水里，就不会有太大的危险了。

师：唯一脱险的办法，就是跳进海里。

生：糟了，孩子掉到甲板上就没命了，跳到海里或许有救。

生：太危险了，孩子只要一失足，摔在甲板上，必死无疑。

师：你看，很真实的想法。继续——

生：只要儿子在横木上多待一秒，就多一分危险，不行，我得用枪逼儿子跳进海里。

师：多待一秒就多一分危险，得让他赶快跳海。作为父亲，看着这样的情况，他一定会这样想。于是，父亲做出了非常明智的举动——

生：用枪逼孩子跳水。

师：同学们，如果你就是父亲，你的儿子身处如此的绝境，你会这样做吗？

生（异口同声说）：会。

师：你们还有更好的办法吗？

生：我觉得没有比这更好的办法了。

师：你们都认为船长的办法是最好的，是吧？现在你们都是船长，我来采访你。船长，你为什么不叫水手爬上桅杆去营救呢？

生：因为孩子随时可能掉下来，水手爬上去需要时间，没有这么多时间去救。

师：你的意思是水手爬上去是需要时间的，都这样认为吗？那你为什么不马上联系直升机营救？

生：那个时候还没有直升机，而且派直升机需要更多时间。

师：也就是说孩子在横木上多待一分钟，就多一分危险。那你为什么不吩咐水手马上铺设空气垫？

生：当时情况危急，根本来不及铺设空气垫。

师：多一秒钟，多一分危险，等气垫铺好，可能孩子早就没命了。所以你们心里很清楚，船长心里也很清楚，这个时候时间就是生命，得让孩子快速地跳海，这样才有可能有活着的希望。所以这真是一个——

生：机智的船长。

师：这真是一个——

生：果断的船长。

师：那就赶快来做好这个船长，现在你们都是船长，船长喊道——

（课件呈现）

他本来是想打海鸥的，看见儿子在桅杆顶端的横木上，就立刻瞄准儿子，喊道："向海里跳！快！不跳我就开枪了！"孩子心惊胆战，站在横木上摇摇晃晃的，没听明白他爸爸的话。船长又喊："向海里跳！不然我就开枪了！一！二！"刚喊出"三"，孩子纵身从横木上跳了下来。

生（大声喊）："向海里跳！快！不跳我就开枪了！"

师：船长又喊——

生（又大声喊）："向海里跳！不然我就开枪了！一！二！"

师：你们为什么要这么大声地喊？

生：怕孩子听不到。

师：听不到就误事了。你们为什么喊得那么坚决？

生：只有喊得坚决，才能让孩子相信，在千钧一发的时刻跳下海。

师：孩子所处的境地是九死一生。只有让孩子在第一时间跳水，才能保全生命，所以要喊得那么坚决，让孩子没有丝毫的犹豫。我们再来，船长喊道——

生（更大声地读）："向海里跳！快！不跳我就开枪了！"

师：我听出了三个感叹号。真好！正是因为船长的果断和机智，孩子最后——

生：得救了。

师：孩子得救后，水手、船长、孩子分别会怎么说，怎么做，请写一写。谁写得越短，我表扬谁，因为是微型小说。一分钟完成。

（课件呈现）

【想一想，写一写】

孩子终于得救了，水手、船长、孩子分别会怎么说、怎么做？（用最简短的语句写一写）

（生一分钟写话）

师：来，交流一下。

生：水手吁了一口气说："孩子终于得救了。"孩子惊魂未定，大口大口地喘着粗气。

师：我特别欣赏的是他写孩子的部分，写得特别好。继续——

生："吓死我了！"水手说。船长长吁了一口气说："孩子终于获救了！"

师：可见刚才真的是太危险了！你呢？

生："总算得救了。"水手说。船长长吁一口气说："还好，有惊无险。"

师：三个同学中，谁写得最好？我觉得是他："总算得救了。"水手说。船长长吁一口说："还好有惊无险。"孩子惊魂未定，不停地喘着粗气。（师拿起生作业纸范读）怎么样？

（生鼓掌）

师：你看，写得好，还得读得好吧！

三、探究小说

师：凡是能收入小学语文教材的作品一定都是了不起的经典，列夫·托尔斯泰创作的这篇小说《跳水》为什么能堪称经典？

（课件呈现）

【比较研究】

这篇小说为什么堪称经典？

【学习流程】

自主探究—小组分享—全班分享

师：首先请自己研究，然后再小组研究，由书记员写磁条。请你再拿出作业纸，有没有发现？你们刚刚完成的《跳水》，是不是一篇新的《跳水》，刚才两次动笔，对这篇小说进行了改造，我们比较下两篇跳水有什么不一样？再仔细读读，你会发现大明老师对小说也进行了修改的。这些都有助于你去发现托尔斯泰的《跳水》究竟经典在哪里？

（生一边比较一边研究，圈画批注写词条）

师：每个小组有两张磁条，把你们最有价值的发现写在黑板上。

（生小组合作交流，磁条贴黑板分享）

师：哪个组写了伏笔、铺垫，请分享。（师磁条分类）

生：我们组写的是伏笔，环游世界的大帆船可以突出水手的经验丰富，突出后文孩子所处的环境十分危险。还有第一段说风平浪静，水手们才会在甲板上，才会发生孩子爬上桅杆的事。

师：要不是风平浪静，会有后面发生的故事吗？

（生摇头）

师：要是海面上波涛汹涌，有这个故事吗？

生：没有。

师：所以风平浪静是铺垫，是伏笔。留下想象空间，来，继续分享。（师指磁条）

生：列夫·托尔斯泰全文没有一句写心理活动，就是给读者留下想象空间。

师：比如船长看到儿子在很高的桅杆上，他怎么想写了吗？

生：没有写。

师：好的作品总会让我们自己去揣摩。其实，非常经典的小说，都留有极大的想象空间。就比如，世界上最短的科幻小说：地球上的最后一个人独自坐在房间里，突然响起了敲门声。想象空间大吗？

生：大。

师：非常大。

师：侧面描写，哪个组发现的？（师指磁条）

生：水手们的"叫了一声"，能衬托当时场面非常紧张。

师：水手的叫，来，继续分享。（师指磁条）

生：用水手的叫为故事的情节发展推波助澜。

师：这就是非常高明的地方。再看这张图，你们还能发现什么？

（课件呈现）

水手	取乐	猴子
猴子	逗	孩子
孩子	追	猴子
船长	逼	孩子
水手	救	孩子

生：这篇小说四个角色，最关键的角色是船长。可是船长只出现了一次。

师：船长是最关键的人物，占的比重是最小的，你觉得这样写好不好？

生：他用很多笔墨写孩子，突出了孩子当时的危险，也更加突出了船长的从容镇定。

师：船长出现的地方是最最——

生：紧要的关头。

师：这就是这篇小说堪称经典的理由之一，在最关键时刻出现最关键的角色。船长一出现，再难的问题也就解决了。所以在读者心目当中，船长的形象自然就高大无比。

四、了解作家

师：你们真厉害，五年级的学生，这么会欣赏小说，能够发现托尔斯泰的《跳水》有那么多经典的地方。一方面说明他写得确实经典，另一方面也说明我们五（1）班的同学非常能干。关于列夫·托尔斯泰，你们了解吗？

（课件呈现）

列夫·托尔斯泰，19世纪末20世纪初俄国最伟大的文学家，是世界文学史上最杰出的作家之一。代表作有《安娜·卡列尼娜》《战争与和平》《复活》以及自传体小说三部曲《幼年》《少年》《青年》等。

师：左边是列夫·托尔斯泰的油画像，请你特别关注右边的文字。相信你们今后一定有机会读到这些经典著作，边读边思，多读多思，你们的人生必定精彩！

专家点评

“大明”的大明

——虞大明《跳水》教学赏析

常看武侠小说的朋友都知道，“江湖”上的武功有正邪之分。正派武功的特点是要从基础做起，一点一滴地循序渐进，积少成多，年深日久，有资质的自然终成大器。正派武功的另一个特点是光明正大，符合规律，符合人体的规律，符合事物发展的规律，也符合学习的规律。这种门派，比如少林、武当；这一类的大宗师比如扫地僧、张三丰等。而邪派武功则相反，无一例外的剑走偏锋，别道奇行，走的是歪门邪道，论的是不惜任何代价，但是——速成，很短的时间就能练成威力很大的武功。可惜，基础打得不牢，往往会在某个阶段走火入魔，功亏一篑，甚至伤及自身。这种武功，比如辟邪剑法，化功大法。著名的人物是东方不败，丁春秋等。

语文的“江湖”恐怕也有正与不正之分。

我从来鄙视那些追逐时髦，急追潮流的教学“变色龙”。一会儿“小组合作”闹翻天，一会儿全员全程“慕课”，一会儿“大单元和小单元”……

闹哄哄你方唱罢我登场。他们从来不把“听说读写”当回事，也从来不顾“教材和学生这两头”，总之，语文教改的浪潮中，他们不断改弦易辙，但永立潮头，堪称语文教学的“三姓家奴”。

我也不屑于有些永远墨守成规的人，这里面，教研员居多，拘泥于课程标准的某个理念，执拗于教材上的某个目标，非要按部就班地完成一个个程序，非要把知识和方法直接告诉学生，恨不得拎起学生耳朵往里面“灌”。他们永远不知道什么整合综合，什么是心领神会，什么是教学艺术……这些人，把课堂的沉闷当作朴实，把枯燥的练习当作扎实，是课堂的活跃为“眼中钉”。这样的语文人，不足一哂。

虞大明老师的课，教得“正”。

大明是名师，甚至是一位让我有些嫉妒的名师。我和大明同龄，1997年，我二十五岁，参加全国第二届青年教师阅读教学大赛（俗称“国赛”），获得一等奖。我已经是那一届参赛选手中年龄最小的一个了。然而，大明竟然是在1995年第一届国赛中夺得一等奖！那年，他才二十三岁，参加工作也仅仅五年！

大明的成名，真早。

然而，做名师易，做明师难。尤其是语文学科，这要把语文学习的规律搞得清楚，真要把学生教好，真要把课上好，能做到的人还真不多。

大明，无愧于明师，他拥有“大明”——大智慧。

我们且看他的《跳水》。

一、站得高是课的“魂”

1.站在小小说文本的高度。大明的教学，特别注重文本的特点。有一段时期，他专门研究略读课文的教学，并出版了专著。他也似乎特别钟爱小小说的教学，耐人寻味的《在柏林》早已耳熟能详。《跳水》的教学，他也从小小说的特点切入，难得的是，整个教学的过程中，他始终把握小小说的主脉——极少的人物，简短的事件，波折的情节，深厚的含蕴。课上，层层剥笋，由表及里，故事背后的角色作用、角色心理逐渐显现，相信学完这节课后，学生和听课老师一定都有云开月明的感觉。

2.站在语文和思维的高度。这节课上的层层剥笋不是架空的，每走一步都是与语文学习和思维发展融合在一起的。

课堂伊始，学生自读（第一节课完成，本节课回顾），完成对角色关系的认识，理清事件脉络，这样使用语文的方法进行梳理思维。

之后，师生开始聚焦到关键人物——船长，继而聚焦到关键点——孩子是否极其危险？船长的行为是否明智？这就直奔了问题的中心。很多时候，问题解决不好甚至不能解决，都是因为没有抓住关键矛盾，或者是没有抓住矛盾的主要方面，而大明老师的这个环节，正是“直捣黄龙”，甚至是在不露声色地引导学生进行了“抓主要矛盾”的思维的实践。

在研究“孩子是否极其危险”这个话题时，学生充分展开了联系思维——“只要……就……”“即使……也……”这些关键语句的探究，关于桅杆高度的补充，后文“孩子扑通一声，像颗炮弹一样扎进了海里”的揣摩想象，四十秒钟憋气的体验……这些都是在深入品味探究语言的过程中不知不觉完成的。思维和语言的学习就是这样润物无声地融合在一起，了无痕迹，仿佛无处可寻，但其实无处不在。

探究“船长的行为是否明智”，教师采用体验思维，设计一处补白：船长本来是想打海鸥的，看见儿子在桅杆顶端的横木上，心想：________。

学生设身于千钧一发的危急时刻，推翻自己的多种假设，来印证船长的方法之妙，反衬船长的急中生智。这时候，文章的主题就凸显了，文中人物就鲜活了，文中的智慧就唤醒了。

二、抓得准是课的“眼”

除了上面所说的关键人物抓得准，关键点突破得好。大明还特别关注小小说的结尾。他设计了第二处补白：

【想一想，写一写】

孩子终于得救了，水手、船长、孩子分别会怎么说、怎么做？（用最简短的语句写一写）

随后，他拿学生写的结尾，自己写的结尾，以及其他版本教材中本课的结尾进行对比，学生的发现在对比中显现，学生的思维在对比中碰撞，学生的认识在对比中提升。而这一切，依然是藏在语言学习的幕后的。

课堂的眼，语文的眼，文本的眼——抓得真准。

三、看得远是课的“神”

“大明”的老师一定不至于教一课书的。大明即是如此。

看，课末，他提出问题：“这篇小说为什么堪称经典？”一石激起千层浪，学生开始深思细品，从“伏笔铺垫”和“侧面烘托”等语文的角度进行探究，这不失为点睛之笔，也是全课的“豹尾”。当然，最后引向作家托尔斯泰，引向他的三部曲，也值得一提。

大明的课，教得正，站得高，抓得准，看得远——我敬佩“大明”的大明！

（特级教师　张学伟）

同行品悟

如此，不负这样的经典小说

——听大明老师《跳水》一课有感

大明老师的课堂，或风趣幽默，或激情洋溢，或沉稳大气，或智慧灵动，每每观之，沉浸其中，意犹未尽。近日，反复聆听大明老师的《跳水》一课，是生动紧张、扣人心弦的课堂，是探究思辩、智慧生长的课堂。

一、精心创造，立足微型小说之“小”

《跳水》一文，是俄国著名作家列夫·托尔斯泰的经典小说。文章记叙了在一艘轮船上发生的事：水手们拿猴子取乐，小猴子把船长儿子戴的帽子挂到了桅杆顶端最高的横木一头；孩子为了追回帽子，走上横木；在形势非常危急之际，船长急中生智，命令儿子跳水，使孩子转危为安。大明老师立足微型小说文本特点展开教学，可谓妙哉！

1.微型小说很“小”

上课伊始，大明老师就告诉学生，《跳水》是列夫·托尔斯泰创作的非常经典的微型小说。微型小说又叫小小说，还叫一分钟小说。简单轻松的对话中，一下子让学生明白这篇小说篇幅短小，全文只有758个字。这样开宗明义地提出“微型小说”这种文学体裁，引发学生阅读的新鲜感和好奇心，激发了阅读期待。

2.微型小说不“小”

然而，微型小说的“小”只是一种形式，一篇好的微型小说是有力量的。《跳水》在语言表达上极具个性，典型环境的描写、人物形象的刻画、小说情节的推进，三者相辅相成，浑然一体。课末，大明老师引领学生探究：这篇小说为什么堪称经典？学生课堂思辩过程，可谓巧妙至极，独具匠心。

大明老师一直认为，学生学习之后的顿悟是最快乐的事。在这堂课中，学生对“风平浪静”“水手的笑”“船长”等进行思辩，生成对风平浪静是为小说埋下伏笔；水手的笑为故事的情节发展推波助澜；列夫·托尔斯泰全文没有一句写出了心理活动，留下的是读者的想象空间；最关键的角色是船长，可是船长只出现了一次……这些思辩之后的顿悟，让学生明白，原来微型小说是这样读的，原来经典小说是这样学的。

印象最深的是，大明老师引导学生思辩关键人物船长是个怎样的人？学生在入情入境的想象中，在切身体察中，在智慧思辩中，感受船长的从容果敢和智慧超然。随后，大明老师出示情节导图，话锋一转：“船长是最关键的人物，占的比重却是最小的，你觉得这样写好不好？”学生豁然开朗，在最关键时刻出现最关键的角色。船长一出现，这么难的问题就解决了。船长的形象自然就成为高大的英雄形象。大明老师如此巧妙引领学生触摸列夫托尔斯泰的艺术匠心：凡出场的人和物必不可少且各具精妙，而关键人物出现在关键时刻，刹那却永恒。

这样的思辩探究过程，有意识地挖掘学生思维的深度，拓宽了阅读的高度。可以说，微型小说是作家用心创作的，经典课堂是师生用心创造的。

二、思辩课堂，驱动任务设置之“巧”

“思而不辩则枉，辩而不思则妄”。大明老师认为：好的主问题是具有领导力和探究性，教师是驱动问题的主要设计者，应当积极创设机会，让学生自主发问，自主生疑，从而驱动探究和思辩。

1.高质量的思辩“主问题”

整堂课，大明老师精心设计主问题：小说关键人物船长是个怎样的人？学生初步交流后，提炼“孩子的处境是否十分危险？”“父亲的做法是否真的明智？”两个大问题为支点，驱动探究和思辩。在思考船长的做法是不是最机智时，大明老师假设多个条件，“为什么不让水手上去救孩子？”“为什么不叫直升机？”“为什么不铺气垫？”此时，学生无须多言，心中便有了答案。

2.高质量的思辩“真情境”

大明老师在引导学生深刻感受船长儿子跳入后是身处险境的四十秒，进而引发思考船长的举动是不是最明智的？他先是结合自己儿时跳水的经历，跳入水中并浮起只需要三秒钟。接着他让学生屏住呼吸，再现当时的溺水情景，“扑通扑通”的心跳声，都让学生体会到这是令人窒息的四十秒，这是无法呼吸的四十秒，这是呛水的四十秒，这是要命的四十秒……这样的真情境创设，不仅让学生在高质量的思辩情境中深入理解了文本的内涵，更让学生体会这是对生命关怀的四十秒。可谓巧哉!

高质量的思辩主问题、思辩真情境设置，引发积极丰富的思辩活动，带领学生逐步从“了解”走向“理解”层，进而提升学生的思辩能力。

三、补白两次，思辩小说留白之“妙”

留白本来是中国山水画中的一种手法，就是在整幅画中留下空白，给人“此处无物胜有物”的遐想。经典的小说也总会给读者丰富的想象空间。课堂中，大明老师巧设两次补白，让学生用自己的经验世界去碰撞、去共鸣。

【补白一】当船长看到孩子的处境时，是怎么想的？大明老师让学生找出文中的关键词，体会课文中人物的急切心情，引导学生有感而发。

本来是想打海鸥的，看见儿子在桅杆顶端的横木上，心想：__________
____

学生通过读、写、说的思辨，体会船长之所以能够想出这种不同凡响的金点子，除了沉着冷静、临危不惧这些心理品质，更得益于他的创新思维，这是本篇课文最大的亮点，也是单元语文要素“了解人物的思维过程，加深对课文内容的理解”的价值所在。

【补白二】当学生领悟，正是因为船长的机智、果断，最终孩子终于得救了。那么“孩子得救了，水手、船长、孩子会怎么说，怎么做？写一写”。

通过这样的补白，学生一下子明白了，为什么在孩子千钧一发之际，其他人束手无策，船长却这样沉着，能及时想出跳水的办法来。这样的推测，使学生的认识深化了一步，思维得到了发展，深切感受到船长的果敢和对孩子深沉的爱。

大明老师的课堂就是在这样主动发现“留白”中，积极尝试“补白”，让学生在充分的读与写的训练中，打开了想象和思维的空间，更好地体会船长的冷静、机智、果断以及对孩子深切的爱，更好地领悟一篇经典小说就是一个心灵的世界。

四、比较阅读，锤炼思维品质之“深”

比较是高层次的思维方式，通过比较阅读，可以帮助学生加深学生对小说的理解，培养学生的阅读能力和思维能力。

本节课，大明老师采用比较阅读的方式引导学生思辩：列夫·托尔斯泰创作的这篇小说《跳水》为什么能堪称经典？他引导学生关注刚刚完成的《跳水（二）》是一次对小说的改造过程，比较发现两篇跳水有什么不一样？他鼓励学生一边比较一边研究，把你们最有价值的发现写在黑板上交流分享。学生通过《跳水（一）》与《跳水（二）》比较阅读，自主讨论，交流碰撞，发现了列夫·托尔斯泰的语言特色，感受到微型小说的魅力，同时学生在比较阅读中锤炼深度思维，带来成长的力量，使学生学会学习，学会思考，在思辩中生长智慧。

五、积极评价，师生精神成长之“乐”

浙江大学刘力教授曾说过：“一个好的老师，比起教什么，怎么教，他的精神成长是最重要的。一个老师能成为精神符号，用他的精神境界给孩子的成长留下难忘的痕迹，这比教给知识更重要。”大明老师的课堂，总是用积极的行动告诉我们：作为老师不仅仅是教知识，更重要的是育人，要用积极的评价润泽学生的人生。你听，“学习语文是一件快乐的事”“我特别欣赏会思考的学生”“爱上阅读，人生必定精彩。大家今后一定会读到这些经典著作，边读边思，多读多思，定能成就美丽人生”。学生就是这样在大明老师积极的评价中感受经典微型小说的艺术魅力，感受一个关注课堂教育细节、观照学生精神成长的大明老师的情怀与智慧。

经典小说教学，思辩展现魅力；积极情感熏陶，无痕生长智慧。大明老师在真真切切的课堂思辩中提升学生语文核心素养，为学生搭建起一座通往小说世界的桥。

如此，这样的课堂注定精彩！如此，不负这样的经典小说！

（杭州　罗群苗）

课例 15

历久弥新的壮士情怀

——《狼牙山五壮士》（统编版语文六年级上册第 6 课）

快乐密码

有理想、有信念、有目标，不仅是革命取得成功的关键，也是每个人实现人生价值的重要条件。革命文化中所蕴含的崇高精神和对人性真、善、美的不懈追求，是一种巨大的能量源，能够起到培根铸魂、启智润心的积极作用。课堂上，创设课堂教学的“情感场”，让学生充分入情入境，沉浸其中，甚至不能自拔，受到全方位的熏陶、感染，从而震撼心灵，激发起爱党爱国的无限热情，无疑是十分重要且必要的。对于祖国的下一代而言，树文化自信，强责任担当，定是学科育人的重要使命。

文本简析

《狼牙山五壮士》这篇课文记叙了抗日战争时期，八路军某部七连六班的五个战士，为掩护群众和主力部队转移，诱敌上山，英勇杀敌，最后把敌人引上狼牙山顶峰，英勇跳崖的故事，表现了五壮士热爱祖国，热爱人民，仇恨敌人，勇于牺牲的精神。

本单元的语文要素是“了解文章是怎样点面结合写场面的”，旨在体会文章在写场面时，既注意整体面貌的勾勒，也注意局部细节的刻画，感受二者是如何有机结合的。本单元选取的课文均为革命题材，与学生的日常生活有一定距离，教学时要让学生真正理解文章的内容和情感，将学生带入了战火硝烟的战争年代。《狼牙山五壮士》中，既有对五壮士群体形象的描写，也有对每个人的细致刻画，课文条理分明，重点突出，详略得当，字里行间饱含着对五壮士的崇敬与颂扬之情。

目标预设

1.准确认读“寇、抡、雹、屹”等生字，正确书写“喜悦、坚强不屈、悬崖”等字词，读准、读顺课文。

2.通过研读文本，感悟在顶峰歼敌的战斗中，最能表现五壮士英雄本色的举动；体会课文中把五壮士“用石头砸”写具体的方法；体会五壮士顺利完成任务之后，是带着怎样的情感昂首挺胸，相继跳崖的；通过思辩，体会五壮士的英雄本色和壮士情怀。

3.以延展性阅读升华学生情感，引导学生铭记英雄精神，缅怀英雄，做自强不息的中国人。

第一课时流程预设

1.初读课文，整体感知：知道课文按照事情发展顺序写了五壮士接受任务，诱敌上山，选择绝路，顶峰歼敌，英勇跳崖的故事。

2.学习字词，读准、读通课文，有感情地朗读课文。

3.学习第3自然段，感悟五壮士诱敌上山、选择绝路的壮士情怀。

第二课时教学实录

师：同学们，下午好！幸福吗？

生：幸福！

师：从你们开心的笑脸中，我分明感受到了这份幸福。但是今天我们要调节一下心情，回到那个战火纷飞的年代。大明校长来播放一首乐曲。让我们静静地聆听，相信它能很好地帮助我们回到那个战火纷飞的年代。（播放

音乐《英雄的黎明》）

师：你仿佛看到了什么？

生：我仿佛看到了那个年代，老百姓受尽了苦难。

生：我仿佛看到了战火纷飞，尸横遍野的场景。

生：我仿佛看到了一幢幢房屋在战火中被摧毁，老百姓背井离乡逃难。

生：我仿佛看到了八路军战士与敌人浴血奋战的场面。

师：同学们，你们很会欣赏音乐。请做好准备，我们开始上课。

一、深情诵读，重点回顾

师：同学们，上一节课，我们初读了课文，学习了字词。我们还知道，课文按照事情发展的顺序，写了五壮士“接受任务、诱敌上山、选择绝路、顶峰歼敌、英勇跳崖”的故事。上一节课，我们还学习了前三段。相信通过上一节课的学习，有两幅画面一定会深深印刻在我们的心坎里。因为这两幅画面，让我们初步感受到了什么是英雄本色，什么是壮士情怀。让我们一起深情诵读，表达我们的敬意。

师：这是第一幅画面——（课件出示）班长马宝玉，起！

生（配乐齐读）：班长马宝玉沉着地指挥战斗，让敌人走近了，才下命令狠狠地打。副班长葛振林打一枪就大吼一声，好像细小的枪口喷不完他的满腔怒火。战士宋学义扔手榴弹总要把胳膊抡一个圈，好使出浑身的力气。胡德林和胡福才这两个小战士把脸绷得紧紧的，全神贯注地瞄准敌人射击。

师：你们朗读的表情特别到位，仿佛又把我们带回到那个战火纷飞的年代。这幅画面中，对五位战士作战的风格和特点作了极其细致的刻画，令我们印象深刻。我们再看第二幅画面——（课件出示）

生（配乐齐读）：走哪条路呢？为了不让敌人发现群众和连队主力，班长马宝玉斩钉截铁地说了一声“走！”带头向棋盘陀走去。战士们热血沸腾，紧跟在班长后面。他们知道班长要把敌人引上绝路。

二、明确任务，激发情感

师：这就是英雄本色，这就是壮士情怀。五位战士从接受任务的那一刻起，就已经做好了牺牲自己的准备。今天这堂课，我们学习课文的第4、5自然段，继续感受五壮士的英雄本色和壮士情怀还表现在什么地方。

三、学第4自然段，以悟促读

师：首先请大家认真默读描写五壮士顶峰歼敌的部分。哪个自然段写了这部分内容？

生：第4自然段。

师：请大家用心默读，一边读一边思考，在五壮士顶峰歼敌的过程当中，最能体现五壮士英雄本色的画面是什么？开始读。

（生默读课文）

师：最能体现五壮士英雄本色的举动是什么？

生：用石头砸。

师：（课件呈现图片）这就是五壮士用石头砸敌人的画面。请大家再从课文中找一找，哪些句子是描写这幅画面的，用括号把它标出来。

（生圈画，师巡视）

师：找到了吗？是这些句子吗？

（课件呈现）

他刚要拧开盖子，马宝玉抢前一步，夺过手榴弹插在腰间，他猛地举起一块磨盘大的石头，大声喊道："同志们！用石头砸！"顿时，石头像雹子一样，带着五壮士的决心，带着中国人民的仇恨，向敌人头上砸去。

师：找得非常准。再仔细研究研究，这番话是怎样把五壮士用石头砸敌人写清楚写具体的？可以拿起笔圈一圈。

生：用了很多动词，比如"夺""插"和"举"，这些动词当中，最能体现英雄本色的是"砸"字。

生：是"举"字。我们从前面的形容词"猛地"也能看出五壮士的决心。

师：我非常欣赏你，这就是会读书的表现。除了对动作进行刻画，课文还抓住了什么进行描写？

生：语言！

师：一目了然，一起读——

生（齐）：同志们，用石头砸！

师：没有把标点读出来，明白我的意思吗，再来读一读——

生（更有感情地齐读）：同志们，用石头砸！

师：读得非常好。抓动作，抓语言，把五壮士用石头砸敌人写清楚、写具体。哪些词句最令你感动。能分享一下吗？

生：我从“顿时，石头像雹子一样，带着五壮士的决心，带着中国人民的仇恨，向敌人头上砸去”这句话看出五位壮士特别爱国，为老百姓出了一口气。

师：最感动你们的是这个句子，是不是？好，把这个句子画下来。我们好好来研究一下这个句子，请看大屏幕。

（课件呈现）

①石头像雹子一样，带着五壮士的决心，带着中国人民的仇恨，向敌人头上砸去。

②石头向敌人头上砸去。

师：第一句是课文原句，第二句是缩写。你们觉得哪一句更能体现五壮士的英雄本色和壮士情怀？

生：第一句。

师：为什么？

生：从“石头像雹子一样”可以看出，五壮士用石头砸敌人的速度很快，从中能看出五壮士满腔的怒火与必胜的决心。

生：文中用了比喻的方法，表示雹子像雨点一样，密集地向敌人砸去。

师：文中把石头比作雹子，你把石头比作雨点，异曲同工，充分说明了石头向敌人砸去的速度之快，数量之多，程度之密。这样写的好处是，写出壮士们的决心，他们一定要报仇。我们继续分析。

生：我从“带着五壮士的决心和带着中国人民的仇恨”看出五壮士对敌人的痛恨。

师：你们感受到了吗？我们一句一句分析。“带着五壮士的决心”，此时，五壮士的决心是什么？

生：五壮士的决心就是消灭日本侵略者，不让中国再被日本欺负。

师：消灭日寇。我们从课文第1自然段中可以了解到五壮士的决心是什么？

生：第1自然段最后一句，“把掩护群众和连队转移的任务交给了六班”，五壮士就是六班的，他们的决心就是要掩护群众，让连队转移。

师：没错，五壮士的决心就是坚决完成掩护连队主力和群众转移的任务。中国人民的仇恨又是什么？

生：我觉得中国人民的仇恨就是日本对中国人民的烧杀掠夺，五壮士要带着中国人民的这些仇恨，狠狠拿石头去砸敌人。

师：日寇在中国杀光烧光抢光，犯下了滔天大罪。这就是中国人民的仇恨。请看这段材料。

（课件呈现）

日本侵略军为了扑灭中国共产党领导下的抗日武装力量，对抗日根据地进行了疯狂的扫荡。仅1943年对晋察冀边区北县区进行的三个月“秋季大扫荡”中，就残杀百姓6674人，烧毁房屋54779间，抢掠、焚毁粮食2934万斤，抢夺耕畜19300余头……

师：看了这段资料，你最想说什么？

生：日本帝国主义道德沦丧，犯下了滔天的罪行。

生：当时日本帝国主义是罪恶的，他们是魔鬼。

师：相信五壮士一定也想到了这些，于是，怒火在他们心中燃烧，他们决心用最原始的武器和敌人血战到底，向敌人讨还血债。

（课件呈现）

石头像雹子一样，带着五壮士的决心，带着中国人民的仇恨，向敌人头上砸去。

师：这段话怎么读，才能读出中国人民的仇恨，才能读出五壮士的决心，才能读出五壮士的英雄本色？

生：铿锵有力地读。

生：带着仇恨读。

师：两个“带着”怎么读?

生：越来越重，越来越快，力量越来越强。

师：其实我有非常鲜明的提示，你们发现了吗?

生：把重音落在“砸”字上。

生：读“砸”字，要重读。

生：读的时候，特别强调“砸”字。

师：在念“砸”字之前，做适当停顿，积蓄力量，把所有力量落在“砸”字上，用我们的朗读把日寇“砸”得稀巴烂!

（生齐声朗读）

师：“砸”字前稍作停顿，就是为了铆足力量。准备——“顿时，石头像雹子一样……”

（生再次齐读，有明显进步）

师：读得好！同学们，这就是英雄本色，这就是壮士情怀。

四、学第5自然段，以练激情

师：五壮士用最原始的武器，向敌人讨还血债，与敌人血战到底。这句话用上两个“带着”不仅把句子写具体了，更重要的是很好地体现了五壮士的英雄本色和壮士情怀。同学们，五壮士扔完了最后一颗手榴弹，砸完了最后一块石头，他们屹立在狼牙山顶峰。于是，狼牙山上最能体现英雄本色和壮士情怀的一幕出现了，请用心听——

（师配乐范读，呈现电影原声配乐和五壮士的口号声）。

师：同学们，这是惊天动地的跳崖！这是气壮山河的跳崖！接下来，让我们怀着崇敬的心情，仔细研读第5自然段，打开练习纸，试着填一填：五壮士是带着怎样的情感，昂首挺胸，相继跳崖的。

（课件呈现）

五壮士胜利完成任务之后，带着_____，带着_____，昂首挺胸，相继跳崖。

（生自由练习，师巡视）

师：都填完了吗？请组内分享一下。

（生组内交流）

师： 好，同学们，我们来进行全班的交流。分享的时候要从课文中找依据。哪个组先开始？

生： 五壮士胜利完成任务之后，带着胜利的喜悦，昂首挺胸，相继跳崖。

师： 也写到“带着胜利的喜悦”的请举手示意。五壮士明明知道自己快要牺牲了，为什么脸上还带着胜利的喜悦？

生： 因为文中说到，“五位壮士屹立在狼牙山顶峰，眺望着群众和部队主力远去的方向”，他们完成了掩护任务，使群众和部队主力成功撤退，他们知道，连队主力和人民群众安全了。

师： 是的。他们此时的喜悦，不是为了自己，而是为了人民群众和部队的安全。（板书：喜悦）还带着什么情感？

生： 我从“中国共产党万岁”的口号中还能体会到，他们是带着对党的忠诚相继跳崖的。（板书：忠诚）

师： 很好。还带着什么感情？

生： 从“打倒日本帝国主义”这句话和“砸枪”的画面中，能看出他们对日寇的憎恨。（板书：憎恨）

生： 五壮士眺望着连队主力和人民群众远去的方向，说明他们还带着对人民群众的眷恋。（板书：眷恋）

师： 体会得真好！这才是英雄本色，这才是壮士情怀。五壮士用自己的行动证明了——中国人民是坚强不屈的，是永远不会被打败的！你们还能从五壮士的什么举动中感受到对日寇的憎恨？

生： 说罢，他把那支从敌人手里夺来的枪砸碎了。

师： 从砸枪可以看出五壮士对日寇的憎恨。因为这个枪是从日寇手中夺来的。同学们，要是枪是咱们自己的，砸吗？

生（齐）： 不砸！（语气坚定）

师： 砸吗？

生（齐）： 不砸。（有些犹豫）

师：砸吗？

生：砸……不砸……（生意见不一，认为“砸”的占多数）

师：说理由。

生：我觉得有可能砸的，因为不想给日本侵略者留下任何中国的枪支。

生：应该砸，不能给日寇留下任何战利品，这也体现了战士的英勇。

师：同学们，我觉得五壮士肯定也会把枪砸掉。因为他们不想日寇再用枪来残害中国的百姓；这就是壮士，这就是英雄：人在枪在，人亡枪毁。所以我们必须把描写五壮士砸枪的句子读好。

生（齐）：说罢，他把那支从敌人手里夺来的枪砸碎了。

师：“砸碎”要重读！

（生再次齐读，“砸碎”读得很到位）

师：这就是英雄本色，这就是壮士情怀。五壮士尽情表达的是胜利的喜悦，是对人民的眷恋，是战胜日寇的坚定决心，是对党和祖国的忠诚，是对日寇的憎恨。五壮士用自己的行动证明了，中国人民是坚强不屈的，是永远不会被打败的。所以这篇文章的结尾是这样写的——

生（齐）：这是英雄的中国人民坚强不屈的声音，这声音惊天动地，气壮山河！

师：同学们，深情诵读是一种缅怀，用电影来诠释也是一种缅怀，接下来，让我们一起来瞻仰五壮士英勇跳崖的壮举。

（师播放五壮士“英勇跳崖”的电影片段，生观看电影视频）

师：这是悲壮的跳崖！这是惊天地、泣鬼神的跳崖！五壮士在生命的最后时刻——

生（齐）：带着胜利的喜悦，带着对党的忠诚，带着对日寇的憎恨，带着对人民无限的眷恋英勇跳崖。

师：让我们和着音乐，一起用诵读表达对壮士们的无限崇敬和怀念。

（课件呈现，师生配乐齐读）

五位壮士屹立在狼牙山顶峰，眺望着群众和部队主力远去的方向。他们回头望望还在向上爬的敌人，脸上露出胜利的喜悦。班长马宝玉激动地说：

“同志们，我们的任务胜利完成了！”说罢，他把那支从敌人手里夺来的枪砸碎了，然后走到悬崖边上，像每次发起冲锋一样，第一个纵身跳下深谷。战士们也昂首挺胸，相继从悬崖往下跳。狼牙山上响起了他们壮烈豪迈的口号声：

“亲爱的党！亲爱的乡亲们！亲爱的同志们！永别了！共产党万岁！”

“打倒日本帝国主义！”

“中国共产党万岁！”

这是英雄的中国人民坚强不屈的声音！这声音惊天动地、气壮山河！

五、补充阅读，激情励志

师：学到这儿，相信五壮士的英雄本色和壮士情怀都深深印刻在了你们的心中。同学们，在我们伟大的党欢庆百岁生日的时候，我们比任何时候都怀念那些为此付出鲜血和生命的英雄们。在这节课的最后，让我们一起用眼睛、用心灵，去铭刻这些英雄的名字和壮举！

(课件逐条呈现五壮士的生平资料)

马宝玉，蔚县下元皂村人，1937年参加八路军。1941年9月在易县狼牙山掩护部队主力和人民群众转移的战斗中，宁死不屈，毅然跳崖，壮烈牺牲，年仅二十一岁。

胡德林、胡福才，河北容县人，他们是叔侄关系，胡德林是叔叔，胡福才是侄子。1941年9月在易县狼牙山掩护部队主力和人民群众转移的战斗中，宁死不屈，毅然跳崖，壮烈牺牲。

宋学义，河南沁阳市北孔村人。1941年9月在狼牙山掩护部队主力和人民群众转移的战斗中，宁死不屈，毅然跳崖，被树枝挂住，幸免于难。

葛振林，1917年8月生于河北曲阳，1938年参加八路军。1941年9月在狼牙山掩护部队主力和人民群众转移的战斗中，宁死不屈，跳崖后被树枝挂住，幸免于难。

八路军晋察冀军区授予马宝玉、胡德林、胡福才三烈士“模范荣誉战士”称号，授予葛振林、宋学义“勇敢顽强”奖章。

在五壮士坚守的棋盘坨主峰峰顶建立了纪念塔，塔为五角形，共五层，高十余米，塔的正面有聂荣臻手书的“狼牙山五勇士纪念塔”九个红色大字。

1971年，宋学义因病抢救无效，与世长辞。

2005年，葛振林老人因病抢救无效，与世长辞。

风萧萧兮易水寒，壮士一去兮不复还……

巍巍狼牙山，滔滔易水河，是中华民族不可战胜的历史见证！

中华民族，为有这样的英雄儿女而骄傲！

铭记英雄，缅怀英雄，做一个自强不息的中国人！

师：下课！

（实录整理：胡怡涵）

教学反思

用心创建“情感场”

——《狼牙山五壮士》教学反思

《狼牙山五壮士》是一篇革命题材类课文。这一类课文往往多为情感型课文，与学生日常生活相距较远，学生缺乏生活体验。因此，要做好这一题材课文教学，把学生带入到特定的情境中去至关重要。也就是说，落实好革命题材教学的关键，在于成功创设课堂教学的“情感场”——只有让学生充分入情入境，沉浸其中，甚至不能自拔，方能受到全方位的熏陶、感染，从而震撼心灵，激发起爱党爱国的无限激情，实现立德树人的教育使命。

1995年，在全国首届青年教师阅读教学大赛中，我就执教了《狼牙山五壮士》。后来，修改过多次，也执教过多次。二十六年后的今天，再次执教，我更深切地感受到革命文化题材课文教学中，用心创建好“情感场”的重要性。主要从以下几方面试作阐释。

一、用心设计教学导语

课堂教学从某种意义上讲，是师生互动交流的过程。教师在互动过程中所说的话，应当要起到“起承转合”的作用。在革命题材的课文教学时，教师在“起承转合”的过程中，更要凸显凝心、聚力、向心、激情的作用。因此，教师应当用心设计好教学导语，增强教学语言的冲击力，加大情感冲击的力度和速度，以最快的速度把学生带入情境中，形成共鸣，为后续每一板块的学习奠定情感基础，坚决摒弃教学语言的表面化和随意性。

在这节课伊始，我通过精心设计教学导语，带领学生回顾五壮士英雄壮举，将学生带入“情感场”，为后续继续探究五壮士的英雄本色与壮士情怀提供了有力的情感铺垫；在指导“顿时，石头像雹子一样，带着五壮士的决心，带着中国人民的仇恨，向敌人头上砸去”这句话的朗读时，我先让学生各抒己见，然后精准总结：“在念‘砸’字之前，作适当停顿，积蓄力量，把所有力量落在‘砸’字上，用我们的朗读把日寇‘砸’得稀巴烂！”通过极具感染力的教学导语，瞬间激起了学生对日寇的憎恨，从而重音鲜明、节奏有变地读好这个句子，表达内心感悟。

总之，用心设计的教学导语，能很好地营造课堂氛围，能激发学生情感，让学生在“情感场”里更好地学习。

二、巧妙运用视听材料

革命传统题材课文的内容和学生的生活有一定距离，学生在理解、感悟时容易遇到困难，不易与文中的人物产生情感共鸣，这也印证了“情感场”创设的必要性。因此，在教学中我们除了用心设计教学导语之外，还应该另辟蹊径，使“情感场”更加丰盈、饱满。在教学中，我还运用了影视背景与音乐、影视精彩片段，为“情感场”的创设推波助澜。

在《狼牙山五壮士》一课的课前准备环节，我播放了音乐《英雄的黎明》，让学生闭眼聆听，并引导学生说说“你仿佛看到了什么”——“我仿佛看到了战场上战火纷飞的场景”“我仿佛看到了一个个战士冲锋陷阵，壮烈牺牲了”“我仿佛看到了村庄在炮火中成了废墟，孩子在无助地哭泣”……音乐的渲染力，不可小觑。如此，“情感场”便初步形成。

为了让学生进一步感受五壮士的英雄本色和壮士情怀，在充分依托文本理解感悟的基础上，我还播放了五壮士英勇跳崖的电影片段——狼牙山悬崖峭壁的高耸陡直、五壮士面对敌人时的轻蔑神情、五壮士脸上露出的胜利喜悦、五壮士振聋发聩的就义口号、五壮士惊天地泣鬼神的纵身一跃等，无一不震撼着学生的心灵，盈眶的泪水充分证明了学生对英雄的崇敬之情已油然而生。课至此，“情感场”已完全创立，情感渲染和冲击已达极致。

三、精准设计“问题群”

革命题材课文饱含浓厚的情感。教学时，不宜零敲碎打，应整体推进，应层层递进。在教学前，教师应设计好具备“领导力、探究性、激励性”的主问题，统领全课，系统提升革命题材课文教学的整体性和向心力；同时，应设计好若干个子问题，形成“问题群”，以助推主问题的解决。教学过程中，在完成各个板块学习之后，教师应及时回敲主问题，使教学呈现螺旋上升之势。因为，教学过程是一个抽丝剥茧的过程，在层层推进的过程中，只有反复回敲事先预设的支点和中心，才能增强教学的整体性和向心力，从使“情感场”不断巩固。

在这节课的教学过程中，我设计了这样的主问题：五壮士的英雄本色和壮士情怀表现在哪些地方？为了更好地促成主问题的解决，我还设计了如下子问题：在顶峰歼敌的战斗中，最能表现五壮士英雄本色的举动是什么？课文是怎么把五壮士“用石头砸”写具体的？让我们怀着崇敬的心情，仔细地研读第5自然段，试着填写：五壮士顺利完成任务之后，是带着怎样的情感昂首挺胸，相继跳崖的？如果是自己的枪，砸吗？为什么？

在“问题群”的引领下，学生入情入境，理解感悟，子问题逐步得到解决。如此，每完成一个板块的学习，每解决一个子问题，都为“情感场”的创设添砖加瓦，逐步抵达情感的最高点。

四、切实做好读悟结合

革命题材课文教学，应将读和悟的相互促进和融合进行到底——以读促悟，以悟促读，读悟相融。用理解内化感悟，用朗读外化情感，进一步创设“情感场”，从而更好地促成情感熏陶和能力发展和谐共振。

《狼牙山五壮士》中有这样的描写：石头像雹子一样，带着五壮士的决心，带着中国人民的仇恨，向敌人头上砸去。在教学时，如何实现读悟相融？首先，以“哪些词最能体现五壮士的英雄本色，要读得特别强调”这样的子问题做引领。促进学生理解和感悟——“雹子”一词能够说明五壮士砸出去的石头数量多、力量大、速度快，可以表现五壮士对日寇的憎恨，要读得特别强调；“决心”和“仇恨”要读得特别突出，因为，五壮士的决心是坚决完成掩护任务，中国人民的仇恨是因为日寇在中国犯下的滔天罪行；“砸”这个字要读得最重，因为“砸”字也能表现五壮士打败敌人的坚强决心。在学生充分理解感悟的过程中，及时穿插朗读指导和训练，以教师范读、师生共读、个别读、集体读等多种形式，来外化情感。

同样，在教学“五壮士英勇跳崖”这一壮举时，首先让学生感悟“五壮士是带着什么情感英勇跳崖的”。在学生充分感悟英雄形象的基础上，我深情小结，并用电影原声音乐做衬托，师生合作朗读“五壮士英勇跳崖”的悲壮一幕，学生的情绪被推到高潮，英雄壮烈豪迈的一幕也就永远铭刻在了学生心中。

五、努力实现文本突围

正因为革命题材课文与学生的现实生活相去甚远，因此，教师应积极旁征博引，遵循“基于文本，适度广于文本、高于文本”的宗旨为学生立体构筑教学内容，努力实现文本突围。从而从内容的维度，进一步夯实“情感场”，更好地促进学生的理解感悟，更好地实现情感的延续和升华。

其一，以补充性阅读促进学生理解。在《狼牙山五壮士》教学过程中，为了让学生更具体地体会到中国人民的仇恨，我补充出示了如下文字：日本侵略军为了扑灭中国共产党领导下的抗日武装力量，对抗日根据地进行了疯狂的扫荡。仅1943年对晋察冀边区北县区进行的三个月“秋季大扫荡”中，就残杀百姓6674人，烧毁房屋54779间，抢掠、焚毁粮食2934万斤，抢夺耕畜19300余头……读罢文字，学生不禁义愤填膺，对于日寇的暴行有了更详细的了解，很好地促进了理解和感悟。

其二，以延展性阅读升华学生情感。革命题材课文教学的结课环节，不应是情感的平息期，而应借助文本拓展，进一步促成学生动情、激思、励志、纯德，进一步深化感悟、升华情感。

在结课环节，我深情诉说：在我们伟大的中国共产党欢庆百岁生日之时，我们比任何时候都怀念那些为此付出鲜血和生命的英雄们。让我们用眼睛、用心灵再次铭刻英雄的名字和壮举。随后，我点击课件，悲壮感人的背景音乐响起，大屏幕上，关于五壮士其他信息的文字徐徐滚动，学生凝神屏气，用心阅读。当学生看到宋学义、葛振林因被树枝挂住而幸免于难的时候，脸上露出庆幸的神情；当看到葛振林老人2005年才因病去世时，学生由衷感到欣慰；当屏幕出现“风萧萧兮易水寒，壮士一去兮不复还”的时候，学生的内心又一次受到了冲击，很多学生的眼中泛出了泪花；当屏幕最后定格在“铭记英雄，缅怀英雄，做自强不息的中国人！”的时候，所有学生的表情是坚毅的。相信此时，学生的情感已经升华。

上课时，原以为我会控制住泪水，可是，当我看到五壮士一一纵身跃入深谷的刹那，当我看到屏幕上出现“风萧萧兮易水寒，壮士一去兮不复还”的时候，眼泪还是情不自禁地流淌。上完此课，用了整整一节课的时间，我的情绪才渐渐平复。我希望我的学生学会感动，学会热泪盈眶，永远敬畏英雄，永远爱党爱国。

总而言之，革命题材课文的教学，唯有创建好了“情感场”，让学生们在适切的“情感场”中积极思考、积极探究、动情表达，才能更好地感悟英雄本色和革命精神，才能更好地提升思想品质和道德情操，才能充分体现革命题材课文的育人价值。至于“情感场”创建的策略，一定还有其他。需要强调的是，应当充分把握革命题材课文的个性化特点，合理选择，不应求多、求全。

专家点评

荡气回肠　震撼人心

——听大明老师《狼牙山五壮士》有感

今天，在新世纪的礼堂，我着实被大明老师带领学生学习《狼牙山五壮士》的场景深深震撼！走进礼堂，悲壮凄凉的音乐，让我感到黑云压城，山雨欲来，战争即将爆发！还未听课，已入课三分。铃声响过，大明校长用极简洁的语言帮助学生回忆了全文的内容，让他们通过读来表达对英雄的崇敬之情。音乐响起，六十多名同学的声音，气势磅礴！再次把我带入了那个战火纷飞的年代。

我热血沸腾，沉浸其中！回过神来，同学们已经在大明校长的“四两拨千斤”中，找到“顶峰歼敌”画面中最能表现“英雄情怀”“壮士本色”的句子了。大明校长适时出示“砸”的特写镜头，轻问一句“抓什么？课文是怎样把五壮士砸敌人的画面写清楚的”，同学们就开始圈、点、画、议，不知不觉走进文本。

怎样引导学生去发现语言表达的精妙呢？大明校长妙招迭出：

先出示两句话：

石头像雹子一样，带着五壮士的决心，带着中国人民的仇恨，向敌人头上砸去。

石头向敌人砸去。

再让学生对比。

当学生说到上一句中，“战士们是带着决心去砸的”，老师追问“战士们的决心是什么”，引导学生联系上下文理解课文；当学生说到“战士们是带着中国人的仇恨去砸的”，老师眼中射出仇恨的目光，用低沉的声音问：“中国人的仇恨是什么？”就在学生思考如何表达时，老师在音乐声中，在黑色背景的大屏上出现日本鬼子“三光”政策的资料。学生默默地看着。看完，再让学生读第一个句子时，学生明显是在用声音表达他们心中的愤怒！这样的课堂，登峰造极。

在指导“最壮烈一幕”时，音乐声再次响起，大明校长开始用标准的电台播音员的声音范读。最为巧妙的是，大明校长把教材进行了处理，中间引进了电影里五壮士跳崖时的口号声。文字在音乐和不同音质的声音中，产生了神奇的力量——五壮士英勇跳崖的画面栩栩如生地展现在同学们的面前。老师读完了，我们都被震撼了。

出其不意的是，大屏上出现了一道填空题：“五壮士胜利完成任务之后，带着（　　），带着（　　），昂首挺胸，相继跳崖。”当时，我想“拍案叫绝”！一道练习，牵动全文。学生交流时说到的“带着喜悦”“带着忠诚”“带着憎恨”……被老师板书在黑板上；老师的“从哪里看出的”“为什么能看出”又把学生引到课文中。一切学习都是水到渠成。

还有五分钟下课了，课堂的高潮来了！和着音乐，用诵读表达对五壮士的敬佩。学生响亮的声音再次响起。学生的声音表达了对日本鬼子的憎恨，学生的声音传递出中国人的坚强不屈，学生的声音似乎在说：壮士们，请放心，强国有我们！

课的最后，让学生记住五位壮士的名字。大屏上滚动着五位壮士的介绍。下课铃响了，学生还沉浸在悲壮的意境中，我也半天回不过神来。

这真是一节荡气回肠、震撼人心的课！

（特级教师　郑方明）

同行品悟

记得听这节课那天，正值建党100周年之际，学校进德厅里，可爱的学生带着认真的神情，端端正正地坐着。一同学习的还有自发前来的教师们，来学习的教师实在太多，教室后面坐不下了，不少教师只能站着，但这丝毫不影响大家虔诚学习的心。在这难忘的一课中，大明老师和学生共同走进《狼牙山五壮士》。对于每一位学生和听课教师来说，这节课带给人的震撼足以直击心灵，永远印刻心中！

一、构建思辩问题群，注重学习阶段性与发展性

大明老师的课堂总是如此游刃有余，让学生在充满安全感的课堂氛围中尽情探寻语言秘妙。《狼牙山五壮士》一文，五位壮士的英勇事迹让人久久难忘，大明校长紧紧围绕人物行为和情感体验，设计核心问题统领教学，精准把握了本课要解决的主要问题——“什么是英雄本色？什么是壮士情怀?”

同时，大明老师充分关注到了学生学习的阶段性与发展性，遵循学生身心发展规律和核心素养形成的内在逻辑，紧扣主要问题设计了四个子问题。在学生自主探究解决子问题的过程中，通过比较句子、联系前文、资料补充等多元的学习方式，主问题迎刃而解。与此同时，主问题始终作为中心、支点，反复回敲，不断回旋，形成气场和情感场，于润物无声中深化学生敬畏英雄、热爱祖国的情怀。

二、创设教学情感场，多措并举促学习方式变革

在这节难忘的课堂中，大明老师基于《狼牙山五壮士》一文创设了震撼人心的“情感场”，将学生自然地带入到课文的情境中去，让学生充分地入情入境，沉浸其中。

《义务教育语文课程标准（2022年版）》中提到，教师在教学中应引导学生“学习革命英雄和劳动模范的事迹，尝试用多种媒介方式记录、展示、讲述他们的故事，表达自己的崇敬之情”。大明老师通过音像直观，引领学生入情入境；精心设计教学语言，借助语言渲染，为学生搭建通向情感共鸣的桥梁；精心选择背景音乐，创设了使学生产生充分情感共鸣的教学情境。

尤为难忘的是，大明老师配合电影原声音乐，用朗读重现“壮士跳崖”这悲壮一幕，人物细节历历在目，学生的情绪被推到高潮。在课的最后，学生通过“说—写—练”等方式感受五壮士的“壮士”精神，大明老师和学生和着音乐，再次饱含深情地诵读，让情感场进一步升华，将这壮烈豪迈的一幕永远铭刻在心中。

三、弘扬优秀革命文化，促进学生核心素养发展

《狼牙山五壮士》一课虽只有短短的三十五分钟，然而这一课却感心动

耳、荡气回肠，带给我们以无比深远的启示。

大明老师精准把握了革命文化题材教学的要义，在深入文本研读的过程中，以“五壮士英雄本色的举动是什么”引导学生关注“顶峰歼敌”“英勇跳崖”画面中五壮士的动作、语言的细节描写，体会人物的精神品格。大明老师充分发挥了语文课程的育人功能，“英雄本色、壮士情怀”这一核心问题在学习过程中一次次回旋震荡，在清晰的主线中，学生的思想文化修养得到不断提升，优秀革命文化得以充分弘扬，学生文化自信得以进一步建立，最终，学生核心素养得以不断完善与发展。

引人深思的一课，让人久久难忘的一课！构建思辩问题群，注重学习阶段性与发展性；创设教学情感场，多措并举推动学习方式变革；弘扬优秀革命文化，促进学生核心素养发展。大明老师为我们提供了革命文化题材教学的优秀范例，为这一题材教学研究的进一步深入提供了宝贵的经验。

（杭州新世纪外国语学校　胡怡涵）

大明老师的课，大气舒朗，深度精致。课堂指导着情着重，凝思炼辩。抓主问题，关键句段赏析品读，紧扣壮士言行，顺学而导探意巧解。几次师生诵读入情至境，而独特教学视角下精用影像音效资料的呈现既补充阅读又激情励志。课堂充分体现阅读知识点的有效对接，尤其关注学生在课堂中的个性化理解与表达。这一课，让学习者仿若身临其境，去感受壮士们的英雄形象以及对革命事业勇于牺牲的豪迈精神。《狼牙山五壮士》一课，留给学生的红色经典，作为老师的我也深受感染。

（杭州新世纪外国语学校　陈明瑶）

乌申斯基说过：“儿童是靠形式、颜色、声音、感觉来进行思维的。”大明老师的课，让我感受到了什么是沉浸式的课堂（Immersive Class）。他用一段段荡气回肠的音乐，一幅幅气势磅礴的画面，一句句铿锵有力的语言把大家带到了那个战火纷飞的年代。他用苏格拉底教学法，紧紧抓住提问时机，时时注重提问态度，处处保证追问的有效性。在这样的思辩过程中，让学生有一些“富有成效的不适”，这大大帮助了学生在课堂上勇于承担智力风险并真正学会了批判性思维。他以读导情、悟情、激情的教学策略，让读书贯穿始终。大明老师以身垂范的朗读指导，以读促读，让学生读出了语感，读通了文本，读懂了狼牙山五壮士的爱国情怀。整节课让我一直沉浸在思维和情感的强烈震撼中。三十五分钟的课堂虽结束，《狼牙山五壮士》之学习——什么是英雄本色，什么是壮士情怀落雪无痕，学生却铭记于心。

（杭州新世纪外国语学校　卢晓霞）

置身大明老师的课堂，我仿佛回到了那个金戈铁马的战场，那段风云激荡的岁月。大明老师探究刻画，微入毫发，首先精准聚焦“英勇歼敌”的片段，次而聚焦字词，再而聚焦标点，诵读品读，一以贯之。大明老师的范读，入情入境，入肌入理，字字珠玑，铿锵激昂。“打倒日本帝国主义！”音乐声起，同学们已是不吐不快，但及试之，个个奋拳挽袖，高呼振臂。同学们此刻似乎已化身壮士，立于山巅，带着对胜利的喜悦，对党的忠诚，对日寇的憎恨，对人民群众深深的眷恋，把满腹的郁结，满腔的怒火，狠狠地砸向敌人。诵读之声慷慨悲壮，荡气回肠，满座听罢，不觉已泪盈两眶。

（杭州新世纪外国语学校　张孝杰）

沉重的音乐缓缓响起，学生心中最自然、最朴素的爱国主义情怀也随之点燃。大明老师《狼牙山五壮士》一课着眼英雄本色、壮士情怀，突出课文的爱国内涵，做到爱国教育润物无声。在铿锵有力的诵读中，学生感受惊天动地气壮山河的英雄情怀，未来也必将以坚定的信念、真挚的情感为祖国发展繁荣而自强不息、不懈奋斗！

（杭州新世纪外国语学校　陈卓尔）

大明老师的课堂总是带着浓浓的氛围感，教学内容与配乐巧妙结合，将学生一下子拉回到那个战火纷飞的年代。大明老师的课堂总是充满欣赏与肯定，“我很欣赏你的回答！”“这位同学很会找关键字！”这样真挚的表扬，鼓励着学生去学习、去思考。学生们在课堂上动情朗读、思辩表达、享受课堂、热爱学习，这样的教学值得我们学习！

（杭州新世纪外国语学校　杨柳逸雯）

课例 16

探寻小说的魅力

——《在柏林》(统编版语文六年级上册第 14 课)

快乐密码

“每一篇好的小说都是这个世界的一个谜。”走进一节车厢，共赴一趟旅程，那是“同是天涯沦落人，相逢何必曾相识”。走进一篇经典，用一首歌、一首诗、一篇360字的小说，那是见证战争给人们造成的深重苦难。走入一场战争，倾听千千万万个普通百姓寻常家庭对战争的控诉，那是无数直抵人心的呐喊：反对战争，维护和平。师生共同揭开作家奥莱尔设的谜，享受抽丝剥茧、渐渐深入的过程，收获的是破译经典、欣然开悟的快乐。

文本简析

《在柏林》是微型小说，是统编版语文教材六年级上册第四单元的一篇略读课文。该文以一节驶出柏林的车厢为场景，借老妇人“神志不清”的表现和老人的语言，形象地表现了战争给家庭带来的沉重打击，给社会带来的深重创伤。“车厢里尽是妇女和孩子”，以“一节车厢”之小，仿佛让我们看到了整个社会的畸形；“我们刚刚失去了三个儿子”，以“一个家庭之小”，仿佛让我们看到了多少家庭都在战争中离散；“我总得把他们的母亲送往疯人院”，以“一个母亲”之小，仿佛让我们看到了多少母亲承受着失去儿子之痛……小说“以小”落笔，却撼动了战争这个社会“大问题”。车厢两次写“静”，两次描写老妇人数数，两次关注老人头发“花白”，两次写“笑”，让读者在反复中思考，在思考中觉醒，在觉醒中铭记奥莱尔的呐喊。小说结尾更是意蕴深长，这一辆由柏林驶出的“静得可怕”的车厢，难道不是对由柏林源起而带来的战争的强烈控诉吗？《在柏林》中那辆驶出柏林的火车，刺痛了我们的眼睛，震撼了我们的灵魂。

目标预设

1. 理解关键语句，关注小说情节中反复之处与矛盾之处，读懂小说内容。

2. 比较阅读，领会本文“反映战争残酷”的主旨，从而树立“崇尚和平，反对战争”的意识。

3. 初步了解微型小说“故事以小见大”“空间无限延展”“结尾耐人寻味”的特点，明白课文是如何表现战争灾难这一主题的。

教学实录

一、谈话引入，概览事件

师： 今天我们一起来学习美国作家奥莱尔的经典微型小说，题目是——

（课件呈现）

生（齐）：在柏林。

师： 知道柏林吗？

生： 柏林是德国的首都。

师： 没错，柏林是德国的首都，是世界级城市，现有居民357万。都说题目是文章的眼睛，要么提示主要事件，要么告知主要人物，要么揭示文本中心。我用黑色的黑体字来表现课题，看着“在柏林”三个大字，你有什么感受？

生： 内心会比较沉重。

生： 感觉有东西在压迫着我，让我心情沉重。

生： 当时正处于战争期间，这三个字看起来就好像是在纪念死去的战士。

师：你们的感受很不错。预习过课文了，谁能用一句话说说，文章讲了一件什么事？

生：在一列从柏林驶出的火车上，一个老妇人因为失去了三个儿子发疯了，遭到了两个小姑娘的嗤笑。老兵说明原因，表明他也即将上战场。车厢里一片寂静。

二、勾连情节，发现“反复”

师：《在柏林》是一篇微型小说，比较刚学过的《桥》和《穷人》这两篇小说，大家有什么发现？

生：《在柏林》的文字很少，很快就能读完。

师：可见微型小说篇幅很——

生（齐）：短。

师：字数很——

生（齐）：少。

师：这篇微型小说字数确实够少的，全篇只有360字。我们六年级的同学写作文都能写到多少？

生：四五百字。

师：是啊！可见微型小说确实很小。

（课件呈现）

一列火车缓慢地驶出柏林，在车厢里尽是妇女和孩子，几乎看不见一个健壮的男子。在一节车厢里，坐着一位头发灰白的战时后备役老兵，坐在他身旁的是个身体虚弱而多病的老妇人。显然她在独自沉思，旅客们听到她在数着“一，二，三”，声音盖过了车轮的咔嚓咔嚓声。停顿了一会儿，她又重复起来。两个小姑娘看到这奇特的举动，指手画脚，不假思索地嗤笑起来。一个老头狠狠扫了她们一眼，随即车厢里平静了。

“一，二，三……”这个神志不清的老妇人又重复数着。两个小姑娘再次傻笑起来。这时，那位灰白头发的战时后备役老兵挺了挺身板，开口了。

“小姐，”他说，“当我告诉你们这位可怜的夫人就是我的妻子时，你们大概不会再笑了。我们刚刚失去了三个儿子，他们是在战争中死去的。现在轮到我上前线了。走之前，我总得把他们的母亲送进疯人院啊！”

车厢里一片寂静，静得可怕。

师：看屏幕上的课文，预习过程中有不认识的字吗？

生：没有。

师：好。第1自然段倒数第二行“不假思索”后边的那种笑，怎么念？请你读！

生：嗤笑。

师：“嗤笑”是怎么笑？

生：小声地笑。

师：再想想，联系上下文，你们觉得“嗤笑”和哪种笑的意思差不多？

生：嘲笑。

师：没错，联系前后的情节，我们可以知道，“嗤笑”就是嘲笑。

师：第四行，火车的车轮发出的声音，怎么念？

生：kācā kācā。

师：不准确，有没有同学帮忙？

生：kāchā kāchā。

师：念准翘舌，一起念。

生（齐）：咔嚓咔嚓。

师：那个时候，科技还不发达，火车的车轮由联动轴连带着前进，因此，声音特别响。我们念得响一点。

生（大声）：咔嚓咔嚓。

师：这个单元学习下来，我们知道，想要读好一篇小说，需要关注小说的——

生：人物、环境。

生：还有情节。

师：没错，尤其是反复出现的情节，更值得关注。请你在书本上进行圈画，有没有这样反复出现的地方。

师：我请同学来说说，你发现了哪些相似的地方？

生：文章写了老妇人的两次数数，还有对应的小姑娘的两次嘲笑，一次是嗤笑，一次是傻笑。

生：第1自然段和第2自然段，分别有两处对老兵外貌的描写，头发灰白。

师：发现得不错，还有没有补充的？

生：我还发现有两次写“静”的，大家来看，一次是老兵瞪了两个小姑娘一眼，车厢平静了，另外一次在结尾，老兵说完话，车厢一片寂静。

师：你们非常厉害，老师找到的也是这些内容。

（课件呈现）

①两个小姑娘看到这种奇特的举动，指手画脚，不假思索地嗤笑起来。

两个小姑娘再次傻笑起来。

②坐着一位头发灰白的战时后备役老兵。

这时那位灰白头发的战时后备役老兵挺了挺身板。

③旅客们听到她在数着“一，二，三”，声音盖过了车轮的咔嚓咔嚓声。

“一，二，三……”这个神志不清的老妇人又重复数着。

④一个老头狠狠扫了她们一眼，随即车厢里平静了。

车厢里一片寂静，静得可怕。

师：关于读书啊，朱熹有过一句名言——读书有三到——

生（齐）：眼到、口到、心到。

师：我特别赞赏读书的时候“心”能够到，只有心到了，边读边思，才能读出疑问来。相信会思考的学生，脑海里一定会升腾起很多问题，请提问。

生：小姑娘为什么要两次发笑？

师：谁来解答？

生：因为她们不理解老妇人的遭遇，公共场所这样子数数确实很好笑。

生：如果不写这两个小姑娘的笑，老兵就不用回答了，这样一来，故事就没法往下写了。

师：所以，这两次“笑”，是推动小说发展的重要情节。

师：还可以发现哪些问题？

生：为什么要两次出现老妇人数的“一、二、三”？

师：反复数“一、二、三”有什么用，或者说，为什么要强调数“一、二、三”。跟他一样有这个问题的请举手。（生纷纷举手）非常好的一个问题。

师：再提。

生：强调老兵“头发花白”有什么用？

师：这个问题我相信马上就可以解决掉，你自己能回答吗？

生：当时德国在打仗，连年纪这么大的老兵都要上战场了，说明战事很惨烈。

师：同意吗？

生：同意。

师：关注大家找出的相似点，还能提出什么问题？

生：两次写“静”，它们有什么区别吗？有什么用处？

师：非常好的问题。也有这个问题的请举手。（生再次纷纷举手）

师：看来，抓住反复出现的情节，就能提出好问题。

三、聚焦问题，揭示主题

师：你们学会提问了，真不错。还有问题吗？（生静默）

师：如果你能抓住情节当中看似矛盾的地方提出问题，你提问题的水平就更高了。友情提示：为什么前面大明老师要多次强调那个时候火车发出的声音是很响的？

生：为什么老妇人数的“一、二、三”会比火车的声音响？

师：已经很不错了，但是没把这一对矛盾体现出来。谁能提得更好？

生：为什么身体虚弱的老妇人数数的声音会盖过车轮很响的“咔嚓咔嚓”声？

师：给他鼓掌。是啊，一个身体虚弱的人，一般来讲声音应该是很弱的。而现在，这个身体虚弱的老妇人数数的声音居然可以大过“咔嚓咔嚓”

声。这究竟是为什么？

师：咱班的同学不简单，针对小说中反复出现的地方，有矛盾的地方，提出了很多问题。看大屏幕，我们重点来关注刚才提出的三个问题。

（课件呈现）

①为什么老妇人数的“一、二、三”反复出现？②身体虚弱的老妇人为什么数数声能盖过火车车轮的咔嚓声？③两次写“静”，它们有什么区别吗？有什么用处？

师：自由选择一个问题，简洁明了地说说你的理解。

生：老妇人数的是她在战争中死去的三个儿子。

生：健壮的男子都去前线打仗了。

生：老妇人身体虚弱，声音却很响，是因为她疯了。

师：你从哪儿读出“她疯了”。第2、3自然段情节中哪些词跟你的这个字是同一个意思，找到了吗？

生：疯人院。

生：神志不清。

师：没错。这个老妇人是怎么疯的？

生：因为想念她的儿子。

生：因为她承受不了巨大的打击。

师：是啊，因为她三个儿子都死在了战场上。她一而再，再而三地接到儿子阵亡的通知书。她接受不了一次又一次巨大的打击，扛不住了，最后疯了。

师：读到这儿，相信你们一定也能理解，为什么虚弱的老妇人的数数声，居然能盖过车轮的“咔嚓”声。

（生纷纷点头）

师：两个“静”，你们怎么理解？

生：第一个“平静”，是因为老兵瞪了两个姑娘一眼，她们不敢再笑了；而第二个“寂静”，是因为听了老兵的话，整节车厢的人陷入了对战争的恐惧之中。

师：你们很会读小说。学到这儿，你们应该明白，奥莱尔创作这篇小说的目的何在？

生：是为了突出战争的残酷。

生：是为了表示对战争的不满。

生：是为了告诉人们战争是可怕的。

生：是为了呼吁和平，期盼和平。

生：通过体现战争的残酷，让我们珍惜现在的幸福生活。

师：你们说的都很有道理。奥莱尔创作这篇小说的背景是第二次世界大战，他创作这篇小说的目的概括起来就是这十二个字（课件呈现），一起读。

生（齐）：控诉二战罪恶，祈求和平永驻。

四、比较阅读，深度对话

师：同学们，同主题的作品大家一定看过不少。看过这种主题的电影吗？

生：看过。

师：读过其他这种主题的文章吗？

生：读过。

师：那为什么这区区360个字的《在柏林》，可以堪称经典呢？它到底经典在哪儿？到底独特在哪儿？我们一起来研究研究。老师为大家准备了比较阅读的材料。首先呈现给大家的是一首歌曲。这首歌让我震撼，让我揪心——歌曲中，那一幅幅令人心痛的画面；歌曲中，小男孩稚嫩而又不乏力量的声音，凝重、幽怨而又充满希冀的眼神，深深地震撼了我。这是一首英文歌曲，歌名叫——*Tell Me Why*——告诉我为什么，请用心聆听！

（师播放歌曲，生静静聆听）

师：老师呈现给大家的第二个作品是高洪波先生写的一首诗——《和我们一样享受春天》。

（师课件展示诗歌内容）

师：刚才的这首歌，这首诗，和小说《在柏林》都展现了同一个主题，什么主题？

生：控诉战争罪恶，祈求和平永驻。

师：对啊，那为什么《在柏林》堪称经典？到底独特在哪里，经典在哪里？我们一起来研究。

（师分发相关资料）

师：拿到材料以后，先独立研究两分钟，建议把笔拿在手上，如有发现，及时圈、画、批注。两分钟后，进行小组交流、讨论。

（生小组开展学习研究活动，师巡视）

师：刚才，每个小组的研究都很认真、投入。现在，我们来做全班分享。

生：第1自然段情节设置了悬念，很经典。

师：怎么设置悬念，能说得更清楚些吗？

生：前面的情节跟战争毫无关联，会让读者产生很多疑问，到结尾才揭晓谜底。

生：《在柏林》通过一件小事体现了战争的残酷。

生：《和我们一样享受春天》是直接告诉我们战争的残酷，可《在柏林》没有直接写战争，而是通过间接控诉。

师：这首诗里哪些词让你感觉这就是战争？

生：战舰、水雷、导弹、大炮、地雷碎片。

师：《在柏林》中有这些词吗？

生：没有。

师：六年级的学生，欣赏到这种程度已经不简单了。这篇小说的经典之处，就在于选择了在车厢里发生的一件小事来控诉战争。这叫“以小见大”，这是称为经典的一个原因。《在柏林》堪称经典当然还有别的原因，请你再次关注《在柏林》，当读到什么地方的时候，你的内心完全被震撼了？

生：当老人说到他的三个儿子在战争中死去的时候我内心极为震撼。

师：也就是这个后备役老兵所说的那番话。

（课件呈现）

我们刚刚失去三个儿子，他们是在战争中死去的。现在轮到我上前线了。走之前，我总得把他们的母亲送进疯人院啊！

师：他说得很淡定，但是读者的心里却涌起了波澜，这就是这篇小说的眼睛。请放下笔，抬起头，用心凝望小说之眼。（音乐起）透过文字你能看到很多画面，看到什么画面了？

生：我仿佛看到了老妇人得知三个儿子死去的时候，那绝望的神情。

师：这幅画面我也看到了，老妇人一而再，再而三，接到儿子的阵亡通知书以后再也扛不住，疯了。还看到什么画面？

生：我看到很多战士倒在血泊中，战场上血流成河。

生：我看到一颗炮弹落下来，房屋被炸成了废墟。

生：我仿佛看到了，许多妇女、老人、小孩，在废墟旁无助地哭泣。

师：有谁看到了战争未来之前，这一家五口的幸福生活？

生：我看见在战争未来之前，他们一家五口围坐在饭桌旁吃饭、聊天，其乐融融。

师：多么幸福的天伦之乐！但是这些都被战争无情地带走了。

师：你们刚才所描绘的这些画面，在这篇小说当中只字未提，但是你们都看到了。这就是这篇小说之所以经典的第二个原因——给读者留下了特别巨大的想象的空间。这也正是大人们常说的“看电影不如读原著”的道理。

师：当然，这篇小说之所以经典，还有第三个原因，请看大屏幕。

（课件呈现）

车厢里一片寂静，静得可怕。

师：我改动了小说的结尾，大家来评价一下。

（课件呈现）

①车厢里一片寂静，唯有老妇人的“一、二、三”仍在不时响起。

②车厢里顿时安静了。不一会儿，老妇人又开始数了：“一、二、三、四。”

③让所有可怕的战争早日停止吧！

生：我觉得第三个不好，因为小说从未提起过战争，没有出现过“水雷”“战舰”这种战争的画面，它是从侧面来控诉战争的。第三句话太直白了，不符合这篇文章的特点。

师：对呀，结尾突然来了一句“让所有可怕的战争都停止吧”，很别扭。这就告诉我们，小说的结尾肯定不会是那么直白的，肯定是含蓄的，意蕴深长的。明白吗？

生：明白。

师：前两种结尾，比较含蓄，我认为写得不错，有没有同学有关注这两句的。

生：第一种结尾，呼应了前文。

生：这件事情的发生，就是因为老妇人的数数。

生：从始至终，老妇人的数数声没有停止，战争的创伤让她久久无法自拔。

生：这个“一、二、三”，代表的是亲人的战死，前文说了车厢里几乎看不到健壮的男子，乘客中很有可能许多人都有这样的遭遇。这也是以小见大。

师：说得很不错。看来第一种结尾，也是很不错的。

师：对于第二种结尾，你们有没有什么疑惑？

生：最开始老妇人数的是“一、二、三”，现在为什么又多了一个“四”。

师：同学们怎么看这个“四”？

生：我认为这个“四”指的是这个老妇人的丈夫，因为这个老妇人的丈夫也要去战场。

师：哦，原来是这样。这就告诉读者，不管是谁，只要上战场，等待他的命运和结局一定是——

生：死亡。

师：以第二种作为结尾确实太有震撼力和冲击力了，所以我也认为第二种结尾挺好的。但是，作者却用了书中的结尾，一起读——

（课件呈现）

车厢里一片寂静，静得可怕。

生（齐）：车厢里一片寂静，静得可怕。

师：谁能说说这样结尾的好处？

生：车厢里的人，内心都被震撼了，可见战争的残酷。

生：车厢里的人内心都受到了冲击，都不说话了，更可见战争的可怕。

师：为什么这么寂静？

生：文章开头说道：一列火车缓慢地驶出柏林，车厢里尽是妇女和孩子，几乎看不到一个健壮的男子。说明车厢里的很多人跟这位妇女一样，她们家里的健壮男子都去前线打仗了。

师：说得不错！这其实就是"以小见大"。要欣赏好这个结尾，有一个诀窍，必须从车厢里跳出来。

师：听得懂吗？

（一生举手）

师：你听懂了，请说！

生：我们必须得换到外面的场景继续想。

师：怎么换？

生：比如，战场上静得可怕。

师：很好。战场上的人呢？

生：都死了。

师：还可以让读者想到什么？

生：我们的家园静得可怕，因为，人们都死了。

生：整个世界静得可怕，所有人都被战争夺去了生命。

师：是啊！奥莱尔想告诉读者的，一定是"如果战争不止，整个世界终将会一片寂静，静得可怕"。简短的结尾，给人巨大的想象空间，写出了战争的血和泪，这就是"以小见大，四两拨千斤"。

五、巩固成果，升华主题

师：通过和其他描写战争的文章的对比，大家现在是否能够明白，奥莱尔的《在柏林》之所以能成为经典，有没有什么独特的地方？

生：作者没有直接写战争的场景，而是把目光聚焦到了车厢，这就是大明老师说的以小见大。

生： 我觉得这篇小说的结果是很出人意料的，就是这种出人意料，给人强烈的震撼。

生： 我想补充一点，其实作者在文中已经有过一些提示，车厢里见不到一个健壮的男子。另外，作者反复写了老妇人的奇怪举动，小姑娘的嗤笑。所以结果出来的时候，我们会觉得很震撼。

师： 理解得真不错，正是有了前文的铺垫，结尾才能收到出人意料的效果。同学们，我们第一次欣赏这样的经典小说，你们的欣赏水平已经非常不错了。老师看到一段评论《在柏林》的文字，我觉得好，分享给大家。

（课件呈现）

《在柏林》用了360个字，成功地从侧面反映出战争给人民带来的巨大的肉体痛苦及沉重的心灵打击，震撼力和冲击力足以使任何残酷的战争电影逊色，小说文字的灵魂已经超过了动作的画面。奥莱尔的创作思路更是令人拍案叫绝——开始的伏笔让读者迷惘，后来的结局令读者震撼，这足以表现出微型小说的绝妙。

师： 同学们，生命是一种奇迹。茫茫宇宙中，据说只有这个蓝色的地球才有，但是战争的铁蹄无情地夺走了无数人的生命。在战争中，人类呐喊了数千年，但是世界的某些地方仍然战火不断，生灵涂炭。同学们，我们能做什么？用我们的力量，发出我们的呐喊——让和平之花开满全世界。

教学反思

引领学生读好微型小说

——《在柏林》教学反思

《在柏林》是一篇微型小说，篇幅精练，含蕴深远，言有尽而意无穷。在文本线索推动方面，我尝试引导学生关注小说中矛盾的地方，关注小说中反复出现的情节，自主生疑。在文本探究部分，我则是采用比较的方式，以期通过深度对话，让学生了解《在柏林》“反映战争残酷”的主旨，从而树立“崇尚和平，反对战争”的意识。我引导学生关注文本表达的秘妙，尝试让学生发现微型小说的“以小见大，耐人寻味”。正是因为《在柏林》文本精练，要想更好地理解主题，需要老师引领着学生进行意义的建构。

下面我着重从内容理解、主题感悟、文体感知这三个维度来反思本课：

一、聚焦细微，理解文本内容

在阅读过程中，部分学生对于自己不太明确、一知半解的字词，很容易就“轻轻放过”了，因此在初读环节，有必要培养学生扎扎实实读课文的意识，聚焦诸如“嗤”“咔嚓咔嚓”等重点字词，尝试去理解它的含义，同时也为后续能准确把握人物情感和小说环境做好铺垫。

老妇人数的“一、二、三”，是本课的一个矛盾点，聚焦这一幕情节时，学生通过充分的品一品，议一议，去理解老妇人为什么要这么做。并为结尾处的撼人心魄做好理解上的准备。

二、基于理解，感悟文本主题

1.《在柏林》的主题是展现“战争灾难”的，老妇人“一、二、三”的数数，反映的是她家庭的灾难。

2.“一列火车缓慢地驶出柏林，车厢里尽是妇女和孩子，几乎看不到一个健壮的男子”说明全车厢人都在面临这样的战争灾难。

3.当我引导学生跳出课文关注课题时，学生能自然而然地想到，其实整个柏林，乃至柏林以外的其他地方，都在发生这样的战争灾难。

在递进式的理解中，学生逐步感悟课文的反战主题。

三、关注表达，发现文本特色

在引导学生发现文本特色这方面，我主要从以下几个点进行突破：

1.发现文字背后的含义。老妇人数数，是纪念死去的三个儿子，她的数数声甚至盖过了车轮的“咔嚓咔嚓”声，细细想来，妇人的这种悲痛之情立刻跃然纸上。“静得可怕”背后，既有对老妇人不幸遭遇的同情，也有对自身面临灾难的沉思，更有着对于整个地区战事的深藏在内心的惶恐。

2. 对小说的结尾进行重构比较。出示四个结尾，让学生进行品析，就结尾而言，作者完全可以对战争进行控诉，但这里，作者却戛然而止，只以“静得可怕”四字收尾，力压千钧。课堂上顺势引导学生围绕“静得可怕”品析，将鉴赏的重心不局限于老兵夫妇的悲惨遭遇，而是将关注点外延，真正去理解作者的巧思匠心，从而准确把握小说的艺术魅力。

同行品悟

探寻小说的“虚处”

——听大明老师《在柏林》有感

大明老师执教《在柏林》的教学风采，我有幸领略过两次。他的课总是给人以“大气灵动”的感觉。本课给我留下最深的印象有三点。

一、教学目标定位精准

除了文本的主题，大明老师有意识引导学生领略本课的文体特色——微型小说。这是在培养学生的审美鉴赏与创造能力。经典在哪？独特在哪？大明老师引导学生体会语言文字带来的想象的魅力，让学生从车厢的这种小范围的“静”联想到更大范围的战事，将视野由关注车厢的实写拓展到柏林之外的战场。

二、教学策略设计巧妙

大明老师借助了文本中反复出现的情节和有矛盾的地方，由形式到内容，自然地聚焦核心问题。大明老师即时处理了相对简单的问题，将探究性问题后置，这样由浅入深的安排，层层推进，学生的理解也不断提升。以车厢发生的事情作为小说的抓手，引导学生探寻车厢之外的，没有被写进文本之中的残酷战场。

文章篇幅短，因此，适切地引入资源，与文本形成联结，就显得尤为重要。本堂课中，大明老师设计了同一战争主题的不同体裁作品的比较——歌曲、诗歌与小说之比。学生从小说感悟文章主旨后，老师及时引入控诉战争的短视频*Tell Me Why*，小男孩用稚嫩、幽怨而又充满力量的嗓音一次次地质问：Tell me why，叩击着学生的心扉。由于作者在小说真正想表现的地方做了虚写的处理，因此大明老师补充的这些资料，着力突围文本，提升学生认知，深化小说主题。

三、文本的影响深刻有力

大明老师这节课的效果，从课堂前后学生的神情对比就很容易判断出来——他们被深深地震撼了。这种震撼，我觉得有两方面的因素。

一方面是学生对于主题的理解。大明老师扎扎实实地对重点字词做了梳理，鼓励学生提真问题，基于真实之上的课堂，就会特别有张力。学生在大明老师搭建的平台上，一步步走近文本，体会到了战争的残酷。

另一方面是学生对微型小说这种体裁的认识。虽然，学生可能说不出来，小说对于老妇人一家实写，对于战事虚写。在品鉴课文的时候，恰恰要从老妇人一家的遭遇中跳出来，去关注课文没有写到的，正在车厢外大范围发生的战争。学生在品读中明白了，这种“虚”的部分，恰恰是小说要表现的主题。他们面对“静得可怕”这个极为简短的结尾时，一旦领会到了作者的巧妙布局，遥想到了车厢之外的生灵涂炭，我想，除了主题本身，《在柏林》的这种叙事风格，一定会给他们带去心灵上的另一种震撼。

（杭州　张孝杰）

课例 17

但留童年“匆匆”的脚步

——《匆匆》(统编版语文六年级下册第 8 课)

快乐密码

人生活在希望之中，一个希望破灭了或实现了，就会有新的希望产生。有不少人读朱自清先生的《匆匆》时总会读出些许消极之感。倘若我们带着学生把握文章内容，体会作者对时光流逝的真切感受，而后走进语言文字，从表达中感悟对时光流逝的惋惜，最后再通过背景的补充，了解作者的创作背景，提升对人生价值的认识，学生必定会领悟：每一个新的年轮都是孕育希望的时日，也蕴藏着收获快乐的机遇。时光虽一去不复返，但留童年“匆匆”的脚步于学生心中。

文本简析

《匆匆》是现代著名作家朱自清先生写的一篇脍炙人口的散文。课文紧紧围绕“匆匆”二字，对时间的流逝作了细致入微的描摹，娓娓道来，不徐不疾。在饱含深情的诉说中，文字像一泓清泉，或滋润疲惫的情绪，或激发生命的思考，不着痕迹地浸润读者的心扉。从日子一去不复返的感叹，到八千多日子的稍纵即逝，最后发出源自心底的追问。读者在作者的牵引下，同喜同忧，共感共念，融为一体。作为习作策略的开篇，可见编者的独具匠心。无论是情感的体验还是语言的表达都不愧为学生学习的一篇佳作。

目标预设

1.会写“藏、挪”等6个字，会写“确乎、空虚”等11个词语。

2.通过有感情地朗读课文，背诵课文，了解课文内容，体会作者对时光流逝的感受。

3.抓住重点语段，通过情感朗读、比较阅读、合作探究等方式区分“直接表达情感”和“把情感融入事物”的表达手法，并尝试运用练笔。

4.联系重点语段并结合作者的创作背景深入感知作者对时光流逝的无奈和惋惜之情，激发学生对时光的珍惜之情，提升对人生价值的认识。

第一课时流程预设

1.揭题引入，预习检测；梳理字词，读通课文。

2.整体感知，把握内容：朱自清先生围绕“匆匆”二字写了关于时间的哪些感想？（追问时间的踪迹；时间流逝一去不复返；再次追问内心对时间的感慨）

3.探究学习第1、4自然段表达的特色：追问直接表达情感。

第二课时教学实录

一、复习回顾，引主问题

师：通过上节课的学习，你一定对“匆匆”有了一定的感触，此刻你能用一个词表达你心中的感受吗？

生：害怕。

生：无奈。

生：惋惜。

生：后悔。

生：发奋。

师：看来，通过上节课的学习，同学们心中已是百感交集了。时间的流逝本是司空见惯的现象，为何朱自清先生的《匆匆》却能如此触动人心，感人肺腑呢？今天这节课让我们继续学习——（指课题）

生（齐）：匆匆。

二、探究表达，求同存异

师：朱自清先生的《匆匆》每一段话都很有深意。今天就让我们以小组合作学习的方式来探究朱自清先生表达的奥秘。

（课件呈现）

小组合作探究学习

探究内容：发现《匆匆》第2、3自然段表达的特点。

探究方式：对比学习，完成表格。

（1）读语段；（2）找异同；（3）聚智慧；（4）说观点。

自然段	不同点	相同点
第2自然段		
第3自然段		

师：看到这张合作学习探究单，你们有什么想提醒同学的吗？

生：请大家注意，我们探究的内容是第2、3自然段，探究的方式是对比学习。

师：明确自己做什么、怎么做的确很重要。

生：请大家要先读透语段再去谈感受，这样才能谈得深入，组内各位同学都分享过观点后，再把大家的观点梳理汇总。

师：对，我也想提醒这一点，你帮我提前说了，同学们一定会感谢你的提醒。

生：表格上的不同点和相同点可能还不止一点，我们要多想一下。

师：是的，我们要学会多角度思考。你很善于学习。那么让我们开始吧。

（大屏幕呈现五分钟倒计时）

1.感悟修辞选材之独到，体会情感之真

师：时间就是这样在不经意间溜走，五分钟的时间一晃而过。谁想第一个汇报，请举起双手。（某生高举双手）

师：你举得最卖力，就你了。

生（得意一笑）：我发现第2、3自然段的修辞手法运用得不一样。第2自然段主要运用比喻，第3自然段运用了拟人。

生：第3自然段还有排比。

师（竖起大拇指）：你们很了不起，找到了一个重要的表达秘诀。

师：请看大屏幕。

（课件呈现）

在默默里算着，八千多日子已经从我手中溜去，像针尖上一滴水滴在大海里，我的日子滴在时间的流里，没有声音，也没有影子。

师：八千多日子，二十四个年头，那么长的时间作者却把它比作针尖上的一滴水，这合适吗？

生：合适。二十四年——八千多日子，对朱自清自己来说是很长了，他一辈子也就三个二十四年吧。可是这个历史上有多少个朱自清啊。

师：朱自清只有一个，但像朱自清这样的作家有很多。

生：我也觉得合适。在人的一生中八千多个日子的确不短了，但在时间的海洋里它太微不足道了。

师：一语道破。来，闭上眼睛，让我们来感受一下这八千多日子。滴答，八千多日子没有了；滴答，一万六千多日子没有了；滴答，一辈子没有了。

（生大笑）

师：让我们一起读一读这句话。

（生齐读，把“针尖上的一滴水”提高了几个分贝）

师：八千多日子如同一滴水，那么文中还有这样直抵人心的比喻吗？

生：第3自然段中有：太阳他有脚啊，轻轻悄悄地挪移了，我也茫茫然跟着旋转。

生：这不是比喻，这是拟人。第4自然段里有：过去的日子如轻烟，被微风吹散了，如薄雾，被初阳蒸融了。

师：是的，让我们一起再来看大屏幕。

（课件呈现）

过去的日子如轻烟，被微风吹散了，如薄雾，被初阳蒸融了。

师：同样是比喻，作者为何用一滴水、轻烟、薄雾来比喻过去的日子？

（生停顿了几秒）

生：“一滴水”“轻烟”“薄雾”这些事物很小也很轻，作者是想说明即便时间离开我们，我们也很难发现。

生：这说明时间流逝很快，作者很无奈，也有点可惜。

师：是啊，时光转瞬即逝，时光悄无声息。让我们男女生分别来读这两句话。

（男生—女生—女生—男生—生反复齐读）

师：形象的两个比喻句，仔细推敲，我们却能读出作者内心的无奈和惋惜。这种“直接抒发情感”的写法很值得我们学习。（板书：直接抒发情感）

师：让我们再来看看第3自然段中的排比和拟人。请看大屏幕。

（课件呈现）

洗手的时候，日子从水盆里过去；

吃饭的时候，日子从饭碗里过去；

默默时，便从凝然的双眼前过去；

我觉察他去得匆匆了，伸出手遮挽时，他又从遮挽着的手边过去；

天黑时，我躺在床上，他便伶伶俐俐地从我身上跨过，从我脚边飞去了。

等我睁开眼和太阳再见，这算又溜走了一日。

我掩着面叹息，但是新来的日子的影儿又开始在叹息里闪过了。

师：你们从哪些字眼中感受到了拟人？

生： 过去、跨过。

生： 还有飞去、溜走、闪过。

师： 假如，老师将这些词换成“走过”“穿过”“爬过”“蹿过”，可以吗？

生： 不可以，“走过”感觉不太可以。

师： 为什么呢？

（生一时语塞）

生：“走过”好像太快了，而“穿过”“爬过”时间流逝的痕迹则太重了，时间的流逝不可能这么轻易被察觉的。好像还是“蹿过”好一点。

师： 你有点意思，敢于和作家挑战用词，首先为你点赞，但是你要言之有据啊。

生： 就是一种感觉啊。

生： 我觉得，“蹿”稍微好点，但是“蹿”是向上跳的意思。时间流逝没有那么明显，是悄无声息的啊。

生： 我也赞同他的观点。

师： 那我们不妨请几个同学把这些词放进文章读一读吧。

（生将这些词代入朗读，众生哈哈大笑）

师： 从你们的笑声中我听出了答案。是的，朱自清先生连一个字、一个词都是仔细推敲的啊，可见良苦用心。

师： 作者描写时间流逝，可写的事情很多，为什么偏偏写洗手、吃饭、睡觉这些平常的事呢？

生： 小事见真情嘛。细节决定成败。

师： 有点道理。但还可以说得更明白点。

生： 这些事天天在做，非常寻常，这样的小事更能充分说明时间的来去匆匆。

师： 一语道破。作者把自己的情感融入平常的事物中，这种写法值得我们学习。（板书：情感融入事物）读——

生： 情感融入事物。

师：来，让我们把情感融入朗读。

（生齐读第3自然段）

2.感悟情感流露之真切，朗读语言之美

师：同学们，通过对比学习，我们感受到了两段话修辞运用的不同，也知道了直接抒发情感和将情感融入事物的不同写法。那么两段话有没有相同之处呢？

生：这两段话表达的感情是一样的。

师：都表达了什么情感？

生：对时间的珍惜。

生：都感觉时间流逝悄无声息。

生：作者都有惋惜之情。

师：还有呢——

生：还有点无奈。

师：是的，虽然两段话表达上有不同，但都表达了作者对时光流逝的无奈和惋惜。让我们再次走进这两段话，从字里行间感悟作者情感的流露。

（生默读）

生：我从“头涔涔”和“泪潸潸”这两个词中感受到了作者的无奈和惋惜。

师：“头涔涔”和“泪潸潸”是什么意思？

生：“头涔涔”是汗流不止的意思，“泪潸潸”是泪流不止的意思。汗水和泪水都流下来了，所以作者内心是惊恐的。也就是无奈和惋惜。

师：很好，你能抓住关键词体会情感，不错。

生：我发现第4自然段里用了很多“分号”，这说明有很多时候时间都是匆匆溜走的。

师：一个标点都能引发你的思考，非常棒。

生：我还发现文中多次用到“叹息”，这说明作者是无奈的。

师：是啊，虽然是叹息，但作者绝没有消极，后文连续不断的追问就是很好的证明。

师：让我们一起好好读一读这两段文字。

（生配乐齐声有感情地朗读）

三、尝试练笔，写法运用

师：无论是直接抒发情感，还是把情感融入事物，无论是比喻、拟人还是排比，不同的写法，都蕴含着相同的情感。那就是——

生：对时光流逝的无奈和惋惜。

师：我们能否学习作者的写法来写写对时光的感触呢？

（课件呈现）

（1）练笔选择：直接抒情（　　）　情感融入事物（　　）

二者结合（　　）

（2）评价标准：

能恰当运用拟人、比喻等手法。（　　）

能在字里行间表现时间的特点。（　　）

能充分表达出自己内心的感受。（　　）

师：我来做个小调查。哪些同学打算用直接抒情的方法写？

（五分之一学生举手）

师：哪些同学打算用情感融入事物的方法写？

（三分之二学生举手）

师：有打算两者结合写的吗？

（五位学生举手）

师：无论哪一种写法都值得尝试，但是老师希望你们围绕以下标准写——

生：能恰当运用拟人、比喻等手法；能在字里行间表现时间的特点；能充分表达出自己内心的感受。

（生开始练笔，师巡视，并指导。五分钟后）

师：时光又在不经意间溜走了五分钟。我想看看谁在这五分钟之内创造了价值。谁想展示一下自己的练笔。

（静默了几秒，一位女生自告奋勇）

师：巾帼不让须眉。为你点赞。

（实物展台展示片段，生朗读）

【实物展台】

时间转瞬即逝，仿佛一眨眼就过完了十年。每每想到我一年级的模样，我就感叹时间如梭，一闭眼就过了三千多日子。过去的日子如一场梦，梦总有尽头，醒来就会散去；过去的日子如一场戏，戏总有闭幕的时候，曲终人散。

在休息时，日子从脚边悄悄溜过；饮水时，日子从清澈的水面游过；在沉默不语时，日子便从空洞无神的目光中闪过。

时间啊，你无法证明我的存在，我也无法留下属于我的痕迹，那我来到这个世界的意义是什么？我总不能赤裸裸地回去吧？时间啊，你能不能流逝得慢一点，毕竟有些人还无法懂得珍惜。

（生鼓掌）

师：精彩，掌声就是证明。谁想结合我们的评价标准来评一评她的练笔。

生：我觉得她的比喻用得很好，“日子如一场梦”“如一场戏”就和朱自清先生一样，写出了时间流逝得悄无声息。

师：继续，精彩不要停。

生：她抓住了“休息”“饮水”“沉默不语”这些小事，将时间的流逝写得很好。

生：我觉得她的语言很优美。

师：那她有没有写出时间的特点呢？哪些词用得很妙？

生：“溜过”“游过”“闪过”这些词就用得很好。

生：“梦总有尽头”“戏总有闭幕”这些语言也很好。

师：那么，请你在评价栏中都打上钩吧。再好的文章也有不足，谁想给她提点建议？

生：我觉得她如果可以多举几个生活中的例子，会更有说服力。

师：你的建议很中肯，也很有道理。其他同学呢？

生：我觉得“戏总有闭幕的时候”这句话里的“闭幕”用得不太合适，“闭幕”一般是很大型的活动，用“散场”更好一点。

师（微微点头）：同学们，精彩就是这样诞生的。创作而后修改，文章就会更加精彩。让我们也和同桌一起互相评评对方的练笔，并且适当修改一下。

（生同桌互评、修改对方习作）

四、背景简介，升华情感

师：同学们，学习中不要吝惜你的笔墨，多动笔，相信你们也可以写出好文章。

（课件呈现）

第一阶段（1919年5月）：学生起义（起始阶段）

第二阶段（1919年6月）：工人运动（高潮时期）

第三阶段（1922年3月）：前途不明（低潮时期）

《匆匆》写于1922年3月，当时五四运动正处于低潮时期，旧的东西没有摧垮，新的社会蓝图又不清晰，朱自清陷入了思想苦闷中，徘徊于人生的十字路口。在犹豫、徘徊中，看着宝贵的时光白白地流逝，于是写下了这首感人的散文。

朱自清在给俞平伯的信中说，“日来时时念旧，殊低徊不能自已。明知无聊，但难排遣。‘回想上的惋惜’，正是不能自克的事。因了这惋惜的情怀，引起时日不可留之感。我想将这宗心绪写成一诗，名曰《匆匆》”。

师：读了这段话，大家都知道了这篇文章是朱自清先生创作于五四运动低潮时期的，你觉得为什么朱自清要写这篇文章呢？

生：他想在人生低谷时期撰文自勉，同时激励当时的人们啊。

师：你说得很对。让我们一起来读一读这段文字。

（生齐声朗读背景简介）

师：读了这段背景简介，你对这篇文章又有什么新的认识？

生：我觉得作者想用自己的文章告诉那些犹豫颓废的人要振奋。

生：作者是想告诉中华儿女要珍惜时间，热爱祖国。

生：朱自清先生不仅劝告人们要珍惜时间，更有着实现中华民族伟大复兴的愿望。

师：时光匆匆，但求留住匆匆的脚步，不留人生的遗憾。下课。

教学反思

时光但且“匆匆”　教学切莫“匆匆”

——《匆匆》教学反思

《匆匆》是一篇脍炙人口的散文。正如，朱自清在给俞平伯的信中说，“因了这惋惜的情怀，引起时日不可留之感。我想将这宗心绪写成一诗，名曰《匆匆》”。匆匆如歌如诗，文中有太多值得深思的地方。细细品悟作者的情感，文中虽有一丝伤感，但并没有颓废和消沉。仔细研读文中的表达，无论是引人注目的对比，感人至真的比喻，抑或令人深思的追问，都直抵读者灵魂深处。

好的作品往往常读常新，好的文本也往往常教常新。当“双减”落地，“思辩”生根的当下，我不禁深思：如何架构起文本和学生的桥梁？如何让《匆匆》的语言文字深入学生的心灵？如何将思辩切实落地？今天，我又重新走入《匆匆》，开启一次新的教学之旅。

一、情境化体验，让感悟不再“匆匆”

时间悄无声息，转瞬即逝。处于五四运动的朱自清先生深有体会，有一定生活阅历的老师也会有感触，但学生对时间的体悟是不强的，或者是浅层次的。如何用合适的方式让学生有所体验，设置合适的情景更容易激起学生内心的涟漪。为了体验时光匆匆，课堂中我提问，“八千多日子，24个年头，那么长的时间作者却把它比作针尖上的一滴水，这合适吗？”随后引导，“滴答，八千多日子没有了；滴答，一万六千多日子没有了；滴答，一辈子没有了”。把时光的匆匆放入一个这样可感可悟的情境中，学生才会走进作者修辞的深意，才会对时光流逝有自己的感悟。

二、项目化活动，让思辩不再“匆匆”

长期以来，老师们侧重于从教学的角度理解语文作业的功能、形式和实施要求，把语文作业作为教学的补充或延续，作为巩固课堂知识的主要方法。当我们以“项目化”思维梳理课堂和作业的关系，其实作业自身就可以是一个完整的学习任务，与教学有机融合，相互促进。

课堂中我采用小组合作探究第2、3自然段的方式进行教学，对于学生来说，这是一次课堂活动，也是一次求同存异的比较作业，更是一个学习语言的过程。学生通过“自主整理”“文本比较”和“完成对比表格”等学习形式，对核心知识的理解经历“解构”再“结构”的过程，最终借助支架，形成成果。

三、立体化练笔，让作业不再“匆匆”

本单元的主题是“让真情在笔尖流露”，要达成这一单元学习目标，如果学生没有经历完整、深刻的学习历程，那么即便播撒了种子也不会开花结果。

那么，我们就应该让学生有一个“立体化”的学习过程。此次练笔，不仅要求学生对比“直接表达情感”和“情感融入事物”的异同，然后进行练笔，之后再在组内朗读练笔，最后还必须通过评议自己或同学的片段来加深表达的水平。学生只有经历多元、立体的作业体验，才会将语言内化，最终在单元作文中自然运用。

合理调控作业结构，打破静态的纸笔形式，用活动性、探究性、实践性、评价性的思辩语文作业设计，围绕“听说读写评”的关键能力设置立体化的作业任务，让学生经历与体验多样的学习方式，帮助学生获得典型而深刻的学习体验。

不管是什么课，特别是语文课，我总认为：一定要给学生一些真实的东西。让每一位学生有所沉淀，有所得。“双减”背景下的语文课更需要落实课堂。

时光但且“匆匆”，教学切莫“匆匆”。

同行品悟

高品质的思维　高质量的表达

——听大明老师《匆匆》教学有感

在“双减”背景下，很多学校都在课堂教学提质增效上下功夫。杭州新世纪外国语学校一直致力于“思辩”课堂的实践研究，提升“思辩”质量，提升课堂实效。

“思而不辩则枉，辩而不思则妄”，思和辩是相辅相成的。今天有幸聆听大明老师执教的《匆匆》，感同身受，让我对“思辩”课堂有了更深入的思考。

一、为思辩铺开融洽的土壤

放下思想的包袱，获得安全感，从而放心去思，放心去辩，教师把学生当成心上人，鼓励他们，包容他们，呵护他们。真实的学习就是学生积极试错，师生大度容错，师生精准纠错。

洛克曾说过：儿童学习任何事情的时机是当他们兴致高、心里想做的时候。大明老师就像一个魔法师，总能在课堂上创设出快乐的氛围。他带着学生闭上眼睛聆听时间的“滴答”声，学生在“滴答，八千多日子没有了；滴答，一万六千多日子没有了；滴答，一辈子没有了”的语言中笑出了声，也懂得了时间的珍贵和作者语言表达的秘妙。他让学生挑战作家的用词，趣味盎然，挑战性极强，不知不觉中，学生明白了遣词用句准确的重要性，也体会到了拟人的作用。他让学生猜测作家的写作背景，让学生在想象推理中提升了对文本的理解和认识。

真实学习的萌发需要融洽的课堂氛围做土壤，就是在这片融洽的土壤里，学生的思辩得到真实的发生。

二、为思辩埋下探究的种子

一堂课需要一个好的主问题，这是一颗思辩的种子。好的主问题必定是具有领导力和探究性，课堂上，我们要设计好的主问题再和若干个向心的子问题群，从而驱动思辨。

大明老师基于学情与对文本的精到理解，提出主问题——“时间的流逝是司空见惯的事，但文中的语言却能触动每一位读者的心，朱自清先生是如何做到的呢?”大明老师围绕这一主问题又设计了一系列指向明确的子问题。如：八千多日子，二十四个年头，那么长的时间作者却把它比作针尖上的一滴水，这合适吗？同样是比喻，为何用一滴水、轻烟、薄雾来比喻过去的日子？假如，老师将这些拟人词换成“走过”“穿过”等，可以吗？为什么？作者描写的时间流逝，可写的事情很多，为什么偏偏写洗手、吃饭、睡觉这些平常的事呢？读了这段背景简介，你对这篇文章又有了什么新的认识？等等。这一系列指向核心问题的子问题促进了学生思辨的不断推进、不断深入。

教师是主要问题的主设计者，同时应当积极创设机会，让学生自主发问，自主生疑，从而驱动探究和思辨。大明老师就是这样潜移默化地在学生心中埋下了思辨的种子。

三、让学生收获思辨的果实

检测一堂课成功的关键在于学生的收获。大明老师的课堂让学生在思辨的过程中自然得到了语言的历练，收获是多方面的。

在练笔的过程中，大明老师不仅让学生自主选择表达方式，更有评价跟进。这充分照顾到了学生的差异，让每一位学生可以根据自身的能力进行选择表达，练笔之后，又有可视化、可操作的评价跟进，结合评价标准，让学生朗读自己的练笔，在此基础上小组合作，互评练笔，把语言的训练落在了实处。让每一位学生都有提升表达的可能。从课堂中呈现出来的一篇篇例文足见学生丰厚的收获。大明老师用自己的教学实践，真正做到了把学生当作心上人。

在课末，大明老师还让学生结合创作背景，猜测创作意图，学生在适度的拓展中提升了对文章思想情感的深入理解。这又将思辨推到了一个更高的层次。

在“双减”政策落地之际，大明老师用大气、灵动且务实的课堂，为我们拨开云雾见青天。听大明老师的课，学生的思辩能力不断走向高阶；听大明老师的课，我们每一位听课者亦收获教学的无限启迪。

（杭州　李斌）

课例 18

英雄的赞歌

——《董存瑞舍身炸暗堡》（统编版语文六年级下册第 13 课）

快乐密码

学生学习真正的快乐应该是“快速思考，乐于学习”。本课主思辨问题为：董存瑞是一个怎样的战士？围绕着这个主问题，学生的思考由浅入深。如：董存瑞为什么要“躲”起来；董存瑞是不是一冲到暗堡底下就准备舍身炸暗堡的？这些问题都很有思维含量，学生也乐于思考。只有让学生乐于思考，课堂才会更有生命力，也必然会成为学生喜爱的课堂。

文本简析

《董存瑞舍身炸暗堡》记录了1948年解放战争时期董存瑞的英雄故事。在解放隆化的战斗中，敌军在旱河上建立了一座城堡，封锁了我军前进的道路，为了保证战斗的胜利，英雄董存瑞舍身炸了碉堡，用生命为部队开辟了前进的道路。本文围绕“炸暗堡”这一事件，按照“为什么炸”“怎样炸”和“最后结果”的顺序展开记叙。其中“怎样炸”这一过程抓住人物的语言、神态和动作，写得比较具体，使董存瑞为国家“抛头颅，洒热血”的形象跃然纸上，更好地落实红色课文立德树人的根本任务。

目标预设

1.默读课文，了解全文主要内容，能结合板书提示、运用小标题的形式概括梳理文章的主要内容。

2.抓住描写董存瑞语言、动作、神态的重点词句，并联系背景资料，感悟董存瑞舍生忘死、英勇无畏的革命献身精神。通过有感情地朗读表达对董存瑞的崇敬之情。

3.借助电影片段、英雄人物拓展等，懂得今天的幸福生活来之不易，并树立长大报效祖国的理想信念。

教学实录

一、开门见山，引出课题

师：南宋著名爱国诗人文天祥有这样一句名言。请齐读。

（课件呈现）

人生自古谁无死，留取丹心照汗青。

师：回顾烽火岁月，有无数的革命先烈抛头颅、洒热血，铸就了伟大的民族之魂，一颗颗丹心永远在汗青上闪耀。董存瑞就是无数革命先烈中的一位，今天，就让我们回到七十四年前那个硝烟弥漫的战场，一起来瞻仰——

（齐读课题）

生：董存瑞舍身炸碉堡。

二、初读文本，把握内容

师：学一篇课文，首先关注什么？

生：课文内容。

师：课前我们预习过课文，谁能说说课文的主要内容？

生：在解放隆化的战斗中，我军战士遇到敌人暗堡，冲锋的战士们一个个倒下了。关键时刻，董存瑞请求炸暗堡，他和战友郅顺义面对危险的环境，一步一步逼近暗堡。董存瑞凭着一定要炸毁暗堡的决心，凭着对敌人的满腔仇恨，凭着他的勇敢机智，舍身炸毁暗堡，战士们沿着董存瑞开辟的道路杀向敌军消灭了敌人，隆化成功被解放。

师：丰富具体，现在加高难度，谁能简化内容，用几个短语进行概括。

提醒大家，我们可以借助小标题的方式，梳理这件惊天动地的感人事件的起因、经过和结果。起因是——

生：遇到暗堡。

师：经过——

生：请求炸暗堡。

生：逼近暗堡。

师：结果——

生：董存瑞舍身炸暗堡，解放隆化。

师：借助板书，一起再来回顾一遍。

生：遇到暗堡—请求炸暗堡—逼近暗堡—董存瑞舍身炸暗堡—解放隆化。

师：整个事件，如果只能用八个字概括？那就是——

生：董存瑞舍身炸暗堡。

（课件呈现）

董存瑞舍身炸暗堡

三、聚焦细节，感悟形象

1.穿越时空，感悟英雄

师：任何一个读过这篇文章的人，都会为董存瑞的英雄壮举所震撼。请用一个词来形容董存瑞是个怎样的战士？

（课件呈现）

默读课文，说一说董存瑞是一个怎样的战士？再找出描写董存瑞神态、言行的句子读一读，和同学交流：这些描写对刻画人物有什么作用？

生：董存瑞叔叔是舍身为国的英雄，他为了新中国，为了人民，果断地用自己的身躯作为支架炸暗堡。

师：我们感受到了他深入骨髓的爱国情怀。

生：我觉得董存瑞叔叔是一个舍生忘死的人。

师：舍生忘死，是为你、为我、为祖国。所以，生在和平时代的我们，更应该始终铭记英雄们浴血奋战的峥嵘岁月。我们感受到了他深入骨髓的爱国情怀。

生：面对敌人，他毫不退缩，英勇无畏；面对危险，他迎难而上，机智勇敢。

师：他是值得我们敬畏的大英雄。

师：现在请怀着崇敬的心情，默读课文，画出最能体现董存瑞的英雄气概的句子，并圈画出描写董存瑞语言、动作、神态的词句，写写感受。

（课件呈现）

请怀着崇敬的心情，默读课文，画出最能体现董存瑞英雄气概的句子，并圈画出描写董存瑞语言、动作、神态的词句，写写感受。

2.深入文字，怀念英雄

师：我们先来看描写董存瑞"请求炸暗堡"的部分，什么地方最让你感动？

【第一次分享】

生：董存瑞瞪着敌人的暗堡，两眼迸射出仇恨的火花。他连忙跑到连长身边，坚决地说："连长，我去炸掉它！"此时的董存瑞勇敢且坚决，他一定要炸掉敌人的暗堡。

（课件呈现）

董存瑞瞪着敌人的暗堡，两眼迸射出仇恨的火花。他连忙跑到连长身边，坚决地说："连长，我去炸掉它！"

师：此时战地情况如何？

生：十分危险。

师：你从哪里可以看出？

生：敌人喷出的火舌封锁了我军前进的道路，他们的暗堡更是让我军部队的战士倒下了很多。

师：如果不炸掉暗堡，我们的战士会牺牲得越来越多；如果不炸掉碉堡，我们的部队就很可能会——失败。

师：瞪是怎样的动作？

生：生气地睁大眼睛注视。

师：他看到了什么？

生：炮火连天，亲密无间的战友倒在敌人的暗堡之下。

师：你又仿佛看到了什么？

生：我仿佛看到了狡猾的敌人躲在暗堡当中，向我军战士不断开火。我军战士只能匍匐在地，无法前进，牺牲的人越来越多。

师：烽火当中，瞪着敌人的暗堡，董存瑞心里有什么感受？

生：充满仇恨，恨那些杀害他战友的敌人。

生：他是十分愤怒的，因为他的战友牺牲了。

师：所以他坚决地向连长提出了请求。这里的“坚决地说”说明什么？

生：此时的董存瑞是在敌人猛烈炮火面前，是在战友已经倒下的情况下，是怀着对敌人的无比仇恨请求担负炸暗堡的任务的。可以看出此时的董存瑞已经做出了“舍身”的思想准备。

师：前进只为国。所以要读好这一段，我们需要重点关注什么？

生：关注“瞪”的动作，“仇恨”的神态，“坚决的语言”。

师：谁来读一读？

师：我们现在就置身于战场之中，带着愤恨、着急和坚定的语气一起读！

【第二次分享】

师：作者通过对董存瑞语言、动作、神态的描写，在事件的起因部分就刻画出了疾恶如仇、勇于担当的英雄形象。那么，在董存瑞逼近暗堡的过程中，又是通过什么刻画来体现英雄气概的？

生：动作描写。

师：请你再次默读课文第5、6自然段，画出描写董存瑞逼近暗堡动作的词语。

生：跃、跃、跃、匍匐、滚、隐蔽、猛冲。

师：他有时匍匐在地，有时滚动身体。从这一连串的动作当中，你们感受到董存瑞怎样的品质？

生：英勇。

生：勇敢。

生：我感受到董存瑞为了国家和人民不惧生死。

师：同学们都说董存瑞英勇无畏，这是为什么？

生：因为当时的战场环境相当危险，随时都有牺牲的可能。但是他不放弃，一直努力前进。

（课件呈现）

敌人的机枪更疯狂了，子弹扑哧扑哧打在董存瑞身边，激起了点点尘土，四周冒起了白烟。

敌人的机枪一齐向董存瑞扫射，在他面前交织成一道火网。

师：敌人是那样疯狂，战斗环境是那样危险，但是董存瑞在每前进一步都有可能牺牲的情况下，始终都没有放弃。

师：现在请同学们读第6自然段。注意读出环境的——危险，董存瑞的——勇敢和机智。

师：在逼近暗堡的过程中，重点对董存瑞的动作进行了细致描写，刻画了——

生："勇敢无畏、机智顽强"的董存瑞。

【第三次分享】

师：董存瑞凭着勇敢、顽强、机智，终于冲到了敌人的暗堡之下。于是，在解放隆化的战斗中，最震撼我们的一幕出现了，那就是——

生：董存瑞舍身炸暗堡。

（师配乐范读）

（课件呈现）

董存瑞昂首挺胸，站在桥底中央，左手托起炸药包，顶住桥底，右手猛地一拉导火索。导火索哧哧地冒着白烟，闪着火花，火光照亮了他那钢铸一般的脸。一秒钟、两秒钟……他像巨人一样挺立着，两眼放射着坚毅的光芒。他抬头眺望远方，用尽全身力气高喊着："同志们，为了新中国，冲啊！"

师：这是惊天地泣鬼神的舍身之举，这是震撼心灵的永恒一幕。董存瑞的哪一个细节会永远铭刻在你的心中，一直感动着你？

生：“昂首挺胸、站、托、顶、拉”这些动作一气呵成，坚定且果断，在董存瑞的心中，国家人民永远是第一位的，他是真正的英雄。

师：真正的英雄心中装着国家不会犹豫，面对困难不会退缩。

生：当炸药包在手中燃烧的时候，他的神情没有动摇，他始终像巨人一样挺立着，始终放出坚毅的目光，这充分显示了董存瑞无所畏惧的英雄气概。

生：当他拿着炸药包，眺望远方，看到的是红旗飘扬的隆化，是繁荣昌盛的中国。

师：英雄满怀着理想信念。

生：“同志们，为了新中国，冲啊!”这是胜利的号召，我将铭记于心。

师：课文就是抓住这些动作、语言和神态来描写董存瑞舍身炸暗堡的。

师：现在请同学们再读读课文，思考：董存瑞是不是一冲到暗堡底下就准备舍身炸暗堡的。

生：不是。

师：你从哪儿可以看出来?

生：刚开始董存瑞想了两个办法，或是将炸药包放在河床上，或是放在河沿。

师：打仗的最高境界就是保全自己、消灭敌人。同学们，有没有什么办法既能炸毁暗堡又能保全自己的生命?

生：拿石头或其他东西将炸药包固定在河沿上。

生：拿几块石头堆高，让炸药包靠近桥底中央，这样也可以炸毁暗堡。

生：用枪顶住炸药包。

师：连你们都能想出这么多办法来既炸毁暗堡又保全自己的生命，那么有着丰富战斗经验的董存瑞叔叔，为什么选择用身体做支架舍身炸暗堡，难道他想不到吗?

生：因为当时嘹亮的冲锋号响了，战士们都冲了过来，此时的情况万分紧急。

师：是啊，冲锋号已经吹响了，战士们已经发起冲锋了，如果再不炸毁暗堡，就会有更多的战友牺牲，他已经没有其他办法了。此时的董存瑞可能会想到这些——

（课件呈现）

冲锋号已经吹响，战友们已经冲上来了。如果（　　）就（　　）。我宁可（　　）也要（　　）。

生：冲锋号已经吹响，战友们已经冲上来了。如果暗堡没被炸毁就功亏一篑了。我宁可自己牺牲也要守护我的祖国和我的战友。

生：冲锋号已经吹响，战友们已经冲上来了。如果再不炸毁暗堡，就会有更多的战友牺牲。我宁可化作灰烬也要让红旗插上隆化的土地。

师：这就是舍生忘死、英勇无畏的英雄本色，危急关头，董存瑞担心的是战友的安危，期待的是战斗的胜利，坚信的是新中国的美好未来。

师：本文抓住人物的语言、动作、神态，刻画了无比高大的董存瑞英雄形象，令人震撼。现在让我们合作朗读，一起再现董存瑞的英雄形象，注意语言、动作和神态要有所强调。

（课件呈现，师生合作朗读）

师：冲锋的部队被压在一个小土坡下面，抬不起头。冲在最前面的一个战士倒下了。

生：董存瑞瞪着敌人的暗堡，两眼迸射出仇恨的火花。他连忙跑到连长身边，坚决地说："连长，我去炸掉它！"

师："好！同志们，扔手榴弹！"

生：董存瑞抱起炸药包，郅顺义背起两兜手榴弹，同时跃出战壕，冲了上去。他们相互配合，郅顺义扔一阵手榴弹，董存瑞就向前跃进几步；郅顺义再扔一阵，董存瑞再跃进几步。

师：敌人的机枪更疯狂了，子弹扑哧扑哧打在董存瑞身边，激起了点点尘土，四周冒起了白烟。

生：董存瑞夹紧炸药包，一会儿忽左忽右地匍匐前进，一会儿又向前滚上好几米。

师：敌人的机枪一齐向董存瑞扫射，在他面前交织成一道火网。

生：突然，他身子一震，左腿中了一枪。他用手一摸，全是血。这时，他离暗堡只有几十米了。他隐蔽在一小块凹地里。

师：郅顺义接二连三地扔手榴弹。

生：趁着腾起的黑烟，董存瑞猛冲到桥下。

师：董存瑞看看四周，这座桥有一人多高，两边是光滑的斜坡。炸药包放哪儿呢？他想把炸药包放在河沿上，试了两次，都滑了下来。要是把炸药包放在河床上，又无法炸毁暗堡。就在这时候，嘹亮的冲锋号响了，惊天动地的喊杀声由远而近。

生：在这万分紧急的关头，董存瑞昂首挺胸，站在桥底中央，左手托起炸药包，顶住桥底，右手猛地一拉导火索。导火索哧哧地冒着白烟，闪着火花，火光照亮了他那钢铸一般的脸。一秒钟、两秒钟……他像巨人一样挺立着，两眼放射着坚毅的光芒。他抬头眺望远方，用尽全身力气高喊着："同志们，为了新中国，冲啊！"

四、分享资料，加深感悟

师：同学们，这个单元的篇章页上，向我们提示了加深课文理解的方法之一，那就是"查阅相关资料"。你们在课前也查阅了董存瑞的相关资料，现在能分享给大家吗？

生：1940年，南山堡建立抗日政权，董存瑞参加儿童团并被选为儿童团长。

师：扎根灵魂的爱国之情，董存瑞从小就想着保卫祖国。

生：1957年5月29日，朱德委员长为董存瑞烈士纪念碑写了"舍身为国，永垂不朽"的光辉题词。

师：有的人死了，他还活着。董存瑞舍己为人的精神将永远保留在我们心中，我们祖国的新一代力量也会永远铭记并努力。

师：老师也查找了相关资料，请看大屏幕。

(课件呈现)

抗日战争时期，当过儿童团长，曾机智地掩护区委书记躲过侵华日军的追捕，被誉为"抗日小英雄"。1945年7月参加八路军，任某部6班班长。

1947年3月加入中国共产党。他军事技术过硬，作战机智勇敢，在一次战斗中只身俘敌十余人。先后立大功三次、小功四次，获三枚“勇敢奖章”。

董存瑞是中国人民解放军位经典英烈之一，全国战斗英雄，模范共产党员。2009年9月10日，董存瑞被评为“100位为新中国成立做出突出贡献的英雄模范人物”。

五、视频引入，写话抒情

师：老师还找到了根据董存瑞的英雄事迹拍成的电影。现在请让我们怀着无比崇敬的心情来瞻仰董存瑞舍身炸暗堡的英雄壮举。

（课件呈现——董存瑞舍身炸暗堡的电影片段）

师：为什么战旗美如画，英雄的鲜血染红了它；为什么大地春常在，英雄的生命开鲜花。让我们向英雄董存瑞致敬！让我们再通过诵读，把董存瑞舍生忘死的伟大壮举铭刻心中。

（课件呈现）

董存瑞昂首挺胸，站在桥底中央，左手托起炸药包，顶住桥底，右手猛地一拉导火索。导火索哧哧地冒着白烟，闪着火花，火光照亮了他那钢铸一般的脸。一秒钟、两秒钟……他像巨人一样挺立着，两眼放射着坚毅的光芒。他抬头眺望远方，用尽全身力气高喊着：“同志们，为了新中国，冲啊！”

六、结课拓展，情感升华

师：人生自古谁无死，留取丹心照汗青。英雄虽已逝，气概写千秋。其实，像董存瑞这样舍身为国的英雄还有很多。课前你们也收集了资料，能跟大家分享吗？

生：黄继光用胸膛堵住敌人的机枪射孔，壮烈牺牲。

生：面对敌人，狼牙山五壮士宁死不屈，义无反顾地纵身跳下数十丈深的悬崖，壮烈殉国。

生：江姐遭遇酷刑不低头，英勇赴刑场，在生命最后时刻，高喊“中国共产党万岁”，斗争到最后一刻。

师：正是有了这些英雄的不怕牺牲、浴血奋战，才有了民族的解放、新中国的成立以及人民的幸福。

师：这是矗立在天安门广场上的人民英雄纪念碑，每一个中国人，站在人民英雄纪念碑前，都会心潮澎湃。你最想说的话是什么？

（课件呈现）

生：我最想说“人民英雄，永垂不朽”！

生：我最想说“英雄们，你们的目标现在已经实现了。英雄们，你们安息吧”！

生：感谢你们为了祖国、为了人民，毅然决然地奉献了自己的生命，生在和平年代的我们，一定会以你们为榜样，从小好好学习，长大报效祖国！

师：让我们永远铭记这些英雄，缅怀这些英雄，继承英雄的遗志，为中华民族的伟大复兴贡献自己的力量！下课！

教学反思

赓续精神血脉　诵读红色经典

——《董存瑞舍身炸暗堡》教学反思

《董存瑞舍身炸暗堡》是一篇经典红色课文，讲述的是全国战斗英雄、模范共产党员董存瑞的故事。铭记历史、缅怀先烈、珍爱和平、开创未来，文中有太多值得我们深思、探究的内容。带领学生仔细斟酌字词，感受董存瑞的“舍己为人”；创设情境走进课文，体会现如今幸福生活来之不易。无论是课文的语言还是语言传达的情感，都值得我们细细回味，用心发现。

红色经典文本是现在教学的一个重点，我也一直在深思，如何在教学语文知识、提高学生语文素养的基础之上，引导学生感受不同时代的爱国情怀和革命精神，帮助学生形成良好的世界观、人生观和价值观。同时，如何架构起教师、学生、文本之间的桥梁，让学生深入感受体会，也是我本课重点进行探究的。这节课我带领学生穿越时空，走进文本，深刻地感受了英雄的爱国情怀。

一、搭设支架，理清故事脉络

统编版语文教材当中安排了大量的革命题材类文本，对于六年级的学生而言，对这一类文本并不陌生。本课的学习其实是在学生已有的革命类题材文本学习的基础之上展开的，本课的教学，我通过李清照的爱国诗句“人生自古谁无死，留取丹心照汗青”引入，帮助学生前置感受课文的英雄情怀。

同时，我设计了按照层次概括内容的教学环节。这一教学任务，既是对文本信息的更好梳理，又为第二板块学生体会形象做好铺垫。学生喜欢挑战，本环节很好地激发了学生的学习兴趣，同时引导学生学会丰富、简化故事内容。

二、聚焦情境，体会革命形象

原国家教委副主任柳斌曾说：“情境教学根植于中国的大地，是有中国特色的，情境教学的情和境都深深刻上了中国民族文化的烙印。”学生处在幸福和平的时代，很难体会革命时期的艰苦、战争的残酷和英雄的伟大，这个时候我为学生创设了具体的情境，引导学生深入文本学习。

这个板块的学习设计，我围绕“学习提示”中的两个问题展开默读课文，说一说董存瑞是一个怎样的战士。再找出描写董存瑞神态、言行的句子读一读，和同学交流这些描写对刻画人物有什么作用。我重点通过教师的语言引导，例如“舍生忘死，是为你、为我、为祖国。所以，生在和平时代的我们，更应该始终铭记英雄们浴血奋战的峥嵘岁月”。师生合作共读，视频图片观看，课外资料升华等方式可以帮助学生创设情境，引导学生走入课文、走进战场，深刻感受董存瑞是一位伟大的战士。学生在听、读、看、写的过程当中加深自己的感悟。

本环节如果能再深一层次，引导学生联想现实生活中的英雄，他们又有哪些不平凡的事迹，就更能进入学生的内心，这一部分的缺少，也是一种小遗憾。

故事有力量，语言有温度，我将不断探索语文教学的美妙性和可能性，让学生在语文课堂的学习中有所思、有所想、有所获。

同行品悟

观“大师”之课，寻教学之法

——听大明老师《董存瑞舍身炸暗堡》教学有感

《义务教育语文课程标准（2022年版）》明确指出“发展思维能力，提升思维品质，形成自觉的审美意识，培养高雅的审美情趣，积淀丰富的文化底蕴，继承和弘扬中华优秀传统文化、革命文化、社会主义先进文化，增强对习近平新时代中国特色社会主义的理解和认识，全面提升核心素养”。同时《革命传统进中小学课程教材指南》要求，充分利用统编版教材资源，发挥语文学科以文化人的育人价值，引导学生在学习红色经典文化的时候，能体会革命精神，感受爱国情怀。

《董存瑞舍身炸暗堡》是统编版语文教材六年级下册的一篇经典红色课文，大明老师所执教的这堂课，在引导学生学习语言文字运用的基础之上，很好地发挥了革命传统、中华优秀传统文化的铸魂育人功能，学生深受教育，我也深有启发，在“大师”的课堂之中，不断探索，寻求教学之法。

一、教学启思，梯度优学

《董存瑞舍身炸暗堡》一文，有鲜明的人物形象——“舍己为人”的董存瑞，也有紧张的故事情节。但是要让学生在学习语言文字的基础之上，穿越时空感悟英雄品质，激发爱国情怀不是简单的事。如何让学生主动学、深入感、真实悟？大明老师巧妙地为学生设置学习的台阶，让学生顺着“阶梯”拾级而上，一步一景，为系统全面学习奠定了基础。

在初读课文阶段，大明老师机智地设置梳理内容的“难度分级”，他带着学生走上教学的第一步，让学生自己概括内容，学生积极参与其中；在思维的逐步提升中点拨学生用小标题的方式深入学习，使学生更容易掌握课文内容；兜兜转转回归课题，化繁为简，在激发学生学习兴趣的同时，让学生深入课文，感知课题，感受语言运用之妙。学生从对课文的浅表化、概念化认识进阶到深入认识，为之后的深入理解英雄品质、情怀激发奠定了基础。

在内容巩固的基础之上，大明老师通过“聚焦细节，感悟想象”（英雄人物，紧张故事）——分享资料，加深感悟（深入了解角色，联系生活）——视频引入，写话抒情（由读到说到写，情感激发的同时关注语言文字的运用）。一步一阶梯，学生的学习有趣有效。

二、以问激思，情感升华

人民教育家陶行知先生曾说过“发明千千万，起点是一问”。学生是课堂学习的主体，恰到好处的课堂问题群不仅能启发学生领会教学内容，巩固知识，还能激发学生的学习、挑战兴趣，活跃课堂气氛，大明老师始终牢牢记住这一教学要点展开教学。教学中，他不断将学习的时间还给学生，巧妙地设计一个个问题情境，引发学生仔细观察、认真思考，积极探究，合作交流，建立语文与生活的联系，落实语文的真正情感、生活价值。

“请用一个词来形容董存瑞是个怎样的战士？”引导学生抓关键，忆英雄；“体现董存瑞英雄气概的句子，哪些最感动你”引导学生入文字，敬英雄；“我们现在就在战场当中，炮火连天，亲密的战友倒在敌人的暗堡之下。你又仿佛看到了什么？”“从董存瑞逼近暗堡一连串的动作当中，你们感受到董存瑞怎样的品质？”引导学生“上”战场，“惜”英雄。

大明老师“主问题”+“问题群”的思辨问题设置充分发挥了导向作用，明确且目的性强；关注学生思维发展，有深度且启发性强；鼓励所有学生参与，涉及面广且开放性强。边问边答边质疑，不仅促进学生不断发散思维，还在潜移默化当中培养学生提出问题、分析问题、解决问题的良好习惯。师生在“疑”与“思”，“问”与“答”中进行探究，呈现了精彩的生本课堂。

三、情理相生，悟情之浓

有效的课堂语言能点亮学生的思想，促进学生真正的成长。大明老师的课堂语言极有感染力，可谓是情感与理性的共生。

1.语言有温度

叶圣陶先生说过：“语文老师不是只给学生讲书的。语文老师是引导学生看书读书的。”课堂上的引导性语言直接决定了师生的前行方向以及学生的学习兴趣，大明老师的课堂语言令人感受到真正的教育者的温润之心。在学生穿越时空和英雄对话的阶段，大明老师的“有的人死了，他还活着。董存瑞舍己为人的精神将永远保留在我们心中，我们祖国的新一代力量也会永远铭记并努力”无不让所有的学生动容。学生发现自我说出想法，教师帮助他们登上更高的阶梯，一起绘制出一道最美的风景。

2.语言有高度

语言是思维的工具，是思想的物质外壳，是知识的有效载体。欣赏大明老师的课堂，会时刻感受到一种内在的张力。他的课堂引导步步相扣，情感的流动和理性的思考紧密相连，他的课堂语言是有高度、有力度、有深度的。学生在他的课堂当中受益良多，积累丰厚；教师在听课的过程中，如沐春风，听后更是春风化雨，学者、听者、教者都终生难忘，感受到的是一种酣畅淋漓的心灵享受和思维挑战。在关注英雄阶段，大明老师不断引导：“我们感受到了他深入骨髓的爱国情怀。”“舍生忘死，是为你、为我、为祖国。所以，生在和平时代的我们，更应该始终铭记英雄们浴血奋战的峥嵘岁月。我们感受到了他深入骨髓的爱国情怀。”“他是真正的英雄!”

这一次次引导，是对学生灵魂的唤醒、认识的加深，让学生的体验更加生动贴切。在大明老师充满高度、张力的引导过程当中，学生跟随教师、作者共同进入情境之中。

四、穿越对话，感化于心

布鲁姆教育目标分类法当中指出，创造是阅读的最高层次。基于英雄人物“董存瑞”的事迹和精神，大明老师勾连更多舍身为国的英雄材料，展示人民英雄纪念碑图片，请学生尝试“穿越时空”说说想对英雄说的话，重点引导学生深入文本，体会情感。

“感谢你们为了祖国、为了人民，毅然决然地奉献了自己的生命，生在和平年代的我们，会牢牢记住你们的付出，不忘初心，牢记使命，为中华民族的伟大复兴而努力奋斗！”“鲜血如洪洒华夏，英名千古壮军魂，舍己为人、勇敢坚定的精神永垂不朽，我们向你们致敬。”……从学生坚定的回答当中，他引导学生思维不断走向高阶。向英雄致敬，怀念英雄，学习英雄都是为了让英雄品质走进学生内心，感化学生，并且在学生的言语之中，我们可以感受到他们将英雄的品质融入生活。“授人以鱼，不如授人以渔”，这就是教育的本源，这就是大明老师教学的智慧。

这节红色阅读课，有师者引导，有学生言谈，有情节的补白与想象，有人物的点评与学习……最终，又优雅地回应每一位学生对于生活和学习的感知，教之有深浅，学之有思辩，大明老师的此次授课，可谓是精彩绝伦的教学佳课！

（杭州　谭超）

后记

修炼快乐

各行各业的从业者，都有其独特的精神长相。教师的精神长相是什么？我想，书卷气肯定是，看着舒服肯定是，笑容可掬肯定是，会快乐肯定是……

快乐教育，离不开快乐课堂，快乐课堂离不开快乐教师。教师的快乐，是需要修炼的，是可以修炼的。

不断修炼，努力成为学生喜欢的良师益友——幸福学生，快乐自己。从教三十余年来，我充分尊重儿童天性，敬畏学生的童心、童趣、童味。来到新世纪，我坚持大课间跟学生一起跑步，享受“跑起来”的快乐；我推行“大明校长奖励积分卡”，发现学生的闪光点，从而欣赏学生、赞美学生；外出讲课，我总是会带些当地的土特产，当作礼物送给班里的学生。我很享受学生收到礼物时的开心劲儿。作为老师，我们要把学生当成“心上人”，关爱他们，呵护他们，这便是最大的师德。

不断修炼，努力成为学生崇拜的心中偶像——折服学生，快乐自己。我一直认为，如果能成为学生崇拜的偶像，教育教学就会收获事半功倍的效果。因此，以前在崇文工作的时候，在学校的艺术节上，我浑身上下涂满油彩，亲自扮演崇文书院的老祖宗叶永盛先生，纹丝不动，一站就是一个小时，向学生诠释了什么叫定力；八年前的暑假，我信守向学生许下“运动减肥二十斤”的诺言，每天跑步，坚持不懈，结果两个月减去了四十斤。至今，我已跑完了八届全程马拉松，向学生诠释了什么叫毅力和坚持。

不断修炼，努力成为学生惊叹的课程资源——唤醒学生，快乐自己。在执教《刷子李》时，我不惜“牺牲”自己，装扮成蹩脚的粉刷匠，以此来衬托刷子李“刷完一面墙，身上不留一个白点”的高超技艺；在《景阳冈》一课中，我亲自“打纸老虎”，点燃学生的思维火花；在执教《小镇的早晨》时，我驱车去安昌古镇采风，将自己拍进视频里。课堂上，当学生看到站在乌篷船上那个身穿西装，头戴毡帽的居然是大明老师时，兴奋之情溢于言表。我一直想，作为教师，要努力成为会呼吸的课程资源，从而让学习有滋有味地发生。

还有，谁都希冀成长之路充满阳光，殊不知有阳光的地方总会有阴影。无须怨天尤人，相信天道酬勤。还是携着理想，执着勇敢地前行吧。将阳光戴在头顶，将阴影踩在脚下。

这也是一种快乐的修炼。

值得教师去修炼的，还有很多很多。当然，所有的修炼都跟成长有关，都跟成就有关，都跟快乐有关。

真的，我一直为自己是一名教师而感到自豪。陶行知先生说，千教万教教人求真，千学万学学做真人。我非常庆幸自己选择了教育，因为我们服务的对象是天真烂漫的孩童，善待学生，敬畏学生，珍惜与学生在一起的年年岁岁，快乐成长，就一定能触摸到浓浓的幸福。

真诚感谢张化万先生拨冗作序；真诚感谢诸位特级教师专家倾情点评；真诚感谢工作室小伙伴谭超、罗群苗、胡怡涵、李斌、毛雪君、陈川、梁超男、连袁芳、李雨珈、杨丽丽、张孝杰、孟君、章晨、汪玥、李成、袁飞、范俊健、包晟诚对实录整理等的鼎力支持。

衷心感谢。

虞大明

2022年7月于杭州

寻找中国好课堂

丛书书目

快乐的意义
——虞大明快乐教育经典语文课堂 18 例

文化自信　以诗为魂
——首届中国诗词教学大会实录

情趣·智慧·创新
——支玉恒经典语文课堂 180 例

向美而生　诗哲一体
——王崧舟诗意语文经典课堂 13 例

教师生命中最好的时光
——王君青春语文代表课 11 例

唤醒诗心　传承风雅
——王海兴中小学对联诗词创作 30 课

绿色语文　诗意课堂
——赵谦翔绿色语文 12 例

行走的课堂
——张玉新原生态语文经典课堂 10 例

情思激荡　高潮迭起
——孙双金情智教育语文课堂 12 例

改变思维习惯　唤醒学习潜能
——王红梅全脑语文课堂 15 例

如歌的行板
——彭才华古诗文课堂 15 例

情味习作　至味文言
——罗才军问道课堂 12 例

和而不同　雅学课堂
——盛新凤和美课堂 24 例

名篇教学　余味悠长
——余映潮经典课文审美教学 16 例

推开窗儿望月
——祝禧文化语文经典课堂 15 例

去其浮华　归其本真
——汪智星本真语文课堂 18 例

让学生雄踞课堂的中央
——龚雄飞学本教学小学语文 12 讲

慧读教学
——张学伟统编语文课堂教学 16 例

切问近思　向真而行
——邱晓云求真语文 16 例

言语的森林
——王良生长语文课堂 12 例

人本共文本　花开总有时
——尤立增学情核心语文课堂 12 例

云在青天水在瓶
——董一非语文诗意课堂 15 例

无痕，教育的最高境界
——徐斌无痕教育数学课堂 18 例

玩出来的数学思维
——任勇品玩数学 108 例

让思维之花精彩绽放
——任勇名师指导初中数学 15 例

生成，让学生更精彩
——潘小明生成教学数学课堂 16 例

思维改变课堂
——唐彩斌小学几何图形金课 20 例

人人为师　个个向学
——贲友林学为中心数学课堂 15 例

当阳光亲吻乌云
——华应龙化错数学经典课堂 16 例

奠基学力　为学赋能
——张齐华为学习力而教数学课堂 10 例

让我先试一试
——邱学华尝试教学数学课堂 20 例

素养为根　为学而教
——赵艳辉践行学科素养创新课堂 15 例

度量天下
——俞正强小学数学计量单位教学 20 例

因材循导　自觉建构
——潘建明自觉教育初中数学课型 15 例

魅力教育　激活成长动力
——曾军良魅力初中物理教学 16 例